André Ricardo Backes
Jarbas Joaci de Mesquita Sá Junior

Introdução à
Visão Computacional
Usando MATLAB®

ALTA BOOKS
EDITORA
Rio de Janeiro, 2016

CB008005

Introdução à Visão Computacional Usando MATLAB®

Copyright © 2016 da Starlin Alta Editora e Consultoria Eireli. ISBN: 978-85-508-0023-3

Impresso no Brasil — 1ª Edição, 2016 - Edição revisada conforme o Acordo Ortográfico da Língua Portuguesa de 2009.

Obra disponível para venda corporativa e/ou personalizada. Para mais informações, fale com projetos@altabooks.com.br

Produção Editorial Editora Alta Books	**Gerência Editorial** Anderson Vieira	**Marketing Editorial** Silas Amaro marketing@altabooks.com.br	**Gerência de Captação e Contratação de Obras** J. A. Rugeri autoria@altabooks.com.br	**Vendas Atacado e Varejo** Daniele Fonseca Viviane Paiva comercial@altabooks.com.br
Produtor Editorial Claudia Braga Thiê Alves	**Supervisão de Qualidade Editorial** Sergio de Souza			**Ouvidoria** ouvidoria@altabooks.com.br
Produtor Editorial (Design) Aurélio Corrêa	**Assistente Editorial** Renan Castro			

Equipe Editorial	Bianca Teodoro	Christian Danniel	Juliana de Oliveira

Revisão Gramatical Wendy Campos	**Layout e Diagramação** André Ricardo Backes	**Capa** Aurélio Corrêa

Dados Internacionais de Catalogação na Publicação (CIP)
Vagner Rodolfo CRB-8/9410

B126i   Backes, André Ricardo

        Introdução à visão computacional usando matlab / André Ricardo Backes, Jarbas Joaci de Mesquita Sá Junior. - Rio de Janeiro : Alta Books, 2016.
        290 p. : il. ; 17cm x 24cm.

        ISBN: 978-85-508-0023-3

        1. Computação. 2. Linguagem de programação. 3. MATLAB (Linguagem de programação para computadores). I. Sá Junior, Jarbas Joaci de Mesquita. II. Título.

                            CDD 005.133
                            CDU 004.43

Rua Viúva Cláudio, 291 — Bairro Industrial do Jacaré
CEP: 20970-031 — Rio de Janeiro - RJ
Tels.: (21) 3278-8069 / 3278-8419
www.altabooks.com.br — altabooks@altabooks.com.br
www.facebook.com/altabooks

ALTA BOOKS
EDITORA

SUMÁRIO

Dedico este livro a Laís, que tornou o mundo melhor com a sua chegada.

Jarbas

A meus pais, que sempre me incentivaram e me apoiaram nos estudos, e a minha esposa, Bianca, que preenche minha vida com alegria e felicidade.

André

PREFÁCIO

Com este livro pretendemos contribuir com o preenchimento de uma lacuna no mercado editorial brasileiro em relação à área de visão computacional. Atualmente, a maioria dos livros disponíveis sobre "processamento digital de imagens" possui um caráter muito mais teórico do que prático, e com pouca ênfase (se existente) na área de "reconhecimento de padrões". Assim, pretendemos fornecer um livro com as seguintes características: fácil entendimento por qualquer leitor com conhecimentos básicos de lógica de programação; foco na parte prática, porém mostrando a teoria essencial ao entendimento dos tópicos abordados; ênfase nos algoritmos de reconhecimento de padrões, que são fundamentais em qualquer sistema de visão computacional; e aplicação imediata dos exemplos do livro no software MATLAB®.

Escolhemos o MATLAB® por ser um software de linguagem de programação fácil e amplamente utilizado por estudantes e profissionais das mais diversas áreas do conhecimento, especialmente computação, engenharia, matemática, física e bioinformática. Ao escolher esse software, deparamo-nos com o problema de qual versão adotar, uma vez que versões antigas algumas vezes podem não reconhecer códigos de versões mais recentes e vice-versa. Para tentar resolver esse problema, preocupamonos em colocar no livro somente códigos que abrangessem uma longa faixa de tempo. Desse modo, acreditamos que a maioria dos leitores não terá problema algum em executar os algoritmos.

Acreditamos que este livro possa ser incluído na bibliografia principal da disciplina de processamento digital de imagens (e disciplinas similares), ministradas em cursos de graduação em engenharia de computação, engenharia elétrica, ciência de computação, informática etc., bem como na bibliografia complementar de disciplinas como inteligência computacional, inteligência artificial, redes neurais e computação gráfica (quando aborda processamento de imagens). Além disso, o livro pode ser utilizado em disciplinas de pós-graduação de visão computacional, processamento de imagens e reconhecimento de padrões, bem como pode ser bastante útil a qualquer leitor interessado na área de visão computacional.

Os autores

CAPÍTULO 1

INTRODUÇÃO

1.1 O que é visão computacional?

Podemos definir visão computacional como a área de estudo que tenta repassar para máquinas a incrível capacidade da visão. Quando falamos de visão, não estamos nos referindo apenas ao ato de captar imagens. Apesar de essa capacidade ser impressionante (basta que estudemos um pouco sobre o funcionamento de um olho para constatarmos isso), ela é apenas o início de um processo muito mais vasto e rico. A visão consiste em captar imagens, melhorá-las (por exemplo, com retirada de ruídos, aumento de contraste etc.), separar as regiões ou objetos de interesse de uma cena, extrair várias informações dependendo da imagem analisada, como, por exemplo, forma, cor e textura, e, finalmente, relacionar as imagens com outras vistas previamente.

1.2 Uma brevíssima descrição da visão humana

O processo de visão humana pode ser dividido em algumas etapas básicas. Primeiramente, a luz refletida pelos objetos passa pela córnea e pupila, que é um orifício que regula a entrada de luz nos olhos por meio da variação de seu diâmetro. A seguir, a luz prossegue pelo cristalino, que funciona como uma lente biconvexa que focaliza a luz na retina. Alterações no cristalino causam problemas como miopia, hipermetropia, presbiopia etc. A retina, por sua vez, é uma camada de tecido nervoso no fundo dos olhos constituída por dois tipos de fotorreceptores: *bastonetes* e *cones*. Os bastonetes são células com alta sensibilidade à iluminação, pouca acuidade (ou seja, fornecem imagens de baixa resolução) e que não reconhecem diferenças de cor. Por outro lado, os cones são células que necessitam de maiores intensidades de luz, possuem maior acuidade e reconhecem cores (o daltonismo, que é um distúrbio visual que incapacita diferenciar certas cores, é justamente um problema relacionado aos cones de um indivíduo). A próxima etapa é a condução dos impulsos visuais produzidos pelos fotorreceptores pelo nervo óptico até uma região cerebral denominada *quiasma óptico*, que divide parte dos impulsos de um olho para o hemisfério cerebral de seu mesmo lado e parte dos impulsos para o hemisfério do lado oposto (desse modo, cada hemisfério recebe informações de ambos os olhos). Após essa etapa, os impulsos prosseguem até uma região do tálamo denominada *núcleo geniculado lateral*, que, por sua vez, envia as informações para o *córtex visual*. A Figura 1.1 mostra um esquema do sistema visual humano.

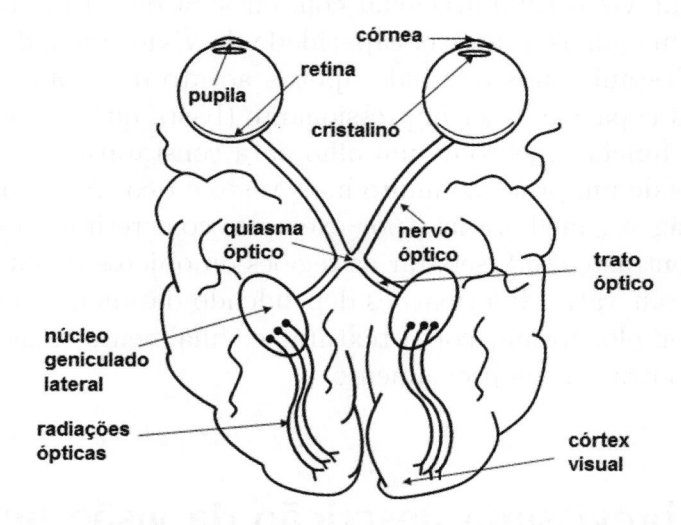

Figura 1.1: Esquema do sistema visual humano.

1.3 Um sistema de visão computacional

Podemos pensar em um sistema de visão computacional como constituído de várias fases. São elas:

- **Aquisição**: responsável pela captação das imagens, ou seja, tenta simular a função dos olhos. Os dispositivos que cumprem esse papel são os *scanners*, filmadoras, máquinas fotográficas etc.

- **Processamento de imagens**: responsável por "melhorar" a imagem, isto é, retirar ruídos, salientar bordas, suavizar a imagem etc. Essa etapa pode ser um fim em si mesma ou ter o propósito de fornecer uma imagem mais adequada para as próximas fases. É importante salientar que essa fase compreende tanto o que usualmente se denomina "pré-processamento", como rotação da imagem, equalização de histograma etc., quanto processamentos mais complexos, como, por exemplo, filtragens e aplicação de operadores morfológicos.
- **Segmentação**: responsável por particionar a imagem em regiões de interesse. Por exemplo, em uma imagem de paisagem, poderíamos estar interessados apenas na porção que representa o céu, ou a vegetação, ou apenas o lago, ou algum cisne nesse lago etc.
- **Extração de características/Análise de imagens**: responsável por obter um conjunto de características do objeto de interesse. Em outras palavras, essa fase é responsável por encontrar uma codificação numérica que represente determinada imagem, como uma espécie de "impressão digital" (analogia imperfeita) que permita identificá-lo.
- **Reconhecimento de padrões**: responsável por classificar ou agrupar as imagens com base em seus conjuntos de características. Por exemplo, se você vir a foto de uma única laranja, provavelmente saberá que aquele objeto pertence à classe "laranja" com base em atributos como cor, rugosidade da casca, formato, tamanho etc. É importante salientar que o objeto visto não é *igual* às laranjas vistas no passado, mas apenas *similar* (na verdade, segundo a filosofia, a igualdade é um conceito teórico que não existe na natureza). No entanto, mesmo com essa limitação conseguimos classificá-lo corretamente na maioria dos casos.

É importante enfatizar que não há uma descrição única para as fases de um sistema de visão computacional. Por exemplo, alguns autores chamam de "pré-processamento" a etapa que denominamos "processamento de imagens", e chamam de "processamento de imagens" todas as cinco fases apresentadas. O número de fases também varia de acordo com o ponto de vista dos autores. Além disso, algumas fases podem ser suprimidas dependendo do problema. Por exemplo, uma imagem pode seguir direto para a fase de extração de características sem passar pela fase de segmentação. Isso pode ocorrer tanto pela segmentação ter sido efetuada manualmente (às vezes esse procedimento é necessário para problemas mais difíceis) quanto porque a imagem original já representa toda a região de interesse para análise. A Figura 1.2 apresenta um esquema simples de um sistema de visão computacional.

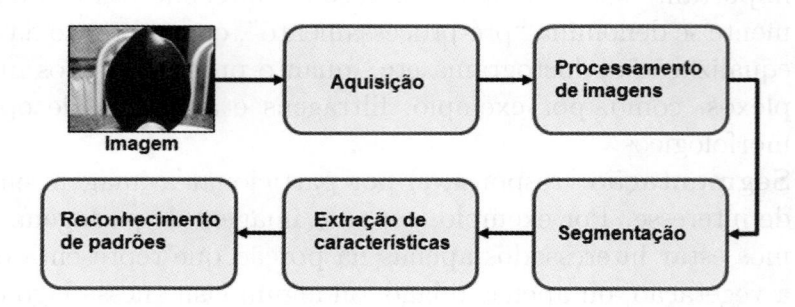

Figura 1.2: Esquema de um sistema de visão computacional.

1.4 Uma brevíssima história da área de visão computacional

Os trabalhos pioneiros sobre visão computacional foram propostos na mesma época do surgimento dos primeiros computadores e essa área de pesquisa evoluiu gradativamente à medida que mais recursos computacionais (por exemplo, memória e capacidade de processamento) se tornaram disponíveis. A seguir, apresentamos alguns trabalhos que consideramos representativos da evolução da área:

- Roberts (1963) propôs um dos primeiros detectores de bordas em sua tese defendida no Massachusetts Institute of Technology (MIT);
- Haralick et al. (1973) propuseram as matrizes de co-ocorrência para a classificação de texturas;
- Daugman (1980, 1985) apresentou modelos matemáticos bidimensionais (filtros de Gabor) para simular o comportamento de campos receptivos do córtex visual;
- Canny (1986) propôs um algoritmo pioneiro para detecção de bordas com alta tolerância a ruídos;
- Kass et al. (1988) propuseram os modelos de contorno ativo (*snakes*);

- Mallat (1987, 1989a) propôs a teoria multirresolução para análise de sinais usando *wavelets*;
- Mumford e Shah (1989) desenvolveram um algoritmo de segmentação em regiões por meio da minimização de um funcional;
- Trabalhos como os de Rowley et al. (1998) e Viola e Jones (2004) propuseram algoritmos para o desafiador problema de reconhecimento facial;
- Lowe (2004) desenvolveu um poderoso algoritmo para extração de características invariantes de uma imagem que permite o *matching* (casamento/combinação) entre objetos em diferentes perspectivas.

Atualmente, a pesquisa em visão computacional se caracteriza por uma grande variedade de algoritmos de alto desempenho designados para problemas específicos, como, por exemplo, reconhecimento facial e de íris, análise de formas, de texturas, segmentação em imagens médicas etc. Entretanto, em se tratando de algoritmos de âmbito genérico, ainda há um longo caminho para que surjam programas que emulem a capacidade da visão biológica.

1.5 Alguns periódicos e eventos da área de visão computacional

Nesta seção apresentamos alguns periódicos que têm trazido contribuições significativas para a área de visão computacional. São eles: *IEEE Transactions on Pattern Analysis and Machine Intelligence*; *IEEE Transactions on Image Processing*; *Pattern Recognition*; *IEEE Transactions on Signal Processing* (antes se chamava *IEEE Transactions on Acoustics, Speech and Signal Processing*); *Pattern Recognition Letters*; *Journal of the Optical Society of America A*; *Signal Processing*; *Information Sciences*; *IEEE Transactions on Systems, Man, and Cybernetics*; *International Journal of Computer Vision*; *Computer Vision and Image Understanding*; *IEEE Transactions on Medical Imaging*; *Medical Image Analysis*; *Journal of Electronic Imaging*; *Journal of Mathematical Imaging and Vision*; *Expert Systems with Applications*; *Machine Vision and Applications*; *International Journal of Pattern Recognition and Artificial Intelligence*; e *International Journal of Imaging Systems and Technology*.

Alguns eventos importantes que contemplam a área de visão computacional são: ICCV (*IEEE International Conference on Computer Vision*), CVPR (*IEEE Conference on Computer Vision and Pattern Recognition*), ICIP (*IEEE International Conference on Image Processing*), ECCV (*European Conference on Computer Vision*), ICPR (*International Conference on Pattern Recognition*), BMVC (*British Machine Vision Conference*), SIBGRAPI (*Conference on Graphics, Patterns and Images*), ICIAP (*International Conference on Image Analysis and Processing*), ICVS (*International Conference on Computer Vision Systems*), WACV (*IEEE Winter Conference on Applications of Computer Vision*), CIARP (*Iberoamerican Congress on Pattern Recognition*), CAIP (*International Conference on Computer Analysis of Images and Patterns*), VISAPP (*International Conference on Computer Vision Theory and Applications*), IWSSIP (*International Conference on Systems, Signals and Image Processing*), WVC (Workshop de Visão Computacional), ACCV (*Asian Conference on Computer Vision*) e IbPRIA (*Iberian Conference on Pattern Recognition and Image Analysis*).

CAPÍTULO 2

FUNDAMENTOS DE MATLAB®

O MATLAB® (do inglês, **MAT**rix **LAB**oratory) é um software de altíssimo desempenho desenvolvido para a realização de cálculos em matrizes. De forma diferente de outras linguagens de programação, o MATLAB® utiliza comandos que são mais próximos da forma como escrevemos expressões algébricas, o que torna mais simples o seu uso. Além disso, ele possui uma vasta quantidade de funções já prontas e agrupadas em *toolboxes* para as mais diversas áreas do conhecimento.

Neste capítulo iremos abordar os fundamentos necessários para utilizar o software MATLAB® como suporte computacional para os estudos na área de processamento de imagens.

2.1 Comandos Iniciais

2.1.1 Criando variáveis e atribuindo valores

Uma das operações mais utilizadas em programação é a operação de atribuição (=). É ela que permite que armazenemos um valor em uma variável. No exemplo abaixo, o valor 5 é atribuído à variável x:

```
>> x = 5
x =
     5
```

Importante: no MATLAB® não é necessário criar uma variável com antecedência. Sempre que atribuímos um valor a uma variável, se ela não existir, o MATLAB® irá criá-la.

O nome de uma variável é um conjunto de caracteres que podem ser letras ou números. Porém, esse nome deve sempre iniciar com uma letra, nunca com um número. Além disso, o MATLAB® é **case-sensitive**, ou seja, uma palavra escrita utilizando caracteres maiúsculos é diferente da mesma palavra escrita com caracteres minúsculos.

Importante: apesar de não termos definido, toda variável possui um **tipo**. É ele quem determina o conjunto de valores e de operações que uma variável aceita, ou seja, que ela pode executar.

Os tipos mais comuns no MATLAB® são:

- **double**: valores numéricos em geral. São valores reais de dupla precisão (64 bits). Podem assumir valores de 10^{-308} a 10^{308}, com 15 a 16 algarismos significativos.

```
>> x = 5
x =
      5
>> y = 2.1
y =
    2.1000
```

Note que em números reais a parte decimal usa ponto, e não vírgula.

- **char**: são valores escalares de 16 bits, representando um caractere simples.

```
>> letra = 'a'
letra =
a
>> texto = 'matlab'
texto =
matlab
```

Note que os caracteres sempre ficam entre aspas simples.

Importante: se colocarmos um ponto e vírgula (;) após um comando, esse comando será executado, mas nenhuma saída será apresentada na Janela de Comando (**Command window**).

```
>> x = 4;
>> y = 3.2
y =
    3.2000
```

2.1.2 A variável ans

Vimos que uma variável é criada sempre que atribuímos um valor a ela. Porém, podemos querer calcular uma operação, saber o seu resultado, mas não armazená-lo. Sempre que realizamos uma operação, mas não definimos a variável na qual o resultado será armazenado, o MATLAB® salva o resultado na variável **ans**, como mostra o exemplo a seguir:

```
>> 2 + 3
ans =
       5

>> [1 2; 3 4]
ans =
     1     2
     3     4
```

2.1.3 Trabalhando com matrizes

Definindo uma matriz usando uma lista de valores

Podemos definir uma matriz utilizando uma lista explícita de valores delimitada por colchetes ([ ]). Na matriz, os elementos de uma mesma linha são separados por espaços ou vírgulas (,). Duas linhas são separadas utilizando um ponto e vírgula (;).

Exemplo de matriz 4×3

```
>> A = [16 3 13; 5 11 8; 9 6 7; 4 14 1]
A =
    16     3    13
     5    11     8
     9     6     7
     4    14     1
```

Exemplo de matriz 1×5

```
>> B = [16 3 2 13 1]
B =
    16     3     2    13     1
```

Exemplo de matriz 2×1

```
>> C = [2; 1]
C =
     2
     1
```

Funções para a criação de uma matriz

O MATLAB® possui várias rotinas que permitem a criação automática de uma matriz com valores pré-definidos. Abaixo são apresentadas algumas dessas funções:

zeros(M,N,P,...): cria uma matriz preenchida com "0s". As dimensões da matriz são definidas pela quantidade de parâmetros informados. Exemplos:

```
>> m = zeros(2,3)
m =
     0     0     0
     0     0     0
>> m = zeros(2)
m =
     0     0
     0     0
>> m = zeros(2,1)
m =
     0
     0
```

ones(M,N,P,...): cria uma matriz preenchida com "1s". As dimensões da matriz são definidas pela quantidade de parâmetros informados. Exemplos:

```
>> m = ones(2,3)
m =
     1     1     1
     1     1     1
>> m = ones(2)
m =
     1     1
```

```
         1         1
>> m = ones(2,1)
m =

         1
         1
```

rand(M,N,P,...): cria uma matriz preenchida com números aleatórios seguindo uma distribuição **uniforme**. As dimensões da matriz são definidas pela quantidade de parâmetros informados. Exemplos:

```
>> m = rand(1,4)
m =

    0.9572    0.4854    0.8003    0.1419
>> m = rand(2,4)
m =

    0.4218    0.7922    0.6557    0.8491
    0.9157    0.9595    0.0357    0.9340
>> m = rand(3,1)
m =

    0.6787
    0.7577
    0.7431
```

randn(M,N,P,...): cria uma matriz preenchida com números aleatórios seguindo uma distribuição **normal**. As dimensões da matriz são definidas pela quantidade de parâmetros informados. Exemplos:

```
>> m = randn(1,5)
m =
   -0.3034    0.2939   -0.7873    0.8884   -1.1471
>> m = randn(2,5)
m =
   -1.0689   -2.9443    0.3252    1.3703   -0.1022
   -0.8095    1.4384   -0.7549   -1.7115   -0.2414
>> m = randn(2)
m =

    0.3192   -0.8649
    0.3129   -0.0301
```

eye(N): cria uma matriz identidade de ordem N. Exemplos:

```
>> m = eye(2)
m =
```

```
       1       0
       0       1
>> m = eye(3)
m =
       1       0       0
       0       1       0
       0       0       1
```

Acessando os elementos da matriz

Para acessar o valor de um determinado elemento da matriz, devemos indicar qual índice dela queremos acessar. Isso é feito utilizando o operador
de **parênteses** () após o nome da matriz. Dentro dos parênteses, devemos indicar um número inteiro para cada dimensão da matriz e separá-los
por vírgulas (,). Exemplos:

Acessando elementos de uma matriz 2×4:

```
>> m = rand(2,4);
>> m(1,1)
ans =
    0.4456
>> m(2,3)
ans =
    0.6797
```

Acessando elementos de uma matriz $2 \times 3 \times 4$:

```
>> m = rand(2,3,4);
>> m(1,1,2)
ans =
    0.2785
>> m(2,3,1)
ans =
    0.0975
```

Importante: os índices da matriz devem ser sempre valores inteiros e
positivos. E a primeira posição da matriz é a posição de índice 1.

Concatenação de matrizes

A operação de concatenação consiste em agrupar diferentes variáveis e/ou matrizes em uma única matriz. A concatenação é feita da mesma maneira como é feita a definição de uma matriz: por meio de uma lista explícita de valores delimitada por colchetes ([ ]). As variáveis e/ou matrizes que irão ocupar uma mesma linha são separadas por espaços ou vírgulas (,). Duas linhas são separadas utilizando um ponto e vírgula (;).

Para entender esse processo, considere duas matrizes A e B:

```
>> A = [1 2]
A =
     1     2

>> B = [3 4]
B =
     3     4
```

Podemos concatenar A e B em uma mesma linha (nesse caso, todas as matrizes concatenadas devem ter o mesmo número de linhas):

```
>> C = [A B]
C =
     1     2     3     4
```

Também podemos concatenar A e B em linhas diferentes (nesse caso, todas as matrizes concatenadas devem ter o mesmo número de colunas):

```
>> C = [A; B]
C =
     1     2
     3     4
```

Podemos ainda utilizar rotinas prontas para a criação de matrizes, assim como o aninhamento de concatenações:

```
>> C = [[A; B] zeros(2,2)]
C =
     1     2     0     0
     3     4     0     0
```

O operador dois pontos (:)

O dois pontos (:) é um operador importante no MATLAB®. Por meio dele é possível fazer a enumeração intervalada de dados, ou seja, ele permite que selecionemos um intervalo de valores com um determinado espaçamento.

Esse operador pode ser utilizado de duas maneiras:

- **valor_inicial:incremento:valor_final** - cria uma matriz com os elementos de **valor_inicial** a **valor_final**, espaçados de **incremento**. Se **incremento** for positivo, **valor_final** deverá ser maior do que **valor_inicial**. Se **incremento** for negativo, **valor_final** deverá ser menor do que **valor_inicial**;
- **valor_inicial:valor_final** - cria uma matriz com os elementos de **valor_inicial** a **valor_final** usando **incremento** igual a 1. Nesse caso, **valor_final** deverá ser maior do que **valor_inicial**.

A seguir podemos ver alguns exemplos:

```
>> v = 1:5
v =
     1     2     3     4     5
>> v = 5:-1:-5
v =
     5     4     3     2     1     0    -1    -2
          -3    -4    -5
>> v = 0:pi/4:3
v =
          0    0.7854    1.5708    2.3562
```

Submatrizes e o comando end

No MATLAB®, podemos extrair uma submatriz de outras matrizes maiores. Esse procedimento é bastante simples: basta criar um vetor (matriz linha ou coluna) com os índices a serem selecionados. Esse vetor pode ser criado utilizando uma lista de valores ou o operador dois pontos (:).

```
>> A = [0 2 4 6 8 10 12 14 16];
>> B = A([1 2 3])
```

```
B =
     0      2      4

>> B = A(4:6)
B =
     6      8     10
>> B = A(4:end)
B =
     6      8     10     12     14     16
```

Perceba, no último exemplo, que o comando **end** indica o último índice daquela dimensão da matriz. No caso de a matriz possuir mais de uma dimensão, devemos informar os índices a serem selecionados para cada dimensão da matriz.

```
>> A = [1 2 3; 4 5 6];
>> B = A(1:2,[1 3])
B =
     1      3
     4      6
```

O operador dois pontos (:) também pode ser utilizado para indicar que todos os elementos de uma linha (ou coluna) da matriz serão selecionados. Por exemplo, o comando abaixo seleciona todos os elementos da segunda linha:

```
>> A = [1 2 3; 4 5 6];
>> A(2,:)
ans =
     4      5      6
```

Excluindo linhas ou colunas da matriz

A exclusão de linhas ou colunas segue a ideia de seleção de submatrizes. Uma vez definida a submatriz, atribuímos a ela uma matriz vazia, [ ]. O exemplo a seguir mostra como excluir elementos de um vetor:

```
>> A = [0 2 4 6 8 10 12 14 16];
>>
>> A(3:5) = []
>>
```

```
A =

     0     2    10    12    14    16
```

Podemos também excluir linhas (ou colunas) inteiras de uma matriz:

```
>> A = [1 2 3; 4 5 6];
>>
>> A(:,[1 3]) = []
>>
A =

     2
     5
```

Calculando a transposta e outras propriedades

Para calcular a transposta de uma matriz, basta acrescentar o caractere
apóstrofo, "'", após o nome da matriz, como mostra o exemplo a seguir:

```
>> X = [1 2]
X =

     1     2

>> Y = X'
Y =

     1
     2
```

O MATLAB® também possui várias outras funções que permitem calcular diversas propriedades de uma matriz. Abaixo são apresentadas
algumas dessas funções:

- **diag(X)**: retorna os elementos da diagonal da matriz;
- **inv(X)**: retorna a inversa de uma matriz;
- **dot(V1,V2)**: produto escalar de **V1** por **V2**;
- **cross(V1,V2)**: produto vetorial de **V1** por **V2**;
- **trace(M)**: traço da matriz **M** (soma dos elementos na diagonal
  principal);
- **det(M)**: determinante da matriz **M**;
- **[A,B] = eig(M)**: retorna em **A** os auto-vetores e em **B** os auto-
  valores de **M**.

2.1.4 Trabalhando com textos

Para o MATLAB®, um texto é tratado como sendo uma matriz contendo uma única linha preenchida com caracteres. Por esse motivo, a maioria dos comandos vistos até agora, como acesso a elementos e seleção de submatrizes, é aplicável no caso dos textos.

Exemplo: acessando e substituindo um elemento

```
>> palavra = 'teste';
>> palavra(1) = 'l'
palavra =
leste
```

Exemplo: selecionando um trecho do texto

```
>> palavra = 'matlab';
>> palavra(4:end)
ans =
lab
```

Apesar de o MATLAB® ser um software voltado para cálculos matemáticos, ele possui uma série de rotinas para a manipulação de textos. Essas rotinas nos ajudam em tarefas de comparação de textos, localização de subtextos, entre outras tarefas. Abaixo podemos ver algumas dessas rotinas.

- **IND = findstr(STR1,STR2):** retorna uma matriz com os índices nos quais se iniciam todas as ocorrências do texto menor dentro do texto maior.

  ```
  >> texto = 'O espaço separa uma palavra de outra
     palavra';
  >> ind = findstr(texto,'palavra')
  ind =
       21    38
  ```

- **RES = strcmp(STR1,STR2):** compara dois textos. A função retorna o valor 1 se forem iguais, e 0 se forem diferentes. É case-sensitive, ou seja, o tamanho das letras afeta o resultado.

  ```
  >> palavra = 'matlab';
  >> res = strcmp(palavra,'software')
  ```

```
res =
     0
```

- **RES = strcmpi(STR1,STR2)**: compara dois textos. A função retorna o valor 1 se forem iguais, e 0 se forem diferentes. Não é case-sensitive, ou seja, o tamanho das letras não afeta o resultado.

```
>> palavra = 'matlab';
>> res = strcmpi(palavra,'MATLAB')
res =
     1
```

- **[INI,FIM] = strtok(TEXTO,CARACTERE)**: separa um texto em duas partes usando como separador um caractere. A função retorna na variável **INI** todo o texto encontrado antes do caractere e em **FIM** o restante do texto.

```
>> texto = 'O espaço separa uma palavra de outra
   palavra';
>> [ini,fim] = strtok(texto,'a')
ini =
O esp

fim =
aço separa uma palavra de outra palavra
```

- **S = strcat(STR1,STR2,...)**: concatena dois ou mais textos e armazena na variável **S**.

```
>> s1 = 'bom';
>> s2 = 'dia';
>> s = strcat(s1,'-',s2)
s =
bom-dia
```

- **S = sprintf(FORMATO,VALOR1,...)**: escreve na variável **S** um conjunto de valores, caracteres e/ou sequência de caracteres de acordo com o **FORMATO** especificado.

```
>> x = 1.5;
>> y = 2;
>> s = sprintf('Nro real: %f \nNro inteiro: %d',x
   ,y)
s =
Nro real: 1.500000
Nro inteiro: 2
```

- **A = sscanf(TEXTO,FORMATO)**: lê da variável **TEXTO** um conjunto de valores, caracteres e/ou sequência de caracteres de acordo com o **FORMATO** especificado e salva na variável **A**.

```
>> S = '2.7183  3.1416';
>> A = sscanf(S,'%f')
A =
    2.7183
    3.1416
```

As funções **sprintf()** e **sscanf()** necessitam de um parâmetro **formato** para funcionarem corretamente. Esse parâmetro informa como o dado deve ser transformado durante a leitura ou escrita. Alguns dos possíveis formatos são mostrados na Tabela 2.1:

Formato	Descrição
%c	Leitura/Escrita de caracteres
%d ou %i	Leitura/Escrita de números inteiros
%f	Leitura/Escrita de números reais
%s	Leitura/Escrita de texto (vários caracteres)

Tabela 2.1: Formatos de entrada e saída para as funções **sprintf()** e **sscanf()**.

Além disso, essas funções também suportam caracteres especiais como nova linha (\n), retorno de carro (\r), tabulação horizontal (\t), retrocesso (\b), alimentação de folha (\f) e barra invertida (\\).

2.1.5 Convertendo valores para outros tipos

O MATLAB® possui também uma série de funções para a conversão de valores de um tipo para outro tipo. Abaixo podemos ver algumas dessas rotinas.

- **Y = double(X)**: converte um valor **X** para a precisão **double**;
- **Y = uint8(X)**: converte um valor **X** para inteiro 8 bits sem sinal;
- **Y = int8(X)**: converte um valor **X** para inteiro 8 bits com sinal;
- **Y = uint32(X)**: converte um valor **X** para inteiro 32 bits sem sinal;
- **Y = int32(X)**: converte um valor **X** para inteiro 32 bits com sinal;

- **Y = uint8(X)**: converte um valor **X** para inteiro 8 bits sem sinal;
- **Y = num2str(X)**: converte um valor **X** para o formato texto;
- **Y = str2num(X)**: converte um texto **X** para o seu valor numérico;
- **Y = str2double(X)**: converte um texto **X** para o seu valor numérico com a precisão **double**.

2.1.6 Funções diversas

O MATLAB® possui também uma série de funções para usos diversos, como trigonometria, exponenciação, logaritmo etc. Abaixo podemos ver algumas dessas rotinas.

- Logaritmo e exponenciação
    - **log(X)**: logaritmo natural de **X**;
    - **log10(X)**: logaritmo base 10 de **X**;
    - **log2(X)**: logaritmo base 2 de **X**;
    - **exp(X)**: exponencial de **X**;
    - **sqrt(X)**: raiz quadrada de **X**;
    - **pow2(X)**: 2 elevado à potência **X**;
    - **power(X,Y)**: calcula cada elemento de **X** elevado a **Y**;
- Trigonometria
    - **sin(X)**: seno de **X** (**X** em radianos);
    - **asin(X)**: seno inverso de **X**;
    - **cos(X)**: cosseno de **X** (**X** em radianos);
    - **acos(X)**: cosseno inverso de **X**;
    - **tan(X)**: tangente de **X** (**X** em radianos);
    - **atan(X)**: tangente inversa de **X**;
    - **sec(X)**: secante de **X** (**X** em radianos);
    - **asec(X)**: secante inversa de **X**;
    - **csc(X)**: cossecante de **X** (**X** em radianos);
    - **acsc(X)**: cossecante inversa de **X**;
    - **cot(X)**: cotangente de **X** (**X** em radianos);;
    - **acot(X)**: cotangente inversa de **X**;
- Arredondamento de números
    - **ceil(X)**: arredonda **X** na direção $+\infty$;
    - **round(X)**: arredonda **X** para o inteiro mais próximo;
    - **floor(X)**: arredonda **X** na direção $-\infty$;

- **fix(X)**: arredonda **X** na direção de 0;
- **mod(X,Y)**: retorna o resto da divisão inteira **X/Y**.
- Cálculo em vetores e matrizes
  - **norm(X)**: norma da matriz **X**;
  - **min(X)**: menor elemento da matriz **X**;
  - **max(X)**: maior elemento da matriz **X**;
  - **sort(X)**: organiza os elementos da matriz **X** em ordem crescente;
  - **mean(X)**: média de um vetor;
  - **sum(X)**: soma de um vetor;
  - **std(X)**: desvio-padrão de um vetor;
  - **size(X)**: retorna as dimensões da matriz;
- Números complexos
  - **i**: número imaginário, igual a $\sqrt{-1}$;
  - **j**: número imaginário, igual a $\sqrt{-1}$;
  - **real(C)**: retorna a parte real de um número complexo **C**;
  - **imag(C)**: retorna a parte imaginária de um número complexo **C**;
  - **conj(C)**: retorna o conjugado de um número complexo **C**;
  - **angle(C)**: retorna a fase de um número complexo **C**;
  - **abs(C)**: retorna o módulo de um número complexo **C**;
  - **complex(X,Y)**: retorna um número complexo com parte real **X** e parte imaginária **Y**;
- Constantes importantes
  - **eps**: precisão relativa de ponto flutuante;
  - **Inf**: Infinito;
  - **pi**: π, razão da circunferência do círculo pelo seu diâmetro;
  - **NaN**: Não é um número;

2.2 Operadores

2.2.1 Operadores aritméticos

Os operadores aritméticos são aqueles que operam sobre números (**valores**, **variáveis** ou **matrizes**) e/ou expressões e têm como resultado valores numéricos. O MATLAB® possui um total de seis operadores aritméticos, como mostra a Tabela 2.2.

Operador	Significado	Exemplo
+	adição de dois valores	z = x + y
-	subtração de dois valores	z = x - y
*	multiplicação de dois valores	z = x * y
/	quociente de dois valores (à direita)	z = x / y
\	quociente de dois valores (à esquerda)	z = x \ y
∧	exponenciação	z = x ∧ y

Tabela 2.2: Operadores aritméticos existentes no MATLAB®.

Importante: caso os valores operados sejam duas matrizes, suas dimensões deverão satisfazer às regras da operação escolhida. Por exemplo, soma e subtração exigem matrizes de tamanhos iguais. A multiplicação, que o número de colunas da primeira seja igual ao de linhas da segunda.

Abaixo são apresentados alguns exemplos desses operadores:

```
>> x = 5;
>> y = x /2
y =

    2.5000

>> A = [1 2 3; 4 5 6];
>> B = A + 1
B =

    2        3        4
    5        6        7


>> C = B - A
C =

    1        1        1
    1        1        1
```

Perceba que temos duas operações de divisão: / (divisão à direita) e \ (divisão à esquerda). A primeira é a divisão tradicional, na qual o elemento da esquerda é dividido pelo elemento da direita. Já na segunda, \, o elemento da direita é dividido pelo elemento da esquerda, ou seja, **(x \ y)** equivale a **(y / x)**

```
>> 4 / 2
ans =
    2
```

```
>> 4 \ 2
ans =
    0.5000

>> 2 / 4
ans =
    0.5000
```

Operadores aritméticos para conjuntos

O MATLAB® permite forçar que uma operação aritmética seja executada para todos os elementos de uma matriz. Isso é bastante útil em operações como a multiplicação, na qual a operação ocorre de forma diferenciada para matrizes. Com o operador de conjuntos, podemos fazer a multiplicação de um elemento com o elemento localizado na mesma posição da outra matriz. A única restrição é que as matrizes tenham as mesmas dimensões.

Esses operadores são os mesmos operadores aritméticos já conhecidos, porém precedidos por um ponto, como mostra a Tabela 2.3.

Operador	Significado	Exemplo
.+	adição de dois valores	$z = x .+ y$
.-	subtração de dois valores	$z = x .- y$
.*	multiplicação de dois valores	$z = x .* y$
./	quociente de dois valores (à direita)	$z = x ./ y$
.\	quociente de dois valores (à esquerda)	$z = x .\ y$
.∧	exponenciação	$z = x .∧ y$

Tabela 2.3: Operadores aritméticos para conjuntos existentes no MATLAB®.

Abaixo são apresentados alguns exemplos desses operadores:

```
>> A = [1 2; 4 5];
>> B = [3 1; 6 8];
>> C = A ./ B
C =
    0.3333    2.0000
    0.6667    0.6250
```

```
>> C = A .* B
C =
     3     2
    24    40
```

2.2.2 Operadores relacionais

Os operadores relacionais são aqueles que operam sobre dois valores (variáveis ou matrizes) e/ou expressões e verificam a magnitude (qual é maior ou menor) e/ou igualdade entre eles. São operadores que servem para comparar dois elementos no MATLAB®.

O MATLAB® possui um total de seis operadores relacionais, como mostra a Tabela 2.4. Como resultado, esse tipo de operador retorna:

- O valor **UM** (1), se a expressão relacional for considerada **verdadeira**;
- O valor **ZERO** (0), se a expressão relacional for considerada **falsa**.

Operador	Significado	Exemplo
>	Maior do que	x > 5
>=	Maior ou igual a	x >= 10
<	Menor do que	x < 5
<=	Menor ou igual a	x <= 10
==	Igual a	x == 0
~=	Diferente de	x ~= 0

Tabela 2.4: Operadores relacionais existentes no MATLAB®.

Importante: caso os valores comparados sejam duas matrizes, elas deverão ter as mesmas dimensões. Nesse caso, a comparação será elemento a elemento.

Abaixo são apresentados alguns exemplos desses operadores:

```
>> x = 5;
>> x > 0
ans =
     1
```

```
>> A = [1 2;3 4];
>> B = [1 3;3 5];
>> C = A == B
C =
     1     0
     1     0
```

2.2.3 Operadores lógicos

Os operadores lógicos são aqueles que permitem representar situações lógicas, unindo duas ou mais expressões relacionais simples em uma composta. O MATLAB® possui um total de três operadores lógicos, como mostra a Tabela 2.5.

Operador	Significado	Exemplo
&&	Operador **E**	(x >= 0 && x <= 9)
||	Operador **OU**	(a == 'F' ||b ~= 32)
~	Operador **NEGAÇÃO**	~(x == 10)

Tabela 2.5: Operadores lógicos existentes no MATLAB®.

Esses operadores atuam apenas sobre valores lógicos produzidos por duas ou mais expressões relacionais. Como resultado, eles retornam também um valor lógico de acordo com o operador utilizado:

- Operador **E** (&&): a expressão resultante somente será verdadeira se **ambas** as expressões unidas por esse operador também forem;
- Operador **OU** (||): a expressão resultante é verdadeira se **alguma** das expressões unidas por esse operador também for;
- Operador **NEGAÇÃO** (~): inverte o valor lógico da expressão na qual se aplica.

Abaixo são apresentados alguns exemplos desses operadores:

```
>> x = 5;
>> y = 3;
>> r = (x > 2) && (y < x)
r =
     1
```

```
>> r = (x > 2) || (y > x)
r =
      1

>> r = ~(x > 2)
r =
      0
```

2.3 Arquivos .m

2.3.1 Definição

De modo geral, os comandos do MATLAB® são digitados na Janela de Comando (**Command Window**). Nela, cada linha de comando digitada é processada imediatamente. Porém, muitas vezes é necessário definir e executar um sequência de comandos. Felizmente, o MATLAB® permite criar arquivos de **scripts** chamados arquivos ".m" devido a sua extensão.

Um arquivo ".m" é um arquivo escrito no formato texto (ASCII) contendo uma sequências de comandos do MATLAB®. Esse arquivo pode conter qualquer comando do MATLAB® ou função definida pelo usuário. Ele também pode ser utilizado para criar novas funções, como veremos na seção seguinte.

Importante: em um arquivo ".m" todas as variáveis são globais. Ou seja, a execução desse arquivo altera os valores das variáveis que já existem no **Workspace** e possuem mesmo nome.

Abaixo podemos ver um exemplo de arquivo ".m":

```
clear all;
close all;
x= 1:pi/16:8*pi;
plot(x,sin(x)); title('gráfico seno');
xlabel('ângulo');
ylabel('seno');
```

2.3.2 Criando suas próprias funções

Quando criamos um arquivo ".m", podemos definir se ele será apenas um arquivo de script de comandos ou se será uma função. Uma função nada mais é do que um bloco de comandos (ou seja, declarações e outros comandos) que pode ser nomeado e chamado de dentro de um script ou pela janela de comando. Trata-se de uma ferramenta bastante útil para a estruturação dos programas e reutilização de código.

Para criar uma função, é preciso que a primeira linha do arquivo siga a seguinte forma geral

```
function [var1,...,varN] = nome_função(param1,...,
    paramM);
```

em que **nome_função** é o nome da função; **var1,var2,...,varN** são os valores retornados pela função e **param1,param2,...,paramM** são os valores passados para dentro da função. Pode-se definir para uma função qualquer quantidade de parâmetros de entrada. O mesmo vale para os valores de saída. Além disso, é aconselhável que se utilize o mesmo nome da função para o arquivo ".m".

Importante: em uma função as variáveis são sempre locais. Porém, é possível declarar uma variável como global. Mais detalhes em **help global**.

Abaixo podemos ver um exemplo de função que recebe um vetor (matriz linha ou coluna) como parâmetro e retorna a sua média

```
function me = media(vetor)
  me = 0;
  n = length(vetor);
  for y=1:n
      me = me + vetor(y);
  end
  me = me/n;
end
```

Um arquivo de função pode ter mais de uma função. A função primária é aquela que leva o mesmo nome do arquivo e deve ser a primeira. As demais, chamadas de subfunções, devem aparecer após a primeira, em qualquer ordem. Além disso, subfunções somente podem ser chamadas

pela função primária ou por outras subfunções desse arquivo. Abaixo
podemos ver um exemplo de arquivo ".m" com função e uma subfunção:

```
function de = desvio_padrao(vetor)%função primária
  me = media(vetor);
  de = 0;
  n = length(vetor);
  for y=1:n
      de = de + (vetor(y)-me)^2;
  end
  de = sqrt(de/(n-1));
end

function me = media(vetor)%subfunção
  me = 0;
  n = length(vetor);
  for y=1:n
      me = me + vetor(y);
  end
  me = me/n;
end
```

2.3.3 Comentários

Um comentário, como o próprio nome diz, é um trecho de texto incluído dentro do arquivo ".m" para descrever alguma coisa, por exemplo,
o que aquele pedaço do script faz. Os comentários não modificam o funcionamento do script porque são ignorados pelo MATLAB® e servem,
portanto, apenas para ajudar o programador a organizar o seu código.

Um comentário pode ser adicionado em qualquer parte do código. Para
tanto, basta colocar um símbolo de % na frente da linha que será o
comentário, como mostra o exemplo a seguir:

```
%apagando as variáveis existentes
clear all;
%fechando as janelas existentes
close all;
%cria o eixo x
x= 1:pi/16:8*pi;
%desenha o gráfico
```

```
plot(x,sin(x));
%altera as propriedades do gráfico
title('gráfico seno');
xlabel('ângulo');
ylabel('seno');
```

2.4 Comandos de condição e repetição

Os comandos de condição e repetição controlam o fluxo e especificam a ordem em que a computação é feita dentro de um script MATLAB®. Esses comandos funcionam de forma semelhante aos usados na linguagem C, mas com uma estrutura um pouco diferente, como veremos a seguir.

2.4.1 Comando if-else

O comando **if** avalia uma expressão condicional e executa uma sequência de comandos se essa condição for verdadeira. Por expressão condicional se entende qualquer expressão que resulte em uma resposta do tipo **verdadeiro** ou **falso** e seja construída utilizando operadores matemáticos, relacionais ou lógicos. A forma geral de um comando **if** é:

```
if expressão_condicional
    %sequência de comandos
end
```

Abaixo podemos ver um exemplo do comando **if**:

```
x = int32(input('Digite um numero: '));
if x > 0
    disp('X é positivo');
end
```

Já o comando **if-else** avalia uma expressão condicional considerando a possibilidade de ela ser falsa. Se o comando **if** diz o que fazer quando a condição é verdadeira, o comando **else** permite executar uma sequência de comandos quando a condição é falsa. A forma geral de um comando **if-else** é:

```
if expressão_condicional
    %sequência de comandos do if
else
    %sequência de comandos do else
end
```

Abaixo podemos ver um exemplo do comando **if-else**:

```
x = int32(input('Digite um numero: '));
if x > 0
    disp('X é positivo');
else
    disp('X é negativo ou zero');
end
```

2.4.2 Comando switch

Parecido com o comando if-else, esse comando permite que se escolha uma opção entre várias dependendo do resultado de uma variável ou expressão.

O comando switch é um comando de seleção múltipla e é indicado quando se deseja testar uma variável (ou expressão) em relação a diversos valores (ou listas de valores) pré-estabelecidos. A forma geral de um comando **switch** é:

```
switch variável
    case valor1
        %sequência de comandos
    case {valor2, valor3, ...}
        %sequência de comandos
    otherwise
        %sequência de comandos
end
```

Na execução do comando **switch**, o valor da *variável* é comparado, na ordem, com cada um dos valores definidos pelo comando **case**. Se um desses valores for igual ao valor da variável, a sequência de comandos daquele comando **case** será executada pelo programa. O comando *otherwise* é opcional e sua sequência de comandos somente será executada se o valor da variável que está sendo testada pelo comando **switch** não for igual a nenhum dos valores dos comandos **case**.

Abaixo podemos ver um exemplo do comando **switch**:

```
A = int32(input('Digite um numero: '));
switch(A)
  case 1
    disp('Número UM');
  case 2
    disp('Número DOIS');
  case 3
    disp('Número TRÊS');
  otherwise
    disp('É outro número');
end
```

2.4.3 Comando while

O comando **while** é um comando de repetição que funciona de forma parecida com o comando **if**. Como o **if**, esse comando avalia uma expressão condicional e executa uma sequência de comandos enquanto essa condição for verdadeira. Ou seja, ao final da sequência de comandos, o **while** testa novamente a expressão condicional para saber se deve ou não executar novamente aquela sequência de comandos. Por expressão condicional se entende qualquer expressão que resulte em uma resposta do tipo **verdadeiro** ou **falso** e seja construída utilizando operadores matemáticos, relacionais ou lógicos. A forma geral do comando **while** é:

```
while expressão_condicional
    %sequência de comandos
end
```

Abaixo podemos ver um exemplo do comando **while**:

```
v = zeros(1,10);
x = 1;
while x <= 10
    v(x) = x^2;
    x = x + 1;
end
```

2.4.4 Comando for

O comando **for** é o controlador de fluxo mais simples e usado na programação com MATLAB®. Basicamente, esse comando é usado para repetir uma sequência de comandos diversas vezes. A forma geral de um comando **for** é:

```
for variável = valor_inicial:incremento:valor_final
    %sequência de comandos
end
```

O **incremento** é opcional. Se o seu valor não for definido, ele assumirá o valor de 1. Abaixo podemos ver um exemplo do comando **for**:

```
v = zeros(1,10);
for x=1:10
    v(x) = x^2;
end
```

2.4.5 Comando continue e break

Esses dois comandos servem para quebrar a continuidade dos comandos de repetição, como o **for** e o **while**. O funcionamento deles é idêntico ao dos comandos correspondentes na linguagem C:

- **break**: interrompe a execução do laço e o termina, fazendo com que o MATLAB® siga para a primeira instrução fora do laço;
- **continue**: interrompe a execução atual do laço e faz com que ele avance para a sua próxima iteração.

Para entender a diferença entre os comandos **break** e **continue**, considere dois códigos para somar 10 números sorteados aleatoriamente. O código a seguir sorteia um número por vez e caso esse número seja maior do que 0.5, a execução do laço **while** é terminada pelo comando **break** e o resultado é exibido. Nesse caso, não existem garantias de que serão sorteados 10 números.

```
soma = 0;
x = 1;
while x <= 10
```

```
    v = rand;
    x = x + 1;
    if v > 0.5
        disp('Saindo do laço');
        break;
    end
    soma = soma + v;
end
disp(['Soma = ',num2str(soma)]);
```

O código a seguir substituiu o comando **break** pelo **continue**. Nesse caso, o código sorteia um número por vez e caso esse número seja maior do que 0.5, a execução do laço **while** é ignorada pelo comando **continue** e o laço avança para a sua próxima iteração. Desse modo, 10 números serão sorteados, mas os valores maiores do que 0.5 serão ignorados.

```
soma = 0;
x = 1;
while x <= 10
    v = rand;
    x = x + 1;
    if v > 0.5
        disp('Ignorando valor sorteado');
        continue;
    end
    soma = soma + v;
end
disp(['Soma = ',num2str(soma)]);
```

2.5 Struct e cell array

Nesta seção apresentaremos duas importantes estruturas (*cell array* e **struct**) de dados para armazenamento de informações de diferentes tipos.

2.5.1 Trabalhando com cell array

Um *cell array* é uma estrutura semelhante a uma matriz. No entanto, enquanto uma matriz pode armazenar um valor em cada uma de suas posições, um *cell array* é capaz de armazenar uma matriz em cada uma de suas posições. Isso faz dele uma excelente estrutura para manter e organizar as diferentes matrizes existentes em um código.

Definindo um cell array

Podemos definir um *cell array* como uma lista explícita de matrizes ou valores delimitada por chaves({ }). No *cell array*, os elementos de uma mesma linha são separados por espaços ou vírgulas (,). Duas linhas são separadas utilizando um ponto e vírgula (;).

Exemplo de um *cell array* 2×2. Nele estão armazenados duas matrizes, um texto e um valor numérico simples.

```
>> A = {ones(2), eye(2); 'André', 4}

A =

    [2x2 double]    [2x2 double]
    'André'         [          4]
```

Uma outra forma de se criar um *cell array* é utilizando a função **cell()**:

- **cell(N)**: cria um *cell array* de tamanho $N \times N$;
- **cell(N,M)**: cria um *cell array* de tamanho $N \times M$.

Abaixo podemos ver um exemplo da função **cell()**.

```
>> A = cell(2,2)

A =

    []    []
    []    []
>> A{1,1} = ones(2);
>> A{1,2} = eye(2);
>> A

A =

    [2x2 double]    [2x2 double]
              []              []
```

Acessando os elementos de um cell array

Primeiramente, devemos ter em mente que um *cell array* pode ser acessado de duas formas. Podemos querer acessar uma posição do *cell array* ou o conteúdo daquela posição do *cell array*. Em ambos os casos, devemos indicar qual índice dela queremos acessar:

- Caso queiramos acessar uma posição do *cell array*, então devemos indicar o índice a ser acessado utilizando o operador de **parênteses** () após o nome do *cell array*. Desse modo, iremos retornar aquela posição como um *cell array*;
- Caso queiramos acessar o conteúdo de uma posição do *cell array*, então devemos indicar o índice a ser acessado utilizando o operador de **chaves** {} após o nome do *cell array*. Desse modo, iremos retornar a matriz ou o valor que está armazenado naquela posição do *cell array*.

Abaixo podemos ver a diferença das duas sintaxes:

```
>> A = {ones(2), eye(2); 'André', 4}
A =
    [2x2 double]    [2x2 double]
    'André'         [         4]
>> B = A(1,1)
B =
    [2x2 double]
>> C = A{1,1}
C =
    1    1
    1    1
```

Importante: os índices do *cell array* devem ser sempre valores inteiros e positivos. E a primeira posição do *cell array* é a posição de índice 1.

2.5.2 Trabalhando com struct

Uma **struct** pode ser vista como um conjunto de variáveis agrupadas sob um mesmo nome de variável. Cada uma dessas variáveis, chamadas de **campos da struct**, pode armazenar qualquer tipo de dado. A ideia básica por trás da **struct** é apenas criar uma variável que contém dentro de si outras variáveis. Isso auxília na organização dos dados do seu código.

Definindo uma struct

Podemos definir uma **struct** utilizando a função **struct()**, cuja forma geral de uso é:

```
S = struct('campo1',valor1,'campo2',valor2,...)
```

Basicamente, a função **struct()** recebe uma lista de nomes de campos e o valor associado a cada um deles, e retorna uma variável contendo uma **struct** com esses campos e valores. Abaixo é possível ver um exemplo dessa função:

```
>> S = struct('matriz1',eye(2),'matriz2',[1 2 3],'
   texto','oi')
S =
    matriz1: [2x2 double]
    matriz2: [1 2 3]
      texto: 'oi'
```

Também podemos criar uma **struct** apenas com os campos, mas sem nenhum valor armazenado neles. Para tanto, basta substituir os valores de cada campo por um par de colchetes, como mostra o exemplo a seguir:

```
>> S = struct('mat1',[],'mat2',[],'texto',[])
S =
      mat1: []
      mat2: []
     texto: []
```

A **struct** é uma estrutura muito flexível, de modo que podemos adicionar campos a ela à medida que necessitamos. Para tanto, basta usar o operador de ponto (.), como mostra o exemplo a seguir:

```
>> A.campo1 = [1 2; 3 4];
>> A.campo2 = 'teste';
>> A.campo3 = 34;
>> A
```

```
A =
    campo1:  [2x2 double]
    campo2:  'teste'
    campo3:  34
```

Definindo uma matriz de struct

Pode ser que precisemos de várias **structs** em nosso código, todas elas contendo os mesmos campos. Surge, então, a necessidade de criar uma matriz em que cada posição dela armazene uma **struct**. Essa combinação de matriz e **struct** permite que se manipule, de modo muito mais prático, diversas variáveis do tipo **struct**.

Para criar uma matriz de **struct** iremos novamente utilizar a função **struct()**. Nesse caso, a variável que receberá a **struct** criada deverá ter uma par de parênteses e dentro deles as dimensões que a matriz deverá ter. Abaixo é possível ver como criar uma matriz de tamanho 2×2 de **struct**, na qual os três campos da **struct** estão vazios.

```
>> S(2,2) = struct('mat1',[],'mat2',[],'texto',[])
S =
2x2 struct array with fields:
    mat1
    mat2
    texto
```

Acessando os campos de uma struct

Uma vez definida uma variável do tipo **struct**, precisamos acessar seus campos, seja para utilizar aquele dado armazenado ou para substituí-lo por outro. Cada campo da **struct** pode ser acessado usando o operador "." (ponto) após o nome da variável que representa a **struct**, como mostra o exemplo a seguir:

```
>> A.campo1 = [1 2; 3 4];
>> A.campo2 = 'teste';
>> A.campo3 = 34;
>>
>> A.campo2
```

```
ans =
teste
>>
>> A.campo2 = 'oi'
A =
    campo1:  [2x2 double]
    campo2:  'oi'
    campo3:  34
```

Caso estejamos trabalhando com uma matriz de **struct**, o operador de ponto (.) deve vir depois dos parênteses () que indicam o índice da matriz. Essa ordem deve ser respeitada, pois é o índice da matriz que indica qual posição da matriz queremos acessar, sendo cada posição dessa matriz uma **struct**. Somente depois de definida a **struct** que queremos acessar na matriz é que podemos acessar os seus campos, como mostra o exemplo abaixo:

```
>> S(2,2) = struct('mat1',[],'mat2',[],'texto',[])
S =
2x2 struct array with fields:
    mat1
    mat2
    texto
>> S(1,1).mat1 = [1 2; 3 4];
>> S(1,1)
ans =
        mat1:  [2x2 double]
        mat2:  []
       texto:  []
```

2.6 Desenhando gráficos

2.6.1 Gráfico de linhas: plot

Para criar um gráfico de linha no MATLAB®, utilizamos a função **plot()**. Essa função pode ser utilizada de várias maneiras diferentes. Sua descrição é apresentada a seguir.

> ### plot(Y)
> ### plot(X,Y)
> ### plot(X,Y,STR)
>
> Entrada: **Y** - é um vetor **N** × **1** ou **1** × **N** representando os valores numéricos a serem plotados.
>
> - se o vetor **X** não for especificado, a função cria um gráfico dos elementos de **Y** versus os seus índices. Do contrário, a função cria um gráfico dos elementos de **X** versus os elementos de **Y**, em que **X** e **Y** são vetores com as mesmas dimensões;
> - **STR** é um texto que define a combinação de estilos escolhida pelo usuário para desenhar o gráfico.

Ao definir o estilo de um gráfico, o usuário pode escolher até três elementos: estilo de cor, de marcador e de linha. A Tabela 2.6 apresenta as opções possíveis.

Código	Cor	Código	Marcador	Código	Estilo de linha
y	amarelo	.	.	-	linha contínua
m	lilás	*	*	—	linha tracejada
c	azul claro	o	○	-.	traço e ponto
r	vermelho	+	+	:	linha pontilhada
g	verde	x	×	(nada)	sem linha
b	azul escuro	s	□		
w	branco	d	◇		
k	preto	v	▽		
		∧	△		
		<	◁		
		>	▷		
		p	★		
		h	✳		

Tabela 2.6: Estilos de formatação de gráfico existentes no MATLAB®.

Para exemplificar o uso dessa função, iremos utilizar o conjunto de comandos a seguir. As janelas produzidas para diferentes usos da função são mostradas na Figura 2.1.

```
x = 1:pi/16:8*pi;
subplot(2,2,1);
plot(sin(x));
```

```
title('plot(sin(x));');

subplot(2,2,2);
plot(x,sin(x));
title('plot(x,sin(x));');

subplot(2,2,3);
plot(sin(x),'k-o');
title('plot(sin(x),''k-o'');');

subplot(2,2,4);
plot(sin(x),'g--s');
title('plot(sin(x),''g--s'');');
```

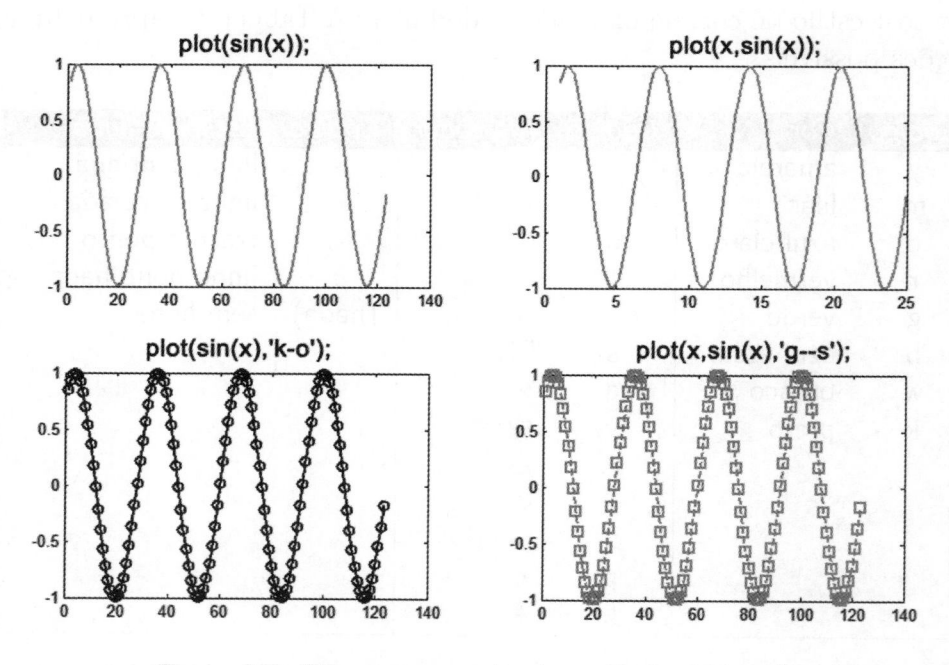

Figura 2.1: Diferentes exemplos de uso da função plot().

2.6.2 Gráfico de barras: bar

Para criar um gráfico de barras no MATLAB®, utilizamos a função **bar()**. Essa função pode ser utilizada de várias maneiras diferentes. Sua descrição é apresentada a seguir.

```
bar(Y)
bar(X,Y)
bar(X,Y,LARGURA)
```

Entrada: **Y** - é um vetor **N** × **1** ou **1** × **N** representando os valores numéricos a serem plotados.

- se o vetor **X** não for especificado, a função cria um gráfico de barras dos elementos de **Y** versus os seus índices. Do contrário, a função cria um gráfico de barras dos elementos de **X** versus os elementos de **Y**, em que **X** e **Y** são vetores com as mesmas dimensões;
- **LARGURA** é um valor numérico que define a largura de cada barra. Valores maiores do que 1 causam sobreposição das barras.

Para exemplificar o uso dessa função, iremos utilizar o conjunto de comandos a seguir. As janelas produzidas para diferentes usos da função são mostradas na Figura 2.2.

```
X = 1:10;
Y = [-20, -15, -10, -5, 5, 15, 25, 40, 60, 80];
subplot(1,2,1); bar(X,Y);
subplot(1,2,2); bar(X,Y,0.5);
```

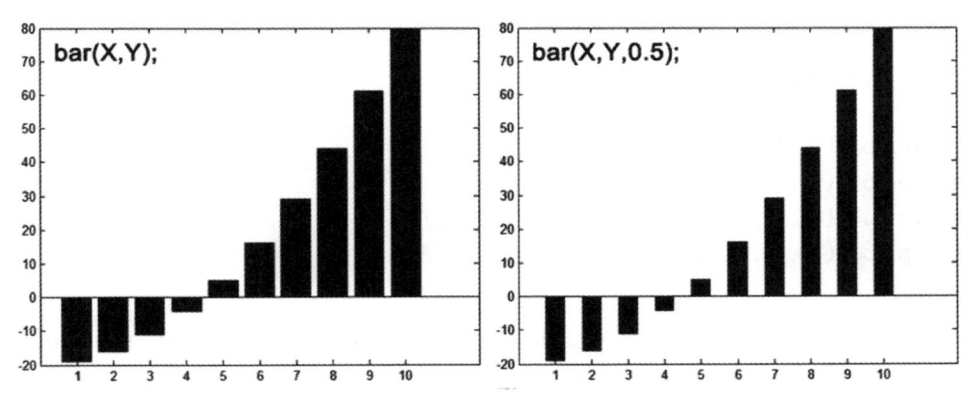

Figura 2.2: Exemplos de gráficos de barras criados com a função bar().

2.6.3 Desenhando superfícies

O MATLAB® possui várias funções para desenhar superfícies. Entre essas funções podemos destacar as seguintes:

- **mesh()**: desenha uma superfície em formato de arame;
- **surf()**: desenha uma superfície preenchida;
- **contour()**: desenha uma superfície em formato de contornos;
- **contour3()**: desenha uma superfície em formato de contornos, mas em perspectiva 3D;

De modo geral, essas funções permitem desenhar uma superfície que esteja contida em uma matriz. Todas as quatro funções podem ser utilizadas de duas formas básicas, como mostrado a seguir.

| nome_função(Z) |
| nome_função(X,Y,Z) |

Entrada: **Z** - é uma matriz **N** × **M** representando os valores numéricos da superfície a ser desenhada.

X e **Y** - são matrizes **N** × **M** representando os valores dos eixos da superfície definida em **Z**. Caso não sejam especificadas, a superfície contida em **Z** será desenhada considerando os seus índices como os eixos **X** e **Y**.

Para exemplificar o uso dessas funções, iremos utilizar o seguinte conjunto de comandos:

```
[X,Y] = meshgrid(-2:.2:2, -2:.2:2);

Z = X.* exp(-X.^2 - Y.^2);

subplot(2,2,1); mesh(X,Y,Z);
subplot(2,2,2); surf(X,Y,Z);
subplot(2,2,3); contour(X,Y,Z);
subplot(2,2,4); contour3(X,Y,Z);
```

As janelas produzidas para cada uma das funções são mostradas na Figura 2.3. A função **meshgrid** define um espaço de coordenadas para ser trabalhado. Mais detalhes em **help meshgrid**.

2.6.4 Inserindo anotações em um gráfico

O MATLAB® possui várias funções para fazer anotações em um gráfico. Abaixo podemos ver algumas delas:

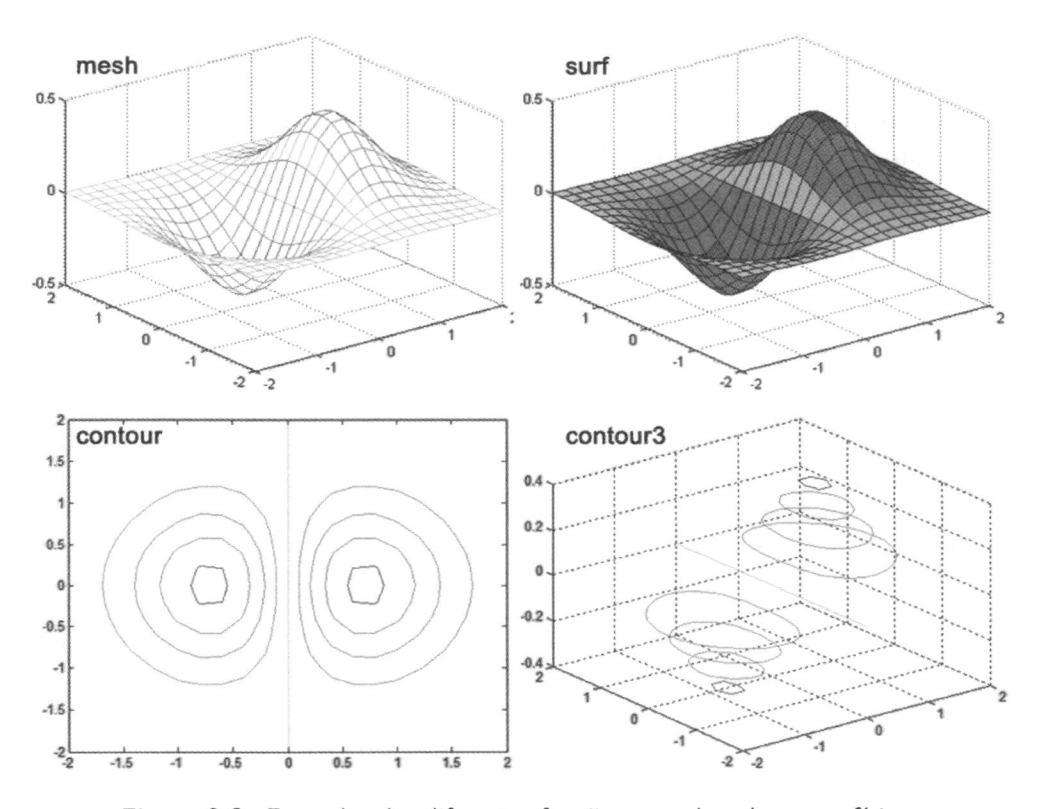

Figura 2.3: Exemplos das diferentes funções para desenhar superfícies.

- **title(STR)**: coloca o texto armazenado em **STR** como o título acima do gráfico;
- **xlabel(STR)**: coloca o texto armazenado em **STR** como o título do eixo X;
- **ylabel(STR)**: coloca o texto armazenado em **STR** como o título do eixo Y;
- **zlabel(STR)**: coloca o texto armazenado em **STR** como o título do eixo Z;
- **text(X,Y,STR)**: coloca o texto armazenado em **STR** na posição (X,Y) do gráfico. Caso o gráfico seja tridimensional, deve ser usado **text(X,Y,Z,STR)**.

Podemos também manipular outras propriedades do gráfico, como:

- **grid on**: exibe uma grade na janela do gráfico;
- **grid off**: apaga a grade exibida na janela do gráfico;

- **axis on**: exibe os eixos de coordenadas na janela do gráfico;
- **axis off**: apaga os eixos de coordenadas da janela do gráfico;
- **axis([Xmin Xmax Ymin Ymax Zmin Zmax])**: ajusta os limites das coordenadas da janela na qual está o gráfico. X varia de Xmin a Xmax, e o mesmo vale para Y e Z.

Esses comandos podem ser utilizados tanto para desenho de gráficos quanto de superfícies. A seguir é apresentado um exemplo dessa função, sendo a janela produzida mostrada na Figura 2.4:

```
x= 1:pi/16:8*pi;

plot(x,sin(x));
title('gráfico seno');
xlabel('ângulo');
ylabel('seno');
axis([-5 30 -2 2]);
```

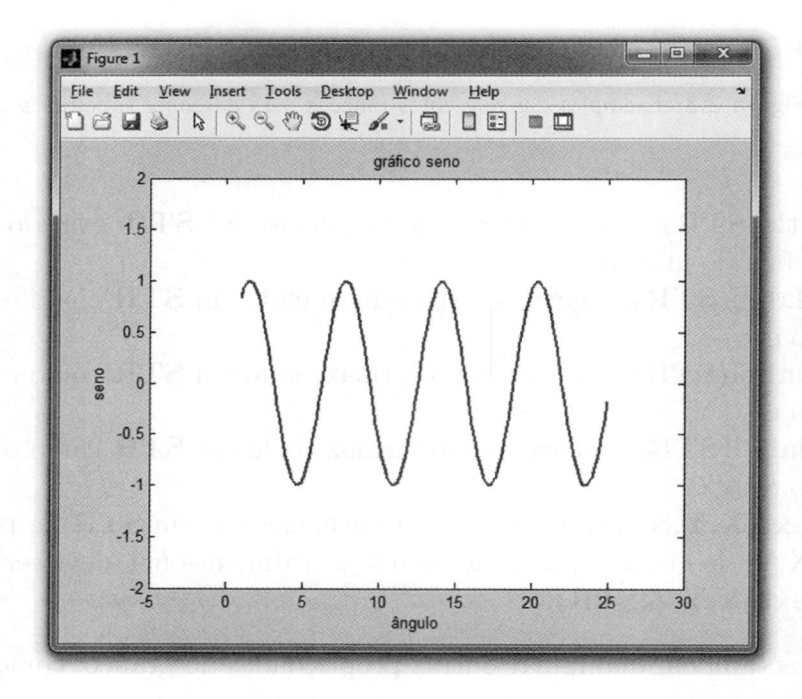

Figura 2.4: Exemplo de manipulação das propriedades de um gráfico.

2.6.5 Criando novas janelas

O MATLAB® utiliza a mesma janela de desenho sempre que desenhamos um gráfico. Nesse processo, o novo gráfico se sobrepõe ao último que foi desenhado. Entretanto, se quisermos criar uma nova janela para a exibição de gráficos, podemos usar a função **figure**. A função **figure** pode ser utilizada de duas maneiras:

- **figure**: cria uma nova janela;
- **figure(H)**: torna a janela de índice **H** ativa para o desenho do gráfico.

Abaixo é apresentado um exemplo dessa função, sendo as janelas produzidas mostradas na Figura 2.5:

```
x = 1:10;
y = x.^2;
z = 2*x;
plot(x,y);
figure;
plot(x,z);
```

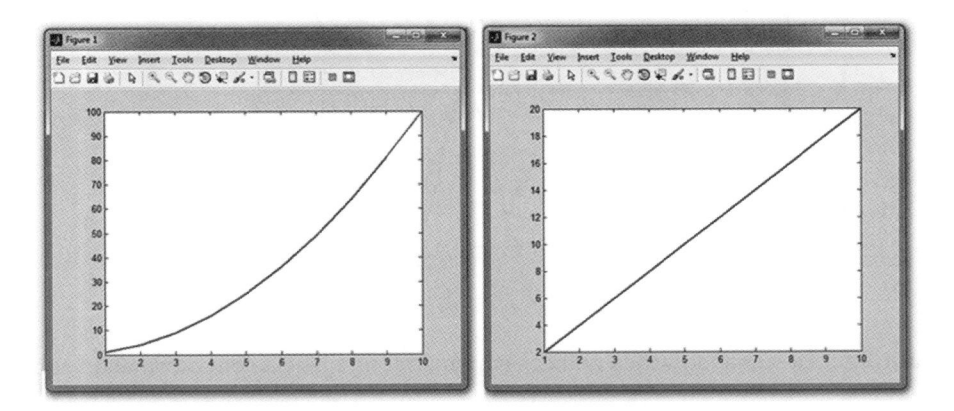

Figura 2.5: Criando novas janelas de desenho com o comando **figure**.

2.6.6 Particionando a janela

Às vezes é necessário mostrar vários gráficos em uma mesma janela de desenho. Para realizar essa tarefa utilizamos a função **subplot**, cuja forma geral é

```
subplot(R,C,P)
```

Essa função divide a janela de desenho em **R** × **C** subjanelas, sendo **P** um número de 1 a (**R** × **C**) que representa a posição selecionada. O valor de **P** aumenta em uma unidade à medida que andamos no sentido das colunas das subjanelas. Abaixo é apresentado um exemplo dessa função, sendo as janelas produzidas mostradas na Figura 2.6:

```
x= 1:pi/16:8*pi;
subplot(2,1,1); plot(cos(x));
subplot(2,1,2); plot(sin(x));
```

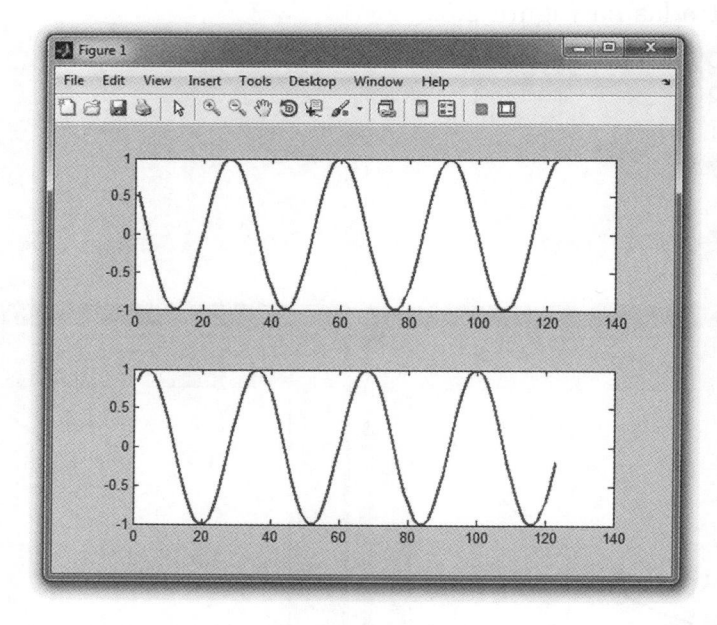

Figura 2.6: Desenhando vários gráficos em uma mesma janela com o comando **subplot**.

2.7 Trabalhando com imagens

Para trabalhar com imagens, o MATLAB® conta com a ajuda do toolbox de Processamento de Imagens. Esse toolbox considera as imagens como matrizes, de modo que toda e qualquer operação matricial é válida com imagens. Além disso, ele permite trabalhar com quatro tipos de imagens. São eles:

- **Imagens de intensidades**: os valores da matriz representam as intensidades em cada ponto (pixel) da imagem. O intervalo desses valores dependem do tipo de dado: $[0, 255]$ para **uint8**, $[0, 65535]$ para **uint16** e $[0, 1]$ para **double**;
- **Imagens binárias**: uma matriz composta de "0s" e "1s";
- **Imagens indexadas**: utiliza duas matrizes, **X** e **map**. A matriz **X** armazena um valor numérico representando um índice para a matriz **map**, que armazena as cores existentes;
- **Imagens RGB**: uma matriz com três dimensões, na qual a terceira dimensão indica o canal de cor (R, G e B). Essa matriz segue as mesmas regras das imagens de intensidade.

2.7.1 Abrindo e exibindo uma imagem

Para abrir uma imagem no MATLAB® utilizamos a função **imread()**. Essa função pode ser utilizada de várias maneiras diferentes. Duas dessas formas são mostradas a seguir.

IM = imread(ARQUIVO) [IM,MAPA] = imread(ARQUIVO)	
Entrada:	**ARQUIVO** - é um texto representando no nome ou endereço da imagem a ser aberta.
Saída:	**IM** - é uma matriz **N** × **M** representando os dados da imagem. **MAPA** - é uma matriz **L** × **K** representando as cores presentes em uma imagem indexada. Nesse caso, a matriz **IM** armazenará os índices da cores contidas em **MAPA**.

Abaixo podemos ver um exemplo de uso da função **imread()**:

```
>> im = imread('catedral_cor.png');
>> size(im)
ans =
   338    450      3
```

Perceba que a variável **im** contém uma matriz com três dimensões. Isso ocorre porque trata-se de uma imagem RGB e cada um dos seus canais é armazenado separadamente na terceira dimensão. É a combinação desses canais que produz todas as cores possíveis.

Uma vez aberta a imagem, podemos exibi-la. Para visualizar uma imagem utilizamos a função **imshow()**. Essa função também pode ser utilizada de várias maneiras diferentes. Duas dessas formas são mostradas a seguir.

| imshow(IM) |
| imshow(IM,MAPA) |

Entrada: **IM** - é uma matriz **N** × **M** representando os dados da imagem a ser exibida. Pode ser uma imagem de intensidades, binária ou RGB.

MAPA - é uma matriz **L** × **K** representando as cores presentes na imagem a ser exibida. Nesse caso, a matriz **IM** representa uma imagem indexada e seus valores são os índices da cores contidas em **MAPA**.

Abaixo podemos ver um exemplo de uso da função **imread**, enquanto a Figura 2.7 exibe a janela de visualização produzida:

```
>> im = imread('catedral_cor.png');
>> imshow(im);
```

Figura 2.7: Exibindo uma imagem com o comando **imshow**.

2.7.2 Salvando uma imagem

Para salvar uma imagem do MATLAB® utilizamos a função **imwrite**. Essa função pode ser utilizada de várias maneiras diferentes. Apresentamos aqui apenas três delas:

- **imwrite(IM,ARQUIVO)**: salva a imagem armazenada em **IM** no local especificado em **ARQUIVO**. **ARQUIVO** deve conter uma das extensões suportadas pela função **imread**: 'bmp', 'png', 'jpg' etc.;
- **imwrite(IM,MAPA,ARQUIVO)**: salva a imagem indexada **IM**, a qual contém os índices das cores contidas em **MAPA**, no local especificado em **ARQUIVO**;
- **imwrite(IM,'arquivo.jpg','quality',VALOR)**: salva a imagem armazenada em **IM** no local especificado em **ARQUIVO**, cuja extensão deve ser 'jpg'. O parâmetro **VALOR** é um número de 0 (grau mínimo) a 100 (grau máximo) indicando a qualidade da compressão.

Abaixo podemos ver alguns exemplos de uso da função **imwrite**:

```
>> imwrite(im, 'c:\arquivo1.jpg','quality', 50);
>> imwrite(im, 'c:\arquivo2.jpg','quality', 10);
>> imwrite(im, 'c:\arquivo3.bmp');
```

CAPÍTULO 3

FUNDAMENTOS DE IMAGENS

Neste capítulo apresentaremos conceitos básicos sobre processamento digital de imagens. Os tópicos abordados serão: aquisição de imagens, resolução espacial e de intensidade, tipos de imagens (binária, níveis de cinza e colorida), e relações entre pixels (vizinhança, adjacência, caminhos, componentes conexos, regiões, contornos, bordas e distância entre pixels).

3.1 Aquisição

A aquisição de imagens digitais é feita pelos sensores de dispositivos eletrônicos como câmeras fotográficas, filmadoras, *scanners* etc. Esses sensores, por sua vez, precisam discretizar a imagem em *pixels*, que são as unidades fundamentais de uma imagem. Para tanto, cada pixel receberá um valor numérico para representar as gradações de tonalidade da imagem. Um exemplo desse processo é apresentado na Figura 3.1.

3.2 Resolução

Intuitivamente, a resolução de uma imagem pode ser entendida como o grau de detalhamento e, por conseguinte, de qualidade, que esta apresenta. Essa resolução pode ser de dois tipos: espacial e de intensidade. A resolução espacial se refere à quantidade de pontos que estão presentes por unidade de distância de uma imagem. Uma unidade de medida bastante difundida para quantificar essa "densidade espacial" de pontos é o "dpi" (pontos por polegada - *dots per inch*), que é usada, por exemplo, em

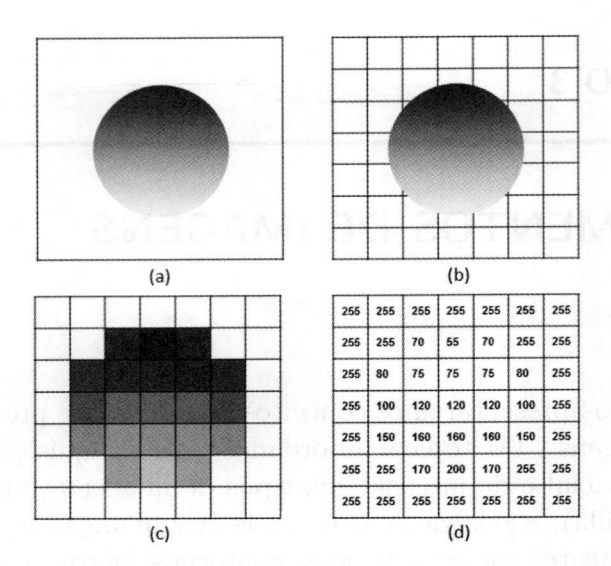

Figura 3.1: Processo de aquisição de uma imagem: (a) imagem real; (b) sensores; (c) imagem adquirida; (d) valores numéricos dos pixels.

programas de manipulação de imagens. A comparação de imagens com diferentes resoluções espaciais só tem sentido se estas tiverem o mesmo tamanho. Como exemplo, na Figura 3.2 são exibidas quatro imagens de mesmo tamanho e com diferentes resoluções. Como é possível perceber, à medida que o número de dpi diminui, a qualidade da imagem se degrada de forma perceptível. **Obs:** as imagens com resoluções menores do que 72 dpi foram ampliadas para ficarem com o tamanho da imagem original de 518 × 389 pixels e, para tanto, foi usada interpolação cúbica.

A resolução de intensidade se refere à quantidade de níveis discretos que um pixel pode ter. No padrão mais comum, essa quantidade é 256 (2^8) níveis, mas há aplicações que necessitam de imagens com mais detalhes e empregam, por exemplo, 2^{16} níveis. Na Figura 3.3 são apresentados quatro exemplos com diferentes resoluções de intensidade. A Figura 3.3(b) quase não apresenta diferença em relação à imagem original (Figura 3.3(a)). Entretanto, na Figura 3.3(c) é possível perceber que a parte suave da imagem (área do céu) foi dividida em regiões inexistentes. Esse fenômeno é conhecido com "falso contorno" em virtude de que as falsas regiões se parecem com contornos topográficos de um mapa (Gonzalez and Woods [2006]). Finalmente, na Figura 3.3(d) é apresentada a imagem original em sua forma binarizada (apenas dois níveis de intensidade).

Resolução   53

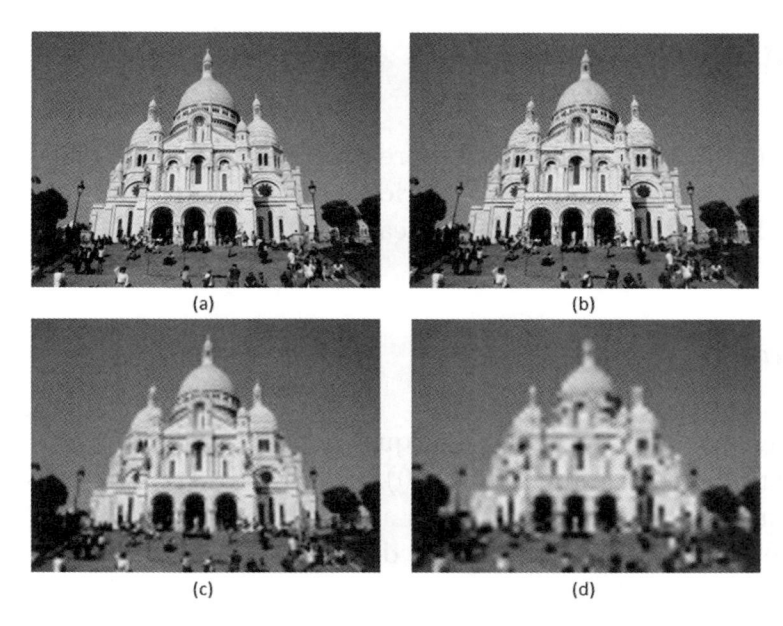

Figura 3.2: Exemplo de uma imagem de 518 × 389 pixels com diferentes resoluções espaciais: (a) imagem original com 72 dpi; (b) imagem ampliada com 36 dpi; (c) imagem ampliada com 18 dpi; (d) imagem ampliada com 9 dpi.

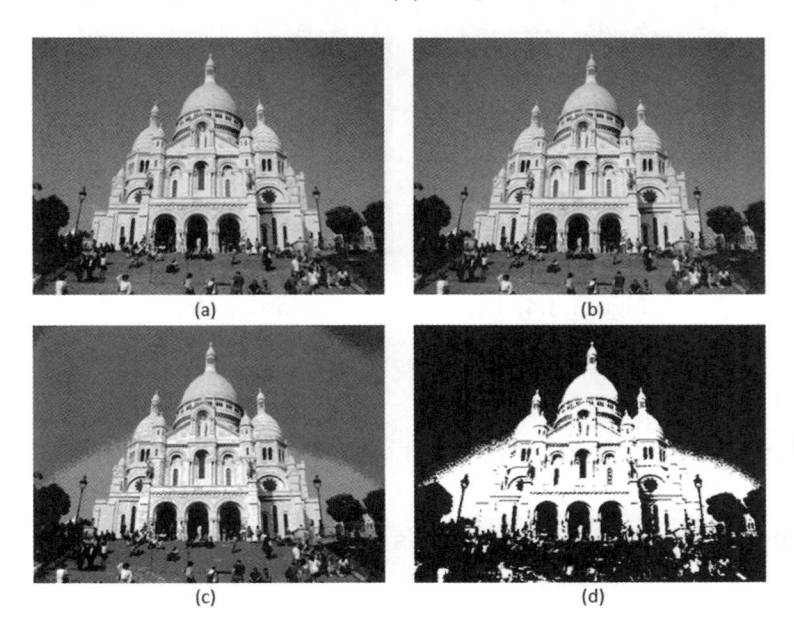

Figura 3.3: Exemplo de uma imagem de 518 × 389 pixels com diferentes resoluções de intensidade: (a) 256 níveis; (b) 64 níveis; (c) 8 níveis; (d) 2 níveis.

3.3 Tipos de imagens

As imagens digitais podem ser representadas de três formas: binária, níveis de cinza (*grayscale*), ou colorida. As seções a seguir apresentam mais detalhes sobre cada representação.

3.3.1 Imagem binária

Uma imagem binária é aquela em que os pixels podem possuir apenas duas intensidades (geralmente 1 e 0), uma representando a cor branca (a imagem propriamente) e a outra a cor preta (o *background*, ou pano de fundo). A Figura 3.4 apresenta dois exemplos de imagens binárias, em uma das quais há o destaque de uma pequena região e respectiva representação matricial.

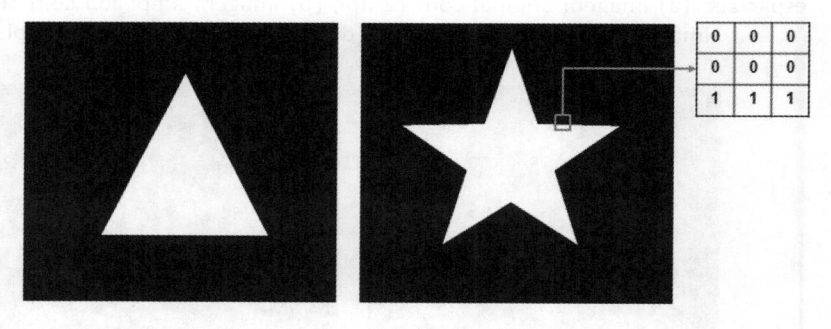

Figura 3.4: Exemplos de imagens binárias.

3.3.2 Imagem em níveis de cinza (*grayscale*)

As imagens *grayscale* possuem pixels com valores que representam diferentes intensidades de cinza. No formato mais comumente usado, essas intensidades assumem 256 valores inteiros entre 0 (cor preta) e 255 (cor branca), mas que também podem ser normalizados entre 0 e 1. A Figura 3.5 apresenta dois exemplos de imagens em níveis de cinza, em uma das quais há o destaque de uma pequena região e respectiva representação matricial.

Figura 3.5: Exemplos de imagens *grayscale* (níveis de cinza).

3.3.3 Imagem colorida e sua representação

As imagens coloridas possuem diversas formas de representação, também denominadas "modelos de cores". Seguramente o modelo de cor mais conhecido é o RGB (Vermelho - ***R****ed*, Verde - ***G****reen*, Azul - ***B****lue*), no qual cada pixel da imagem é representado por três valores inteiros entre 0 e 255 (esse é o intervalo mais comum, mas também é possível normalizá-los entre 0 e 1) que correspondem às cores vermelha, verde e azul. Desse modo, todas as outras cores são combinações dessas três cores primárias. A Figura 3.6 exibe um exemplo de imagem RGB, que pode ser entendida como a combinação de três matrizes, conforme detalhe no canto superior direito da imagem.

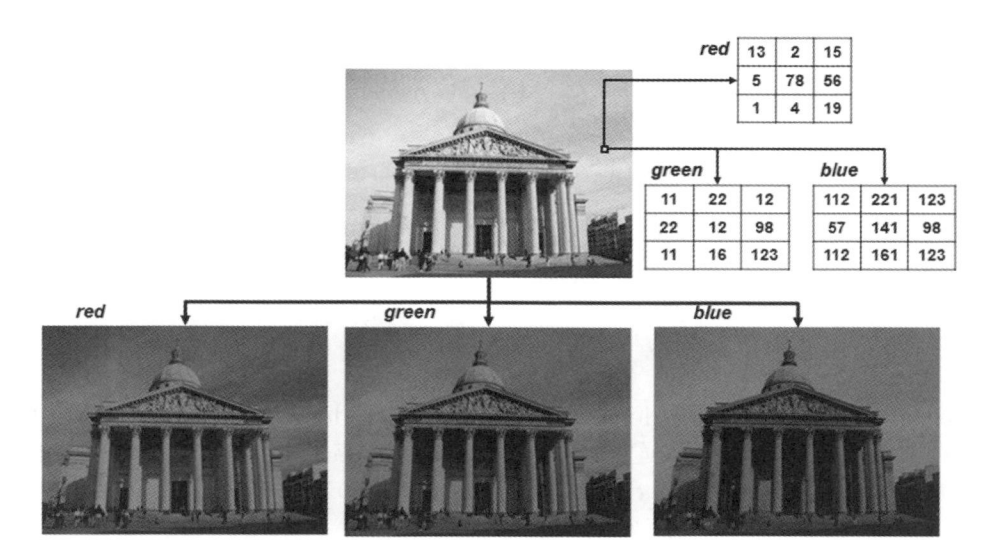

Figura 3.6: Exemplo de uma imagem colorida RGB.

Outro modelo de cor bastante difundido é o HSV (Matiz - **H**ue, Saturação - **S**aturation, Luminância - **V**alue), no qual novamente cada pixel é representado por três valores, mas com significados diversos do modelo RGB. O valor de matiz representa o tipo de cor e está no intervalo entre $0°$ e $360°$ (que pode ser normalizado entre 0 e 1). O valor de saturação representa a pureza da cor, ou seja, a quantidade de cor branca no pixel, e está no intervalo entre 0 e 1. Finalmente, o valor de luminância representa a intensidade (ou brilho) da cor, e seu intervalo também está entre 0 e 1.

A conversão do modelo RGB (com os valores normalizados entre 0 e 1) para HSV pode ser feita por meio das seguintes equações, em que min e max são os valores mínimo e máximo, respectivamente, dos canais R, G e B.

- Cálculo do matiz (H)

$$
H = \begin{cases}
\dfrac{60(G-B)}{max-min}, & \text{se } max = R \text{ e } G \geq B, \\[3mm]
\dfrac{60(G-B)}{max-min} + 360, & \text{se } max = R \text{ e } G < B, \\[3mm]
\dfrac{60(B-R)}{max-min} + 120, & \text{se } max = G, \\[3mm]
\dfrac{60(R-G)}{max-min} + 240, & \text{se } max = B,
\end{cases}
\tag{3.1}
$$

- Cálculo da saturação (S)

$$
S = (max - min)/max, \tag{3.2}
$$

- Cálculo da luminância (V)

$$
V = max. \tag{3.3}
$$

Existem outros modelos de cores menos conhecidos, como CMY, CMYK, xyY, HSL (similar ao HSV) etc., sobre os quais não falaremos para manter o foco no caráter prático do livro.

Em MATLAB® podemos converter uma imagem RGB para HSV (e vice-versa) por meio das funções **rgb2hsv()** e **hsv2rgb()**, respectivamente.

A seguir, apresentamos uma pequena descrição da função **rgb2hsv()**.

H = rgb2hsv(IM)	
Entrada:	**IM** - pode ser uma matriz **N** $\times$ 3 em que cada linha representa os valores de *R*, *G* e *B* (intervalo de 0 a 1), ou a própria imagem RGB no formato de matriz **A** $\times$ **L** $\times$ 3, em que **A** é a altura da imagem e **L** é a largura.
Saída:	**H** - pode ser uma matriz **N** $\times$ 3 em que cada linha representa os valores de *H*, *S* e *V* (se a entrada **I** for uma matriz **N** $\times$ 3), ou a própria imagem HSV no formato de matriz **A** $\times$ **L** $\times$ 3 (se a entrada **IM** for uma matriz **A** $\times$ **L** $\times$ 3).

Obs: essa descrição também serve para a função **hsv2rgb()**, bastando apenas inverter a entrada e a saída, isto é, **IM=hsv2rgb(H)**.

A seguir, apresentamos um pequeno código MATLAB® que exemplifica o uso da função **rgb2hsv()**. Esse código exibe as imagens que representam o matiz, a saturação e a luminância da imagem de entrada, conforme exemplo na Figura 3.7.

```matlab
%leitura da imagem.
I=imread('panteao.png');

%conversao de RGB para HSV.
H=rgb2hsv(I);

figure,
%exibição da imagem.
imshow(I); title('Imagem original RGB');

Ih=H(:,:,1); %imagem de matiz.
Is=H(:,:,2); %imagem de saturação.
Iv=H(:,:,3); %imagem de luminância.

figure,
imshow(Ih); title('Matiz');

figure,
imshow(Is); title('Saturação');

figure,
imshow(Iv); title('Luminância');
```

Figura 3.7: Exemplo de uma imagem colorida RGB convertida para HSV.

3.4 Relações entre pixels

Nesta seção apresentamos algumas relações fundamentais entre os pixels: vizinhança, adjacência, caminhos, componentes conexos, região, contornos, bordas e distância.

3.4.1 Vizinhança de pixels

Existem duas possibilidades de vizinhança de um pixel P, denominadas *vizinhança-4* (ou $N_4(P)$) e *vizinhança-8* (ou $N_8(P)$). Considerando uma imagem como uma função de duas variáveis, a vizinhança-4 de determinado pixel P na posição (x,y) é $(x,y\text{-}1)$, $(x,y\text{+}1)$, $(x\text{-}1,y)$ e $(x\text{+}1,y)$, ou seja, os pixels contíguos nas direções vertical e horizontal. Já a vizinhança-8 considera tanto os pixels da vizinhança-4 quanto os pixels diagonais contíguos ao pixel (x,y), isto é, $(x\text{-}1,y\text{-}1)$, $(x\text{-}1,y\text{+}1)$, $(x\text{+}1,y\text{-}1)$ e $(x\text{+}1,y\text{+}1)$. A Figura 3.8 apresenta um exemplo dos dois tipos de vizinhança.

Obs: obviamente, essas relações de vizinhança não valem em sua totalidade para os pixels das bordas da imagem.

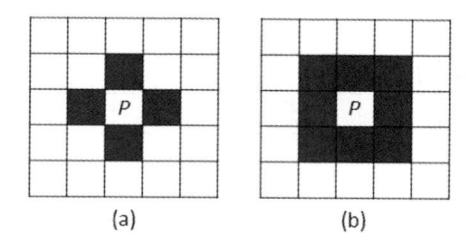

(a) (b)

Figura 3.8: Exemplo de vizinhança de pixel: (a) vizinhança-4; (b) vizinhança-8.

3.4.2 Adjacência de pixels

O conceito de adjacência é mais restrito do que o de vizinhança. Para estabelecer uma relação de adjacência é necessário definir dois parâmetros. O primeiro é um conjunto A dos pixels que serão considerados adjacentes. Por exemplo, em imagens binárias A pode conter os valores 0 ou 1, e em imagens em níveis de cinza A pode conter qualquer subconjunto de valores entre 0 e 255. O segundo é o tipo de adjacência, que pode ser:

- *adjacência*-4: se P e Q são pixels 4-adjacentes, então $P \in N_4(Q)$, ou seja, P pertence à vizinhança-4 de Q;
- *adjacência*-8: se P e Q são pixels 8-adjacentes, então $P \in N_8(Q)$, ou seja, P pertence à vizinhança-8 de Q;
- *adjacência*-m (adjacência mista): se P e Q são pixels m-adjacentes, então $P \in N_4(Q)$ **ou** $P \in N_8(Q)$ e $N_4(P)$ e $N_4(Q)$ não possuem pixels em comum com valor em A.

A Figura 3.9 apresenta um exemplo de cada tipo de adjacência para um conjunto de pixels $A=\{a,b,c,d\}$, em que cada relação de adjacência é representada por um segmento de reta. Na Figura 3.9(a), que representa adjacência-4, o pixel d apresenta-se isolado, uma vez que não possui adjacência-4 com o pixel b. Na Figura 3.9(b), que representa adjacência-8, todos os pixels do conjunto A são adjacentes a algum outro pixel. Entretanto, existe uma certa ambiguidade na adjacência dos pixels a, b e c, uma vez que há mais de um conjunto de segmentos de reta ligando a e b. A adjacência-m foi proposta justamente para evitar esse tipo de ambiguidade, como demonstra o exemplo apresentado na Figura 3.9(c).

Obs: o leitor atento deve ter observado que as três imagens possuem um pixel f que não participa das relações de adjacência porque não pertence ao conjunto A.

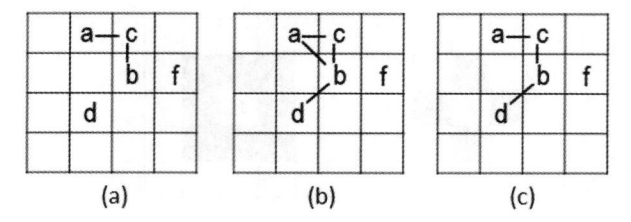

(a)   (b)   (c)

Figura 3.9: Exemplo de adjacência de pixel: (a) adjacência-4; (b) adjacência-8; (c) adjacência-m.

3.4.3 Caminho, componente conexo e região

Dados dois pixels P_1 e P_2, podemos definir um *caminho* entre eles como uma sequência de pixels diferentes com coordenadas (x_0,y_0), (x_1, y_1), ..., (x_n,y_n), em que $P_1=(x_0,y_0)$, $P_2=(x_n,y_n)$, e cada par de pixels em (x_i,y_i), (x_{i-1},y_{i-1}), para $i \in \mathbb{N}$, $0 < i \leq n$, são adjacentes. Os caminhos podem ser denominados *caminho*-4, -8, ou -m dependendo do tipo de adjacência adotada. O comprimento do caminho é n. Caso os pixels inicial e final sejam iguais, isto é, $(x_0,y_0)=(x_n,y_n)$, esse caminho é denominado *fechado*.

Um *componente conexo* pode ser entendido como uma determinada porção da imagem em que para qualquer par de pixels P_1 e P_2 a seguinte propriedade é respeitada: sempre existe um caminho entre P_1 e P_2 no qual todos os pixels pertencem ao conjunto A da adjacência adotada (lembrando: escolher um tipo de caminho (-4, -8, ou -m) implica adotar uma determinada adjacência e, por conseguinte, um determinado conjunto A). Para ficar mais fácil o entendimento, vejamos os exemplos na Figura 3.10. Na Figura 3.10(a), na qual adotamos caminho-4 e $A = \{1\}$, temos quatro componentes conexos. Por outro lado, se adotamos caminho-8 e $A = \{1\}$, temos apenas dois componentes conexos, como demonstrado na Figura 3.10(b).

Quando uma imagem possui apenas um único componente conexo para determinado tipo de caminho e conjunto A, costuma-se chamar esse componente de *região*. Por exemplo, na Figura 3.11(a) são mostradas duas regiões com caminho-4 e $A = \{1\}$ e $A = \{2\}$. A Figura 3.11(b) mostra novamente duas regiões, mas com caminho-8 e $A = \{1\}$ e $A = \{2,3\}$.

Obs: muitas vezes os termos *componente conexo* e *região* são usados de forma intercambiável.

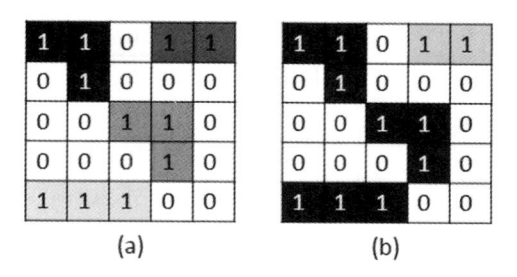

Figura 3.10: Exemplo de componente conexo: (a) caminho-4 e $A = \{1\}$; (b) caminho-8 e $A = \{1\}$.

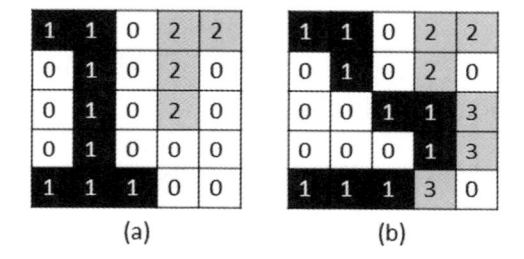

Figura 3.11: Exemplo de região: (a) duas regiões com caminho-4 e $A = \{1\}$ e $A = \{2\}$; (b) duas regiões com caminho-8 e $A = \{1\}$ e $A = \{2,3\}$.

3.4.4 Contornos e bordas

Para entender o conceito de *contorno* (ou *fronteira*), primeiramente é importante definir o conceito de *complemento* de uma região, que são todos os pixels que não pertencem a essa região. Desse modo, o contorno de uma região R é constituído pelos pixels de R com adjacência (-4 ou -8) a algum pixel do complemento de R. Como exemplo, a Figura 3.12(a) mostra uma região (constituída por 1's) e seu complemento (constituída por 0's) e a Figura 3.12(b) mostra o contorno dessa região obtido com adjacência-4. **Obs:** note que se fosse usada adjacência-8, apenas o valor 1 central da Figura 3.12(a) seria convertido em 0 para obtenção do contorno.

É importante salientar que alguma vezes os limites das regiões coincidem com os limites da própria imagem e, por conseguinte, não é possível extrair todo o contorno pela regra de adjacência com o complemento da imagem. Nesse caso, parte do contorno da região será constituída pelos pixels contíguos aos limites da imagem. Um outro ponto importante é a diferença entre contorno *interno* (como no exemplo da Figura 3.12),

0	0	0	0	0	0	0
0	0	1	1	1	0	0
0	1	1	1	1	1	0
0	0	1	1	1	0	0
0	0	0	0	0	0	0

(a)

0	0	0	0	0	0	0
0	0	1	1	1	0	0
0	1	0	0	0	1	0
0	0	1	1	1	0	0
0	0	0	0	0	0	0

(b)

Figura 3.12: Exemplo de contorno com adjacência-4: (a) região; (b) contorno da região.

cujos pixels pertencem à região, e contorno *externo*, no qual os pixels pertencem ao complemento da região.

O conceito de *borda* inclui o conceito de contorno, mas é bem mais abrangente. Podemos entender bordas como descontinuidades em uma imagem, ou seja, diferenças abruptas na intensidade de pixels adjacentes. Desse modo, para exemplos muito simples, como o mostrado na Figura 3.12, os pixels que representam contorno e borda são os mesmos. Por outro lado, para imagens mais complexas, usualmente existem descontinuidades que não são contornos. Como exemplo, a Figura 3.13 mostra a imagem de uma moeda e de suas bordas. Como é possível perceber, parte das bordas corresponde exatamente ao contorno da moeda, mas existem também várias descontinuidades, principalmente nas letras e dígitos.

Figura 3.13: Exemplo de bordas.

3.4.5 Distância entre pixels

Considerando que dois pixels P_1 e P_2 tenham as coordenadas (a, b) e (c, d), é possível calcular a distância entre eles. Para tanto, essa distância deve satisfazer às seguintes propriedades fundamentais:

- $D(P_1, P_2) = D(P_2, P_1)$ (a distância de P_1 para P_2 deve ser a mesma de P_2 para P_1);
- $D(P_1, P_2) \geq 0$ (não há distância negativa);
- $D(P_1, P_2) = 0$, então $P_1 = P_2$ (se a distância entre dois pontos é zero, então eles são necessariamente iguais);
- $D(P_1, P_2) \leq D(P_1, P_x) + D(P_x, P_2)$ (a distância direta entre P_1 e P_2 nunca pode ser maior do que a distância entre esses pontos passando por um ponto intermediário P_x.

Algumas métricas de distância são apresentadas a seguir.

- Distância *City block* ou *Manhattan*

$$D(P_1, P_2) = |a - c| + |b - d| \tag{3.4}$$

Como exemplo, a matriz a seguir mostra a distância *City block* dos pixels em relação ao pixel central.

4	3	2	3	4
3	2	1	2	3
2	1	0	1	2
3	2	1	2	3
4	3	2	3	4

- Distância euclideana

$$D(P_1, P_2) = \sqrt{(a - c)^2 + (b - d)^2} \tag{3.5}$$

Como exemplo, a matriz a seguir mostra a distância euclideana dos pixels em relação ao pixel central.

$\sqrt{8}$	$\sqrt{5}$	2	$\sqrt{5}$	$\sqrt{8}$
$\sqrt{5}$	$\sqrt{2}$	1	$\sqrt{2}$	$\sqrt{5}$
2	1	0	1	2
$\sqrt{5}$	$\sqrt{2}$	1	$\sqrt{2}$	$\sqrt{5}$
$\sqrt{8}$	$\sqrt{5}$	2	$\sqrt{5}$	$\sqrt{8}$

- Distância de Minkowski

$$D(P_1, P_2) = \sqrt[s]{(a - c)^s + (b - d)^s} \qquad (3.6)$$

Obs: para $s=1$ e $s=2$ a distância de Minkowski se torna a distância *City block* e euclideana, respectivamente.

- Distância de Chebyshev ou *Chess board*

$$D(P_1, P_2) = \max(|a - c|, |b - d|) \qquad (3.7)$$

Como exemplo, a matriz a seguir mostra a distância de Chebyshev dos pixels em relação ao pixel central.

2	2	2	2	2
2	1	1	1	2
2	1	0	1	2
2	1	1	1	2
2	2	2	2	2

Uma aplicação interessante das funções de distâncias é a transformada da distância. Comumente utilizada em imagens binárias, essa transformada busca calcular as menores distâncias entre o objeto contido nessa imagem e a região de fundo dela. Trata-se de uma transformada muito útil nas mais diversas áreas do processamento de imagens, sendo utilizada, por exemplo, no cálculo de esqueletos de objetos. Em MATLAB®, podemos calcular a transformada da distância de uma imagem binária por meio da função **bwdist()**, cuja descrição é apresentada a seguir.

IM2 = bwdist(IM1,MÉTODO)

Entrada: **IM1** - é uma matriz **N × M** representando uma imagem binária (fundo preto e objeto branco).

MÉTODO - é uma string que define o nome da função de distância usada.

- 'chessboard' para usar a distância de *Chebyshev* ou *Chess board*;
- 'cityblock' para usar a distância *City block* ou *Manhattan*;
- 'euclidean' para usar a distância euclideana.

Saída: **IM2** - é uma matriz **N × M** contendo as distâncias de cada ponto do fundo para o ponto mais próximo que pertence ao objeto da imagem.

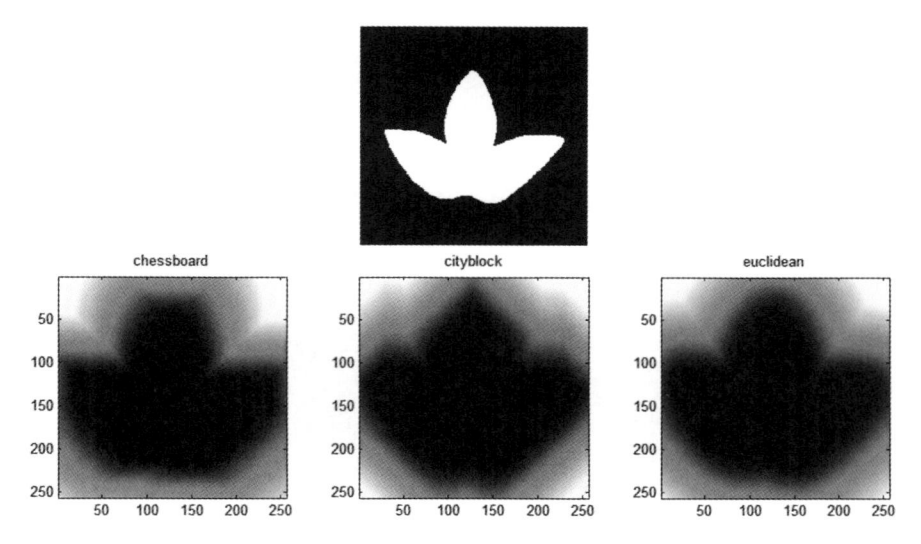

Figura 3.14: Exemplo do cálculo de distância em uma imagem para diferentes funções de distância. Quanto mais branco um ponto, maior a sua distância para o objeto da imagem.

O código a seguir mostra um exemplo do cálculo de distâncias de uma imagem binária em MATLAB®. A Figura 3.14 mostra a imagem original e as matrizes de distâncias obtidas para diferentes funções de distância.

```
im = imread('folha.png');

d1 = bwdist(im,'chessboard');
d2 = bwdist(im,'cityblock');
```

```
d3 = bwdist(im,'euclidean');

subplot(2,3,1:3); imshow(im);
subplot(2,3,4); imagesc(d1); title('chessboard');
subplot(2,3,5); imagesc(d2); title('cityblock');
subplot(2,3,6); imagesc(d3); title('euclidean');
colormap(hot);
```

CAPÍTULO 4

PRÉ-PROCESSAMENTO DE IMAGENS

Neste capítulo apresentaremos técnicas muito simples de processamento de imagens. Os tópicos abordados serão: operações ponto a ponto (uma determinada operação é efetuada em cada pixel da imagem), transformações básicas (rotação, escala e recorte), histograma (ferramenta para aferir a frequência dos pixels em uma imagem) e ajuste de contraste por meio de equalização de histograma.

4.1 Operações ponto a ponto

Na Seção 2.2.1, vimos que o MATLAB® permite forçar que uma operação aritmética seja executada igualmente para todos os elementos de uma matriz. Essas operações também podem ser feitas em imagens. Nesse caso, essas operações são chamadas de operações ponto a ponto, isto é, operações nas quais um certo processamento é realizado em cada pixel da imagem individualmente.

Basicamente, podemos utilizar qualquer tipo de operação (sejam elas aritméticas, relacionais ou lógicas) para processar ponto a ponto uma imagem. Além disso, essas operações podem ser realizadas com apenas uma, ou com mais de uma imagem:

- Com uma imagem: cada ponto na imagem de entrada gera um só ponto na imagem de saída;
- Com duas ou mais imagens: cada ponto das imagens de entrada é combinado para gerar um só ponto na imagem de saída.

Dependendo do tipo de operação utilizada, os mais diversos tipos de processamento podem ser obtidos como, por exemplo, ajuste de brilho, correção de contraste, detecção de movimento, binarização etc.

4.1.1 Transformações lineares e não lineares

Podemos dividir as operações ponto a ponto em dois tipos básicos: transformações lineares e não lineares. As transformações lineares são aquelas que combinam apenas diferentes operações aritméticas para alterar uma imagem, ou seja, a imagem resultante é apenas uma combinação linear das intensidades da imagem original. As transformações não lineares fazem uso de funções não lineares (como a função exponencial e o logaritmo) ao combinar as imagens.

De modo geral, as transformações lineares e não lineares alteram as intensidades da imagem, provocando mudanças nos seus níveis de brilho e contraste. O código a seguir mostra alguns exemplos de transformações lineares e não lineares numa imagem em MATLAB®. A Figura 4.1 mostra a imagem original e as transformações obtidas após a execução do código. Note que é importante converter a imagem para o formato **double** para que algumas operações sejam corretamente executadas.

```matlab
im = imread('catedral_gray.png');
%transformada linear
C1 = 2;
B = 30;
im1 = uint8(C1 * double(im) + B);
%transformada log
C2 = 20;
im2 = uint8(C2 * log2(double(im) + 1));
%transformada exponencial
C3 = 30;
im3 = uint8(C3 * exp(double(im)/255 + 1));

subplot(2,2,1); imshow(im);
title('Imagem original');
subplot(2,2,2); imshow(im1);
title('Transformada linear');
subplot(2,2,3); imshow(im2);
title('Transformada log');
subplot(2,2,4); imshow(im3);
title('Transformada exponencial');
```

Imagem original

Transformada linear

Transformada log

Transformada exponencial

Figura 4.1: Exemplo de operações lineares e não lineares em imagens.

4.1.2 Transformações aritméticas

Dependendo da forma como combinamos as operações aritméticas disponíveis, os mais diversos tipos de processamento de imagem podem ser obtidos. Por exemplo, o código a seguir mostra como uma imagem colorida (RGB) pode ser convertida para uma imagem em níveis de cinza. A Figura 4.2 mostra a imagem original e as imagens em níveis de cinza obtidas após a execução do código. A imagem em **Conversão 1** equivale a utilizar a função **rgb2gray()** para converter uma imagem colorida para níveis de cinza. Perceba que as imagens em níveis de cinza são diferentes, pois cada transformação combinou diferentemente os canais de cor da imagem para obter os níveis de cinza. Note também que é importante converter a imagem para o formato **double** para que algumas operações sejam executadas corretamente.

```
im = imread('catedral_cor.png');

im = double(im);
im1 = uint8(0.299 * im(:,:,1) + 0.587 * im(:,:,2) +
    0.114 * im(:,:,3));
im2 = uint8((im(:,:,1) + im(:,:,2) + im(:,:,3))/3);
```

```
im = uint8(im);

subplot(1,3,1); imshow(im); title('Imagem original');
subplot(1,3,2); imshow(im1); title('Conversão 1');
subplot(1,3,3); imshow(im2); title('Conversão 2');
```

Figura 4.2: Exemplos de operações aritméticas para converter uma imagem colorida em níveis de cinza.

Outro tipo de processamento possível é fazer a média de várias imagens. Esse tipo de processamento é útil quando temos a mesma imagem obtida várias vezes, mas com diferentes níveis de ruído. Nesse caso, a operação de média pode ser utilizada para atenuar a quantidade de ruído em um ponto da imagem. Vale lembrar que para um bom resultado da média, quanto mais imagens, melhor o resultado. O código a seguir mostra um exemplo no qual é calculada a média de uma mesma imagem com diferentes níveis de ruído do tipo **sal e pimenta**. A Figura 4.3 mostra a imagem original, as imagens com ruído e a média das imagens obtidas após a execução do código.

```
im = imread('catedral_gray.png');
subplot(3,3,1); imshow(im);
title('Imagem original');

im1 = zeros(size(im));
for y = 1:7
    im2 = imnoise(im,'salt & pepper',0.1);
    im1 = im1 + double(im2)/7;
    subplot(3,3,y+1); imshow(im2); title('Ruído');
end
im1 = uint8(im1);
subplot(3,3,9); imshow(im1);
title('Média das imagens com ruído');
```

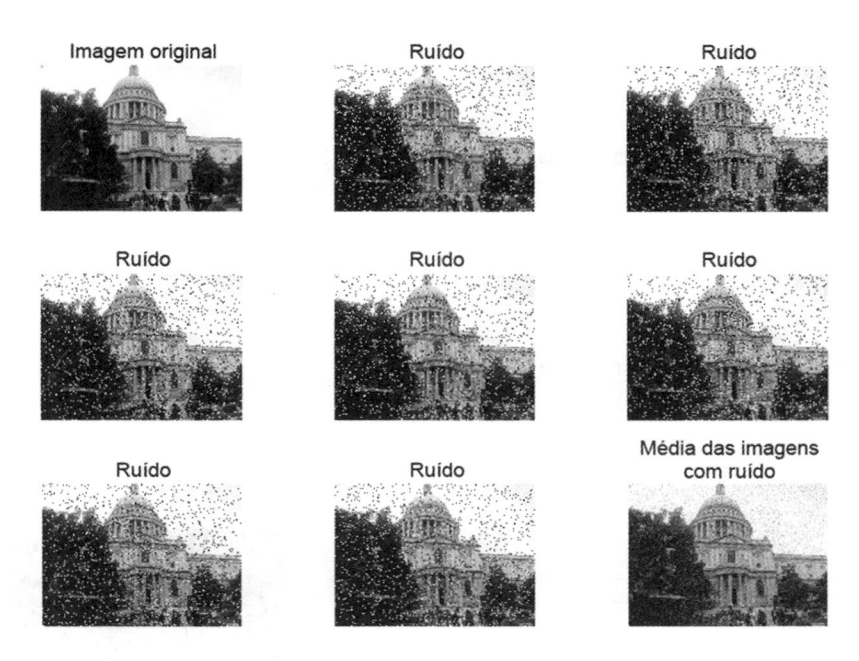

Figura 4.3: Exemplos do uso da média de imagens para atenuar o ruído sal-pimenta.

Já a operação de diferença é extremamente útil para saber se houve algum tipo de movimento entre as imagens. Ela também pode ser utilizada para remover o fundo (background) de uma imagem, se o mesmo for sempre constante. Em termos matemáticos, a operação de diferença equivale a

$$C(x, y) = |A(x, y) - B(x, y)|, \tag{4.1}$$

em que A e B são duas imagens e C é a diferença, em módulo, entre elas. Em MATLAB®, podemos calcular a diferença entre duas imagens fazendo simplesmente uma operação ponto a ponto de subtração ou utilizando a função **imabsdiff()**, cuja descrição é apresentada a seguir.

IM3 = imabsdiff(IM1,IM2)	
Entrada:	**IM1** e **IM2** - são duas matrizes **N** × **M** representando, cada uma, uma imagem (binária, níveis de cinza ou colorida).
Saída:	**IM3** - é uma matriz **N** × **M** representando a diferença, em módulo, entre as imagens de entrada.

O código MATLAB® a seguir mostra um exemplo de diferença de imagens. A Figura 4.4 mostra as imagens originais, assim como a diferença obtida após a execução do código.

```
im1 = imread('cena1.png');
im2 = imread('cena2.png');

im3 = imabsdiff(im1,im2);

subplot(1,3,1); imshow(im1);
title('Cena 1');
subplot(1,3,2); imshow(im2);
title('Cena 2');
subplot(1,3,3); imshow(im3);
title('Diferença');
```

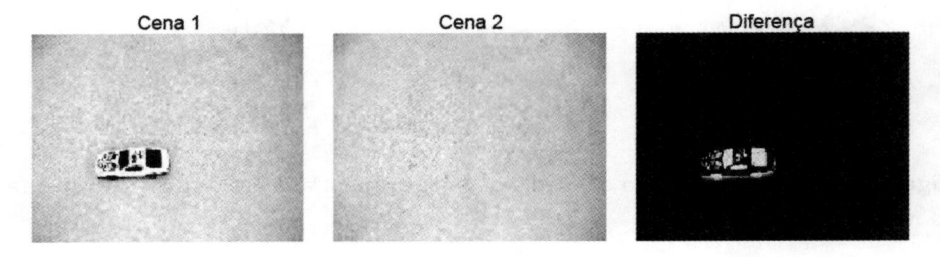

Figura 4.4: Exemplo de diferença entre imagens.

4.1.3 Negativo de uma imagem

A operação de negativo de uma imagem é uma operação extremamente simples. Basicamente, essa operação consiste apenas em inverter as cores da imagem. Assim, em uma imagem binária, o que é fundo se torna objeto e vice-versa. Numa imagem em níveis de cinza, o que é claro se torna escuro. Em termos matemáticos, temos

$$B(x,y) = L - A(x,y), \tag{4.2}$$

em que A é a imagem e B é o seu negativo, sendo L o maior nível de cinza possível na imagem (em geral, $L = 255$ ou $L = 1$ se a imagem estiver no formato **double**). Em MATLAB®, podemos calcular o negativo de uma imagem fazendo simplesmente uma operação ponto a ponto de subtração ou utilizando a função **imcomplement()**, cuja descrição é apresentada a seguir.

IM2 = imcomplement(IM1)	
Entrada:	**IM1** - é uma matriz **N** × **M** representando uma imagem (binária, níveis de cinza ou colorida).
Saída:	**IM2** - é uma matriz **N** × **M** representando o negativo da imagem de entrada.

O código MATLAB® a seguir mostra um exemplo de negativo de imagem. A Figura 4.5 mostra a imagem original e seu negativo após a execução do código.

```
im = imread('catedral_gray.png');
im1 = imcomplement(im);

subplot(1,2,1); imshow(im);
title('Imagem original');
subplot(1,2,2); imshow(im1);
title('Negativo');
```

Imagem original   Negativo

Figura 4.5: Exemplo de negativo de uma imagem.

4.1.4 Operações relacionais e lógicas

De forma diferente das operações aritméticas, que permitem alterar as tonalidades da imagem, as operações relacionais e lógicas são operações de seleção: elas permitem criar uma imagem binária a partir da seleção de pixels cujos níveis de cinza satisfazem a um determinado critério. Esse tipo de operação equivale à operação de binarização, a qual será vista com mais detalhes no Capítulo 7.

O código a seguir mostra dois exemplos de operações relacionais e lógicas aplicadas a uma imagem em MATLAB®. A Figura 4.6 mostra a imagem original e as binarizações obtidas após a execução do código.

```
im = imread('catedral_gray.png');
%Binarização 1
%Torna branco os pixels com valor maior do que 128
im1 = im > 128;
%Binarização 2
%Torna branco os pixels com valor entre 128 e 170
im2 = im > 128 & im < 170;

subplot(1,3,1); imshow(im);
title('Imagem original');
subplot(1,3,2); imshow(im1);
title('Binarização 1');
subplot(1,3,3); imshow(im2);
title('Binarização 2');
```

Figura 4.6: Exemplos de operações relacionais e lógicas aplicadas a uma imagem.

As operações relacionais e lógicas também podem ser utilizadas para criar máscaras de seleção, isto é, imagens binárias que servem para selecionar quais pixels devem, ou não, ser afetados por uma determinada operação aritmética. O código a seguir mostra como operações relacionais podem ser utilizadas para selecionar subconjuntos de pixels com certas intensidades para, em seguida, multiplicar esses pixels por uma constante. A Figura 4.7 mostra a imagem original, as máscaras binárias criadas para selecionar os pixels e o resultado obtido após a execução do código.

```
im = imread('catedral_gray.png');
%cria uma imagem binária para usar como máscara
mask1 = im < 128;
%multiplica as intensidades dos pixels que
```

```
%são brancos na máscara
im1 = 0.2 * (im .* uint8(mask1));
%cria uma imagem binária para usar como máscara
mask2 = im >= 200;
%multiplica as intensidades dos pixels que
%são brancos na máscara
im2 = 0.3 * (im .* uint8(mask2));
%combina as imagens geradas com a original
im3 = im + im1 - im2;

subplot(2,2,1); imshow(im);
title('Imagem original');
subplot(2,2,2); imshow(mask1);
title('Máscara 1');
subplot(2,2,3); imshow(mask2);
title('Máscara 2');
subplot(2,2,4); imshow(im3);
title('Imagem processada');
```

Imagem original

Máscara 1

Máscara 2

Imagem processada

Figura 4.7: Utilizando operações relacionais para alterar conjuntos de níveis de cinzas na imagem.

4.2 Transformações básicas

4.2.1 Rotação

A operação de rotação é uma transformação geométrica da imagem. Trata-se de uma transformação que altera a orientação da imagem, ou seja, ela permite que se "gire" a imagem alguns graus a partir do seu ponto central.

Em MATLAB®, podemos realizar a operação de rotação por meio da função **imrotate()**, cuja descrição é apresentada a seguir.

| IM2 = imrotate(IM1,ANG) |
| IM2 = imrotate(IM1,ANG,MÉTODO) |
| IM2 = imrotate(IM1,ANG,MÉTODO,'crop') |

Entrada:	**IM1** - é uma matriz **N** × **M** representando uma imagem (binária, níveis de cinza ou colorida).
	ANG - é o ângulo, em graus, em que a imagem deve ser rotacionada no sentido anti-horário com relação ao seu centro.
	MÉTODO - é uma string que define o método de interpolação a ser utilizado na rotação. Pode assumir três valores: interpolação por vizinho mais próximo (*nearest*, valor padrão), bilinear (*bilinear*) ou bicúbica (*bicubic*).
	'crop' - é uma string que estabelece que a imagem rotacionada deve ter o mesmo tamanho da imagem original, ou seja, parte da imagem será cortada.
Saída:	**IM2** - é uma matriz representando a imagem rotacionada.

O código MATLAB® a seguir mostra dois exemplos de rotação de imagem. A Figura 4.8 mostra a imagem original e as imagens rotacionadas resultantes da execução do código.

```
im = imread('catedral_gray.png');

%calcula a imagem com rotação de 45 graus
%usando interpolação bicúbica
im1 = imrotate(im,45,'bicubic');

%calcula a imagem com rotação de 45 graus
```

```
%usando interpolação bicúbica e recortando
%a parte que extrapola o tamanho original
im2 = imrotate(im,45,'bicubic','crop');

subplot(1,3,1);
imshow(im);
title('Imagem original');

subplot(1,3,2);
imshow(im1);
title('Rotação');

subplot(1,3,3);
imshow(im2);
title('Rotação');
```

Figura 4.8: Exemplos de rotação de uma imagem.

4.2.2 Escala

A operação de escala é outra transformação geométrica da imagem. Trata-se de uma transformação que altera o tamanho da imagem utilizando um fator positivo, ou seja, ela permite que se "aumente" (fator maior do que 1) ou "diminua" (fator maior do que zero, mas menor do que 1) a imagem.

Em MATLAB®, podemos realizar a operação de escala por meio da função **imresize()**, cuja descrição é apresentada a seguir.

IM2 = imresize(IM1,FATOR)
IM2 = imresize(IM1,FATOR,MÉTODO)
IM2 = imresize(IM1,[Nlin Ncol])
IM2 = imresize(IM1,[Nlin Ncol],MÉTODO)

Entrada:	**IM1** - é uma matriz **N** × **M** representando uma imagem (binária, níveis de cinza ou colorida).
	FATOR - é um valor positivo usado para alterar o tamanho da imagem. Valores maiores do que 1 aumentam o tamanho da imagem, enquanto valores menores do que 1 a diminuem.
	MÉTODO - é uma string que define o método de interpolação a ser utilizado na escala. Pode assumir três valores: interpolação por vizinho mais próximo (*nearest*, valor padrão), bilinear (*bilinear*) ou bicúbica (*bicubic*).
	[Nlin Ncol] - representa, respectivamente, os números de linhas e colunas que a imagem deverá ter após a operação de escala. Esse parâmetro pode deformar a imagem, pois os números de linhas e colunas podem não ser igualmente proporcionais ao tamanho original da imagem.
Saída:	**IM2** - é uma matriz representando a imagem após a alteração de escala.

O código a seguir mostra dois exemplos de alteração de escala de uma imagem em MATLAB®. A Figura 4.9 mostra a imagem original e as imagens resultantes da execução do código.

```
im = imread('catedral_gray.png');

%Aumenta o tamanho da imagem em 50%
im1 = imresize(im,1.5,'bicubic');

%Altera o tamanho da imagem para 200x200
% a imagem final pode ficar distorcida
im2 = imresize(im,[200 200],'bicubic');

figure; imshow(im);
title('Imagem original');
figure; imshow(im1);
title('Escala');
figure; imshow(im2);
title('Escala');
```

Imagem original   Escala   Escala

Figura 4.9: Exemplos de alterações de escala de uma imagem.

4.2.3 Recorte

A operação de recorte de uma imagem é uma operação extremamente simples. Basicamente, essa operação consiste apenas em selecionar uma região da imagem para compor uma nova imagem. Em MATLAB®, podemos fazer um recorte de uma imagem utilizando o operador dois pontos (:) para extrair uma submatriz de outras matrizes maiores, como mostrado na Seção 2.1.3.

Uma alternativa para fazer o recorte de uma imagem é utilizar a função **imcrop()**, cuja descrição é apresentada a seguir.

IM2 = imcrop(IM1) **IM2 = imcrop(IM1,[X Y L A])**
Entrada: **IM1** - é uma matriz **N** × **M** representando uma imagem (binária, níveis de cinza ou colorida). **[X Y L A]** - representa, respectivamente, a coluna inicial, linha inicial, largura e altura do recorte a ser realizado na imagem. Se esse parâmetro não for informado, a imagem será exibida para que o usuário selecione a região que será recortada da imagem.
Saída: **IM2** - é uma matriz representando a região recortada da imagem original.

O código a seguir mostra dois exemplos de recorte de uma imagem em MATLAB®. A Figura 4.10 mostra a imagem original e os recortes obtidos após a execução do código.

```
im = imread('catedral_gray.png');
im1 = imcrop(im);
```

```
im2 = imcrop(im,[50 50 150 150]);

subplot(1,3,1); imshow(im); title('Imagem original');
subplot(1,3,2); imshow(im1); title('Recorte');
subplot(1,3,3); imshow(im2); title('Recorte');
```

Figura 4.10: Exemplos de recortes de uma imagem.

4.3 Histograma

O histograma é uma das ferramentas mais simples e úteis no processamento digital de imagens. Basicamente, o histograma é definido como uma função que mostra a frequência com que cada nível de cinza aparece na imagem. Nessa função, cada *bin* (ponto da função associado a um nível de cinza) representa o número de vezes que aquele nível de cinza aparece na imagem.

A Figura 4.11 mostra um exemplo de um histograma para uma imagem de 3 bits (isto é, uma imagem que possui níveis de cinza com valores de 0 a 7). Note que a construção de um histograma consiste, basicamente, em uma operação em que contamos quantas vezes cada valor de nível de cinza aparece na imagem. O histograma é comumente representado por um gráfico de barras, o que nos permite ter uma descrição global dos níveis de cinza de uma imagem. Por exemplo, uma imagem mais clara irá apresentar uma maior concentração nos valores mais altos do gráfico, enquanto uma imagem mais escura irá apresentar uma maior concentração nos valores mais baixos. A Figura 4.12 mostra como o histograma se apresenta diferentemente para duas imagens distintas.

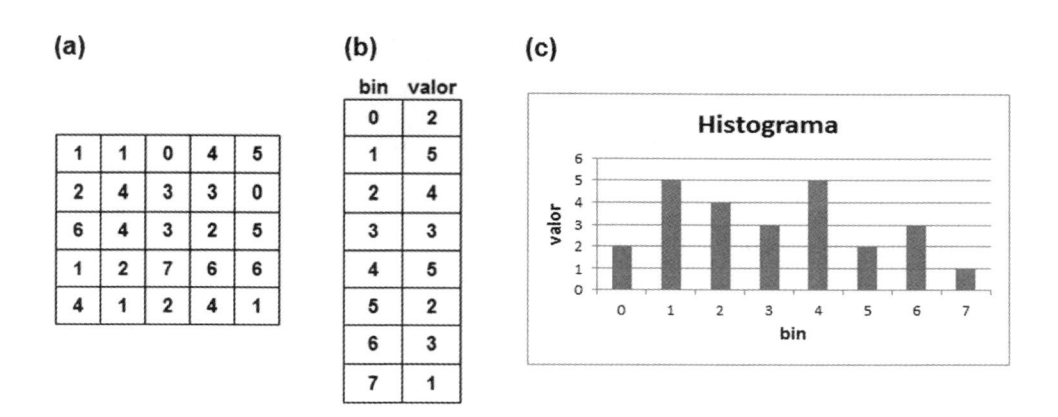

Figura 4.11: Exemplo de cálculo do histograma de uma imagem: (a) exemplo de uma imagem com 8 níveis de cinza; (b) histograma; (c) representação gráfica do histograma.

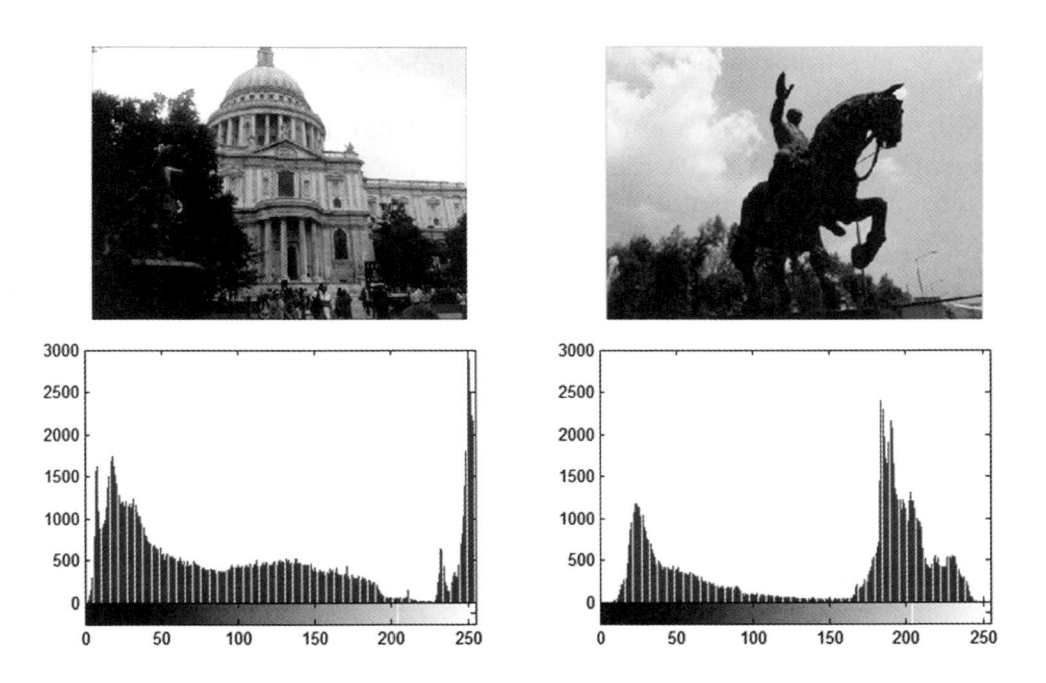

Figura 4.12: Exemplos de histogramas obtidos para duas imagens.

Em MATLAB®, podemos calcular o histograma de uma imagem utilizando a função **imhist()**, cuja descrição é apresentada a seguir.

imhist(IM) **imhist(IM,N)** **[VALOR,BIN] = imhist(IM)**	
Entrada:	**IM** - é uma matriz **N** × **M** representando uma imagem binária ou níveis de cinza. Para imagens coloridas o histograma deve ser calculado para cada canal. **N** - representa o número de *bins* que será usado para calcular o histograma. Se não for informado, o valor padrão será usado, o qual depende do tipo da imagem (imagens em níveis de cinza usam **N = 256**).
Saída:	**BIN** - é um vetor de tamanho **N**, no qual cada posição armazena um dos valores presentes na imagem. **VALOR** - é um vetor de tamanho **N**, no qual cada posição armazena o número de vezes que o valor definido na mesma posição do vetor **BIN** aparece na imagem. Caso não seja informado o valor de retorno, a função irá exibir o histograma na forma de um gráfico de barras.

O código a seguir mostra um exemplo de cálculo do histograma de uma imagem em MATLAB®. A Figura 4.13 mostra a imagem e os histogramas obtidos após a execução do código.

```
im = imread('catedral_gray.png');
[valor,bin] = imhist(im);

subplot(1,3,1); imshow(im);
title('Imagem original');
subplot(1,3,2); bar(bin,valor);
subplot(1,3,3); imhist(im,20);
```

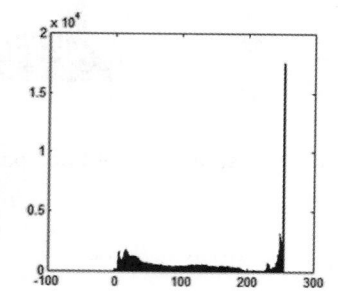
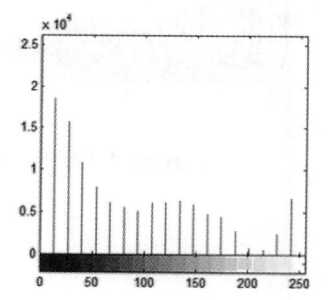

Figura 4.13: Exemplos de histogramas de uma imagem.

4.4 Ajustando o contraste de uma imagem

Um problema comum em processamento de imagens se refere a imagens que foram obtidas com baixo contraste. Nesse tipo de imagens a informação visual está condensada em alguns poucos valores de pixels, tornando difícil visualizar certos detalhes da imagem. A Figura 4.14 mostra um exemplo de imagem que apresenta baixo contraste.

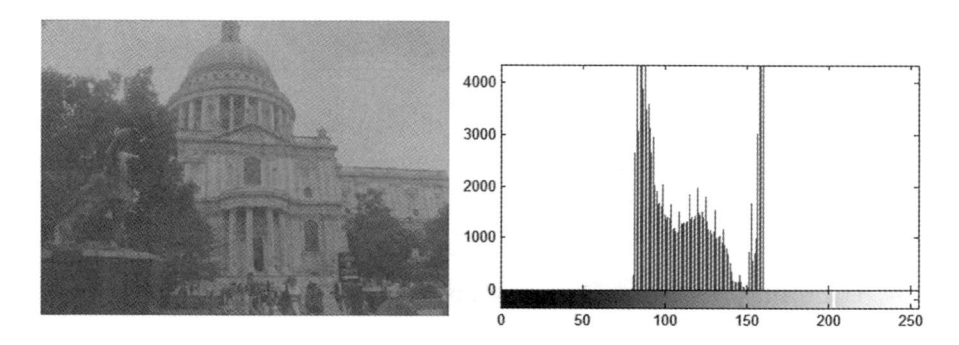

Figura 4.14: Exemplo de uma imagem com baixo contraste.

Felizmente, o MATLAB® possui algumas funções que melhoram o contraste da imagem. Cada uma delas atua de uma maneira diferente na imagem, como veremos a seguir.

4.4.1 Equalização do histograma

A operação de equalização de histograma é uma técnica para aumentar o contraste geral da imagem. Basicamente, essa técnica busca redistribuir os valores de níveis de cinza de uma imagem. Em outras palavras, a equalização espalha os níveis de cinza ao longo do histograma, de modo a obter um histograma uniforme. Trata-se de uma técnica muito útil por uma série de motivos:

- Ela normaliza a imagem. Isso permite comparar imagens que foram adquiridas sob diferentes iluminações;
- De modo geral, ela melhora a qualidade visual da imagem;
- É uma técnica utilizada como pré-processamento para outras técnicas de processamento de imagens.

Em MATLAB®, podemos equalizar uma imagem utilizando a função **histeq()**, cuja descrição é apresentada a seguir.

IM2 = histeq(IM1)	
Entrada:	**IM1** - é uma matriz **N** × **M** representando uma imagem em níveis de cinza. Para imagens coloridas a equalização deve ser calculada para cada canal.
Saída:	**IM2** - é uma matriz **N** × **M** representando uma imagem (binária, níveis de cinza ou colorida) após a operação de equalização do histograma.

O código a seguir mostra um exemplo de equalização de uma imagem em MATLAB®. A Figura 4.15 mostra a imagem original e o seu histograma, assim como a imagem equalizada e o histograma dessa nova imagem obtidos após a execução do código.

```
im = imread('catedral_gray.png');
im1 = histeq(im);
%exibição das imagens e respectivos histogramas.
subplot(2,2,1); imshow(im);
title('Imagem original');
subplot(2,2,2); imshow(im1);
title('Imagem equalizada');

subplot(2,2,3); imhist(im);
subplot(2,2,4); imhist(im1);
```

4.4.2 Ajustando o intervalo de intensidades

Um problema da equalização do histograma é que essa operação altera a forma do histograma original para um histograma uniforme, isto é, todos os intervalos de níveis de cinza possuem agora a mesma probabilidade de ocorrerem.

Uma alternativa para aumentar o contraste de uma imagem é apenas esticar o seu histograma, sem alterar assim o seu formato geral. Em MATLAB®, podemos fazer isso utilizando a função **imadjust()**, cuja descrição é apresentada a seguir.

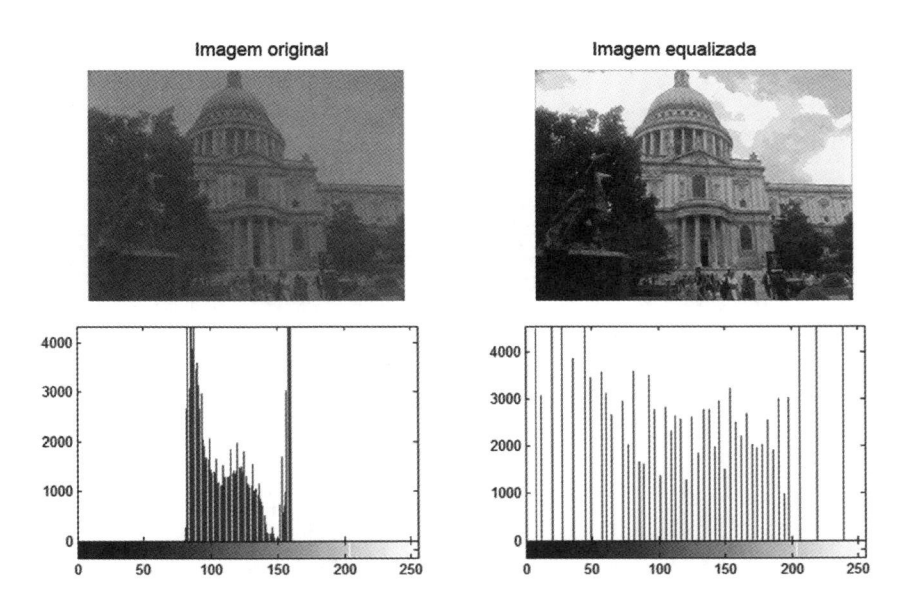

Figura 4.15: Exemplo de uma imagem equalizada.

IM2 = imadjust(IM1)	
Entrada:	**IM1** - é uma matriz **N** × **M** representando uma imagem em níveis de cinza. Para imagens coloridas, o ajuste de contraste deve ser realizado para cada canal.
Saída:	**IM2** - é uma matriz **N** × **M** representando uma imagem em níveis de cinza após a operação de ajuste do contraste. O resultado é uma imagem que teve o histograma esticado.

O código a seguir mostra um exemplo de ajuste do histograma de uma imagem em MATLAB® para melhoria do seu contraste. A Figura 4.16 mostra a imagem original e o seu histograma, assim como a imagem ajustada e o histograma dessa nova imagem obtidos após a execução do código. Perceba que o resultado é que o histograma da nova imagem parece ter sido "esticado" em relação ao histograma original.

```
im = imread('catedral_contraste.png');
im1 = imadjust(im);
subplot(2,2,1); imshow(im);
title('Imagem original');
subplot(2,2,2); imshow(im1);
title('Imagem ajustada');
subplot(2,2,3); imhist(im);
subplot(2,2,4); imhist(im1);
```

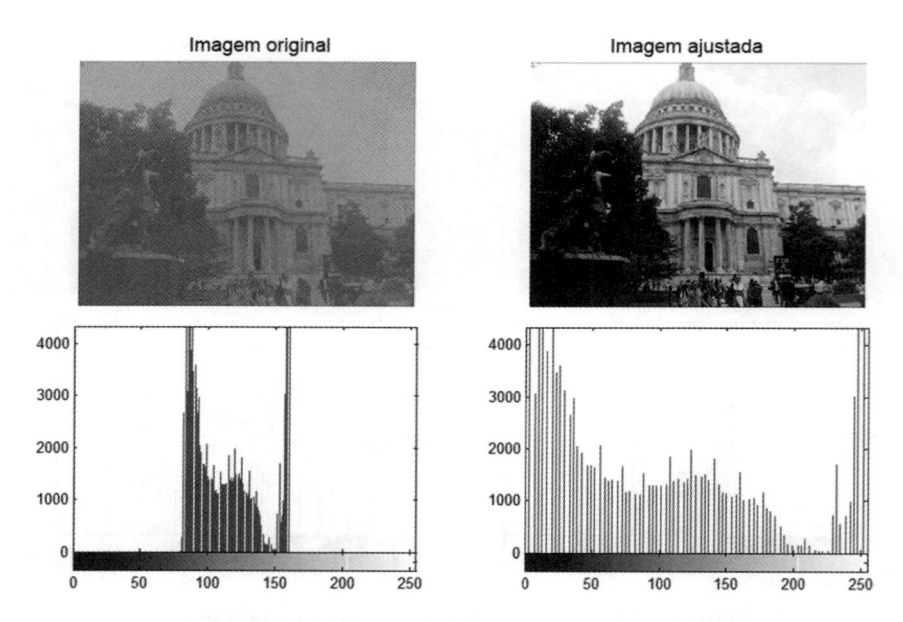

Figura 4.16: Exemplo de correção de contraste em uma imagem.

4.4.3 Equalização com contraste limitado

Uma outra alternativa para melhorar o contraste de uma imagem é aplicar uma equalização limitada, isto é, equalizar a imagem de tal modo que se melhore o espalhamento dos níveis de cinza da imagem sem provocar grandes alterações no formato do seu histograma. Basicamente, esse tipo de equalização atua em cada porção da imagem, equalizando-as de forma independente, e depois unindo-as para se obter toda a imagem equalizada. Em MATLAB®, podemos fazer isso utilizando a função **adapthisteq()**, cuja descrição é apresentada a seguir.

IM2 = adapthisteq(IM1)	
Entrada:	**IM1** - é uma matriz **N** × **M** representando uma imagem em níveis de cinza. Para imagens coloridas o ajuste de contraste deve ser realizado para cada canal.
Saída:	**IM2** - é uma matriz **N** × **M** representando uma imagem em níveis de cinza após a operação de equalização do histograma com contraste limitado. O resultado é uma imagem equalizada, mas com pouca alteração no formato do seu histograma.

O código a seguir mostra um exemplo de equalização limitada de uma imagem em MATLAB®. A Figura 4.17 mostra a imagem original e o seu histograma, assim como a imagem resultante e o histograma dessa nova imagem obtidos após a execução do código. Perceba que o histograma da nova imagem possui um aspecto similar, parecendo estar apenas melhor distribuído em relação ao original.

```
im = imread('catedral_contraste.png');
im1 = adapthisteq(im);

subplot(2,2,1); imshow(im);
title('Imagem original');
subplot(2,2,2); imshow(im1);
title('Imagem ajustada');
subplot(2,2,3); imhist(im);
subplot(2,2,4); imhist(im1);
```

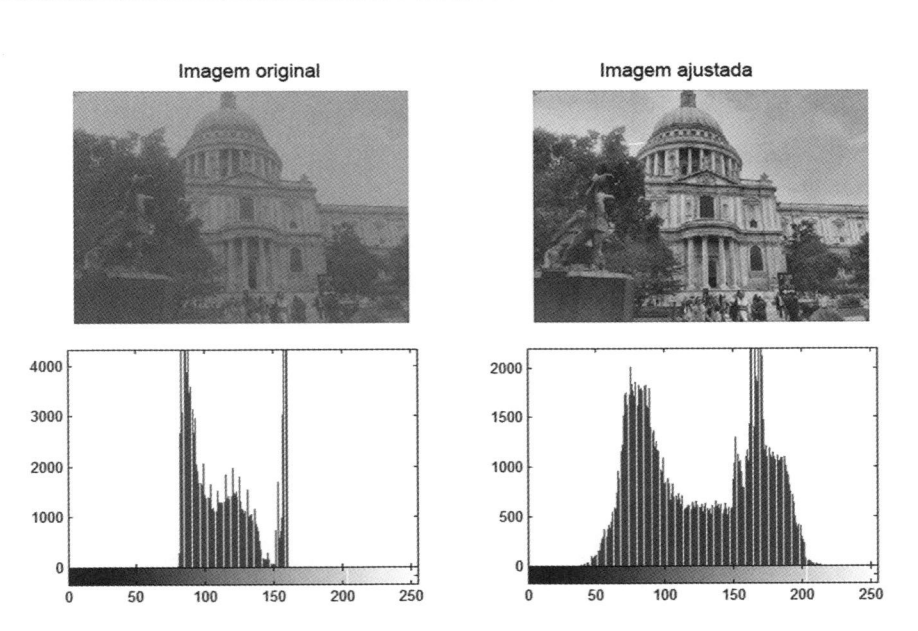

Figura 4.17: Exemplos de equalização do histograma de uma imagem com contraste limitado.

CAPÍTULO 5

FILTRAGEM DE IMAGENS

Neste capítulo iremos abordar as técnicas de filtragem de imagens digitais, uma área do processamento de imagens que tem como objetivo estudar as diferentes técnicas de transformação da imagem com o intuito de corrigi-la, suavizá-la ou realçar determinadas características presentes na mesma, tudo isso dentro de uma aplicação específica.

Basicamente, existem dois tipos principais de filtragem. São eles:

- **Filtragem no domínio do espaço**: os procedimentos da filtragem atuam diretamente sobre os pixels da imagem;
- **Filtragem no domínio da frequência**: os procedimentos da filtragem atuam sobre os componentes de frequência que representam a imagem original.

As técnicas de filtragem são utilizadas principalmente em imagens em níveis de cinza. É importante salientar que essas técnicas podem ser utilizadas em imagens binárias, porém o resultado sempre será uma imagem em níveis de cinza. Também podemos utilizar as técnicas de filtragem em imagens coloridas. Nesse caso, cada canal da imagem é tratado como uma imagem em níveis de cinza.

5.1 Filtragem Espacial

A técnica de filtragem espacial tem esse nome porque ela se refere ao plano da imagem. Em outras palavras, essa técnica atua diretamente sobre os pixels da imagem, ou seja, nenhuma outra transformação dos pixels é necessária para aplicar a técnica de filtragem.

A filtragem espacial atua diretamente nos pixels de uma imagem utilizando uma máscara espacial. Essa máscara pode ser entendida como uma matriz contendo valores numéricos, chamados coeficientes, os quais manipulam a imagem de modo a se obter uma imagem filtrada.

É importante definir que o processo de filtragem é realizado pixel a pixel e é similar a uma operação matemática chamada convolução (a qual será apresentada na próxima seção). Além disso, cada pixel em uma imagem irá resultar em um novo pixel em uma nova imagem, ou seja, a operação de filtragem nunca modifica a própria imagem.

5.1.1 Convolução

O processo de filtragem é similar a duas operações matemáticas: correlação e convolução. A diferença entre a correlação e a convolução é que uma delas envolve o espelhamento (ou rotação) da imagem. Porém, como a maioria das máscaras utilizadas em filtragem espacial é simétrica, ambas as operações possuem o mesmo resultado. Por esse motivo, iremos abordar apenas a convolução ao longo do livro.

Matematicamente, a convolução pode ser assim definida: dadas uma imagem f e uma máscara w, a convolução é definida como

$$w(x,y) * f(x,y) = \sum_{s=-a}^{a} \sum_{t=-b}^{b} w(s,t).f(x-s, y-t), \qquad (5.1)$$

em que a e b se referem à metade da altura e da largura, respectivamente, da máscara w. De modo informal, podemos definir a convolução da seguinte maneira: trata-se de uma técnica que busca combinar a intensidade de um certo conjunto de pixels, de modo a gerar um novo pixel na imagem filtrada. Ela consiste na aplicação de uma máscara que desliza sobre todos os pixels da imagem original. Para cada pixel, a máscara tem um de seus pontos (em geral, o ponto central) alinhado com o pixel da imagem. Em seguida, os pixels alinhados com a máscara são multiplicados pelos respectivos coeficientes da máscara e somados, resultando assim no valor do pixel correspondente na imagem filtrada. Esse processo é melhor ilustrado na Figura 5.1

Dependendo do tamanho da máscara e dos valores de seus coeficientes, uma grande variedade de filtros pode ser implementada. No entanto, por questões de simetria, usam-se como máscaras matrizes de tamanho $N \times N$, em que N é um número ímpar. Além disso, por questões de eficiência computacional, devemos utilizar valores pequenos para N (em geral, $N \leq 7$).

Os filtros obtidos por convolução são os operadores locais mais utilizados em processamento de imagens, com aplicações em pré-processamento, eliminação de ruídos, suavização, segmentação e realce de imagens. É o tamanho e os valores dos coeficientes que definem o tipo de filtro obtido, como veremos nas seções seguintes.

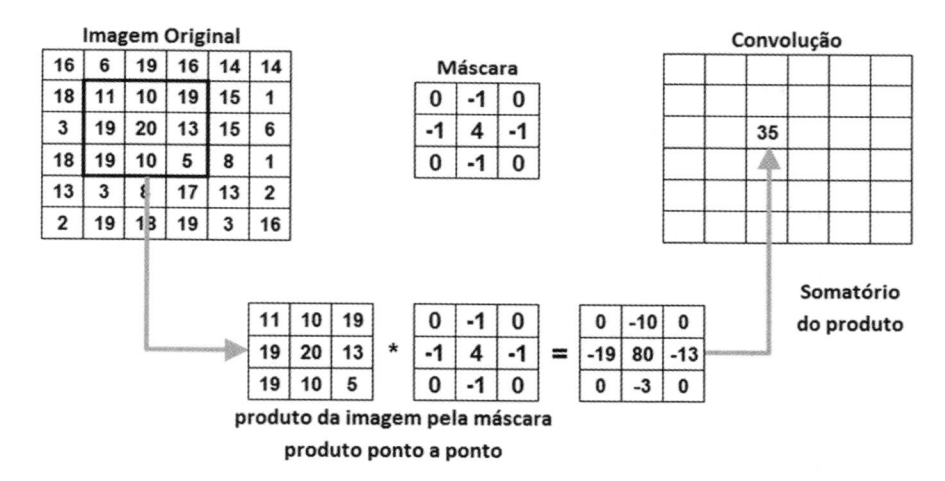

Figura 5.1: Diagrama do processo de aplicação de um filtro por convolução.

Tratando as bordas da imagem na convolução

Um ponto importante referente à aplicação da convolução é o que fazer com os pixels da imagem processados por uma máscara que não se encaixa corretamente, isto é, parte da máscara fica fora da imagem. Para tratar esse tipo de situação, existem três alternativas principais:

- Convolução aperiódica: nesse caso, as posições nas quais a máscara não se encaixa não são calculadas. O resultado é uma imagem menor do que a original, ou uma imagem com o mesmo tamanho, mas com valor zero nas posições não calculadas.

- Gabarito truncado: a máscara é aplicada a todas as posições da imagem. Nas posições da máscara para as quais não existem pixels na imagem, assume-se o valor como sendo zero ou outra constante definida pelo usuário.
- Convolução periódica: a máscara é aplicada a todas as posições da imagem. A máscara é deslocada sobre todos os pixels da imagem original como se esta fosse adjacente em suas extremidades.

A Figura 5.2 mostra como funcionam os três tipos de tratamento das bordas da imagem durante a convolução.

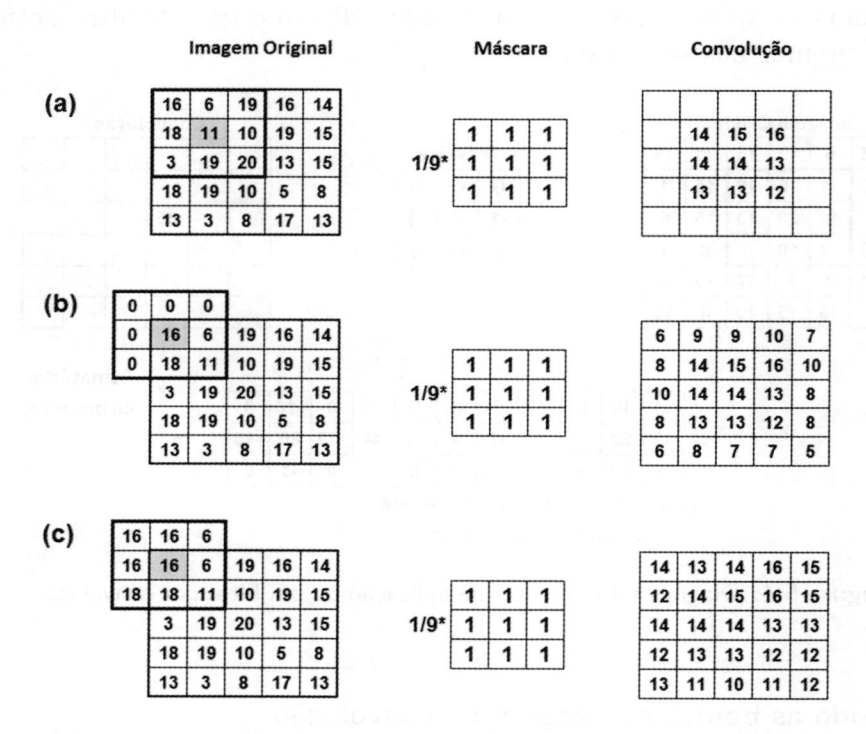

Figura 5.2: Diferentes tipos de tratamento da borda da imagem durante a convolução: (a) Convolução aperiódica; (b) Gabarito truncado; (c) Convolução periódica.

Aplicando a convolução em uma imagem

Em MATLAB®, não é necessário programar todos os deslocamentos e multiplicações da máscara para realizar a sua convolução. Podemos fazê-la por meio da função **imfilter()**, cuja descrição é apresentada a seguir.

IM2 = imfilter(IM1,H)	
Entrada:	**IM1** - é uma matriz **N** × **M** representando uma imagem. **H** é uma matriz **L** × **C** representando uma máscara.
Saída:	**IM2** - é uma matriz **N** × **M** representando a imagem filtrada usando a máscara **H**. A filtragem é realizada usando a correlação e pontos nos quais a máscara fica fora da imagem são considerados como tendo valor 0.

O código a seguir mostra um exemplo de aplicação de um filtro por convolução a uma imagem em MATLAB®. Nesse exemplo, "mask" representa a matriz contendo uma máscara de suavização aplicada sobre a imagem. A Figura 5.3 mostra a imagem original e a imagem filtrada após a execução do código.

```
mask = ones(3,3) / 9;
im1 = imread('catedral_gray.png');
im2 = imfilter(im1,mask);
subplot(1,2,1); imshow(im1);
title('Imagem original');
subplot(1,2,2); imshow(im2);
title('Imagem após filtragem');
```

Imagem original

Imagem após filtragem

Figura 5.3: Exemplo de aplicação de um filtro por convolução.

Criando máscaras pré-definidas

Anteriormente vimos como utilizar a função **imfilter**() para aplicar uma máscara a uma imagem. O MATLAB® já possui várias máscaras pré-definidas para utilização, não sendo necessário que o usuário as defina manualmente. Assim, podemos gerar uma máscara de convolução por meio da função **fspecial**(), cuja descrição é apresentada a seguir.

H = fspecial(TIPO,PARAM)	
Entrada:	**TIPO** - define uma das máscaras pré-definidas.
	PARAM - define os parâmetros adicionais da máscara.
Saída:	**H** - é uma matriz **L** × **C** representando a máscara criada.

A seguir, são apresentadas algumas das possíveis configurações de uso da função **fspecial()**:

- **H = fspecial('average',TAMANHO)**: retorna a máscara do filtro de média. **TAMANHO** é um vetor definindo o número de linhas e colunas da máscara (por padrão é [3 3]);
- **H = fspecial('disk', R)**: retorna a máscara do filtro de média circular. A máscara é uma matriz quadrada de tamanho **2*R+1**. Por padrão, **R = 5**;
- **H = fspecial('gaussian',TAMANHO,SIGMA)**: retorna a máscara do filtro de suavização gaussiano. **TAMANHO** é um vetor definindo o número de linhas e colunas da máscara (por padrão é [3 3]). **SIGMA** define o desvio-padrão da gaussiana (por padrão, **SIGMA = 0.5**);
- **H = fspecial('laplacian', ALPHA)**: retorna a máscara do filtro laplaciano de realce. **ALPHA** é um valor entre 0.0 e 1.0 que controla o formato do filtro (por padrão, **ALPHA = 0.2**);

O código a seguir mostra dois exemplos de aplicação de filtros criados com a função **fspecial()**. A Figura 5.4 mostra a imagem original e as duas filtragens obtidas após a execução do código.

```
im1 = imread('catedral_gray.png');
mascara1 = fspecial('average',[3 3]);
im2 = imfilter(im1,mascara1);
mascara2 = fspecial('disk',10);
im3 = imfilter(im1,mascara2);

subplot(1,3,1); imshow(im1);
title('Imagem original');
subplot(1,3,2); imshow(im2);
title('Máscara 1');
subplot(1,3,3); imshow(im3);
title('Máscara 2');
```

Figura 5.4: Exemplos de duas máscaras pré-definidas.

5.1.2 Filtros de suavização

Em uma imagem, os detalhes (como bordas) e o ruído (variações bruscas nos níveis de cinza) geram altas frequências. Os filtros de suavização permitem obter uma nova imagem com menos detalhes, isto é, menos nítida ou suavizada. Como esse tipo de filtro elimina os detalhes de alta frequência, eles são também conhecidos como filtros passa-baixa.

De modo geral, um filtro de suavização utiliza uma máscara que realiza a média da vizinhança. Além disso, os coeficientes da máscara são todos positivos e a soma deles é igual a 1.

Adicionando ruídos

Para podermos testar os filtros de suavização, é interessante primeiro gerar uma imagem com ruído. Em MATLAB®, podemos fazer isso por meio da função **imnoise()**, cuja descrição é apresentada a seguir.

IM2 = imnoise(IM1,TIPO,PARAM)	
Entrada:	**IM1** - é uma matriz $N \times M$ representando uma imagem.
	TIPO - define um dos tipos de ruído pré-definidos.
	PARAM - define os parâmetros adicionais do ruído.
Saída:	**IM2** - é uma matriz $N \times M$ representando a imagem com ruído.

A seguir, são apresentadas algumas das possíveis configurações de uso da função **imnoise()**:

- **IM2 = imnoise(IM1,'salt & pepper', P)**: adiciona o ruído "sal e pimenta" à imagem **IM1**, em que **P** é um valor entre 0.0 e 1.0 que controla a porcentagem de ruído na imagem (por padrão, **P = 0.05**);
- **IM2 = imnoise(IM1,'gaussian', M, V)**: adiciona o ruído gaussiano com média **M** e variância **V** à imagem **IM1**. Por padrão, **M = 0** e **V = 0.01**.

O código a seguir mostra dois exemplos de aplicação de ruído a uma imagem em MATLAB®. A Figura 5.5 mostra as imagens resultantes após a execução do código.

```
im1 = imread('catedral_gray.png');
im2 = imnoise(im1,'salt & pepper',0.1);
im3 = imnoise(im1,'gaussian');
subplot(1,2,1); imshow(im2); title('Ruído 1');
subplot(1,2,2); imshow(im3); title('Ruído 2');
```

Figura 5.5: Exemplos de adição de ruído em uma imagem.

Filtro da média

Como visto anteriormente, um filtro de suavização utiliza uma máscara que realiza a média da vizinhança. Temos que todos os coeficientes da máscara são positivos e a sua soma é igual a 1. Além disso, quanto maior a máscara, maior o efeito de suavização ou borramento da imagem. A Figura 5.6 mostra alguns exemplos de máscaras utilizadas no filtro da média.

O código a seguir mostra dois exemplos de aplicação de filtro de média em uma imagem em MATLAB®. Note que as duas máscaras do filtro de média foram calculadas usando a função **fspecial()** com as seguintes configurações:

- **H = fspecial('average',TAMANHO)**: retorna a máscara do filtro de média. **TAMANHO** é um vetor que define o número de linhas e colunas da máscara (por padrão é [3 3]);
- **H = fspecial('disk', R)**: retorna a máscara do filtro de média circular. A máscara é uma matriz quadrada de tamanho **2*R+1**. Por padrão, **R = 5**;

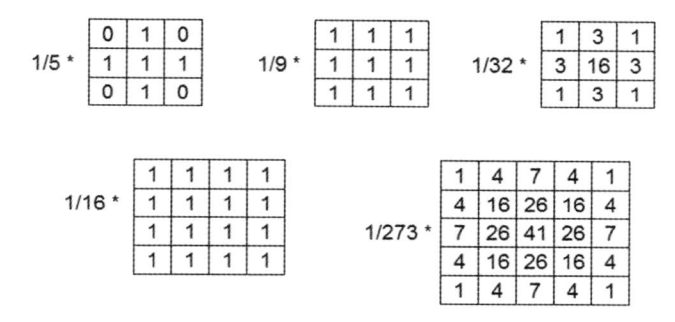

Figura 5.6: Exemplos de máscaras de suavização.

A Figura 5.7 mostra a imagem original após adição de ruído e as duas filtragens por média obtidas após a execução do código.

```
im1 = imread('catedral_gray.png');
im1 = imnoise(im1,'salt & pepper',0.1);
mascara1 = fspecial('average',[3 3]);
im2 = imfilter(im1,mascara1);
mascara2 = fspecial('disk',5);
im3 = imfilter(im1,mascara2);

subplot(1,3,1); imshow(im1);
title('Imagem original');
subplot(1,3,2); imshow(im2);
title('Máscara 1');
subplot(1,3,3); imshow(im3);
title('Máscara 2');
```

Figura 5.7: Exemplos de aplicação de diferentes máscaras de suavização.

Filtro gaussiano

O filtro de suavização gaussiano é baseado em uma aproximação da função gaussiana. Esse filtro utiliza a função gaussiana para calcular os coeficientes da máscara utilizada na suavização. A máscara gerada não possui todos os seus coeficientes iguais, como ocorre no filtro da média. Assim, temos que o filtro gaussiano permite realizar uma suavização mais delicada da imagem, capaz de preservar mais os contornos que o filtro da média. A Figura 5.8 mostra um exemplo de uma curva gaussiana 2-D.

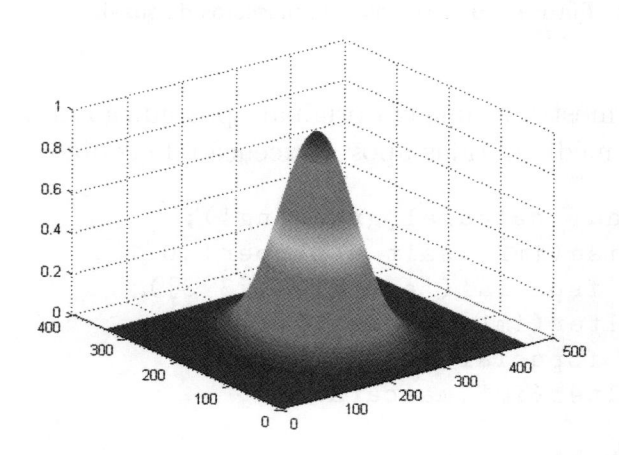

Figura 5.8: Exemplo de uma curva gaussiana 2-D.

O código a seguir mostra um exemplo de aplicação do filtro da gaussiana em uma imagem em MATLAB®. Note que utilizamos a função **fspecial()** com a seguinte configuração para calcular a máscara do filtro da gaussiana:

- **H = fspecial('gaussian',TAMANHO,SIGMA)**: retorna a máscara do filtro de suavização gaussiano. **TAMANHO** é um vetor que define o número de linhas e colunas da máscara (por padrão é [3 3]). **SIGMA** define o desvio-padrão da gaussiana, ou seja, quão aberta ou fechada é a curva (por padrão, **SIGMA = 0.5**).

A Figura 5.9 mostra a imagem original, a imagem com ruído, e a imagem filtrada após a execução do código a seguir.

```
im1 = imread('catedral_gray.png');
im2 = imnoise(im1,'salt & pepper',0.1);
mascara = fspecial('gaussian',[5 5],1.5);
im3 = imfilter(im2,mascara);
subplot(1,3,1);
imshow(im1); title('Imagem original');
subplot(1,3,2);
imshow(im2); title('Ruído');
subplot(1,3,3);
imshow(im3); title('Filtro gaussiano');
```

Imagem original   Ruído   Filtro gaussiano

Figura 5.9: Exemplo de aplicação do filtro gaussiano.

Filtro da mediana

O filtro da mediana é um filtro de suavização não linear, ou seja, ele não utiliza a convolução de uma máscara. Em vez disso, esse filtro ordena os valores contidos dentro da área da máscara e seleciona o valor do que corresponde à posição central, como mostrado na Figura 5.10.

Apesar do custo maior para a aplicação desse filtro (devido à etapa de ordenação), trata-se de um filtro ideal para a remoção de ruídos do tipo

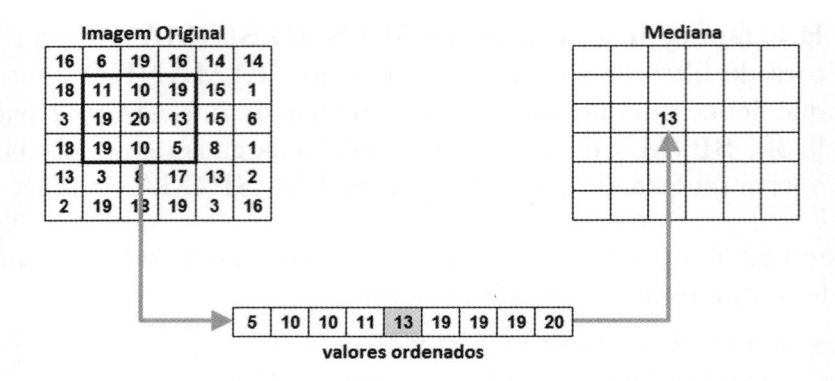

Figura 5.10: Diagrama do processo de aplicação do filtro da mediana.

impulsivo (ruído não contínuo, o qual consiste em pulsos irregulares de grandes amplitudes) e do tipo sal e pimenta (o qual representa descontinuidades abruptas e isoladas na imagem).

Em MATLAB®, podemos aplicar o filtro da mediana a uma imagem por meio da função **medfilt2()**, cuja descrição é apresentada a seguir.

IM2 = medfilt2(IM1,TAMANHO)	
Entrada:	**IM1** - é uma matriz **N** × **M** representando uma imagem. **TAMANHO** - é um vetor que define o número de linhas e colunas da máscara da mediana (por padrão é [3 3]).
Saída:	**IM2** - é uma matriz **N** × **M** representando a imagem após a aplicação do filtro da mediana.

O código a seguir mostra um exemplo de aplicação do filtro da mediana a uma imagem em MATLAB®. A Figura 5.11 mostra a imagem original, a imagem com ruído, e a imagem filtrada após a execução do código.

```
im1 = imread('catedral_gray.png');
im2 = imnoise(im1,'salt & pepper',0.1);
im3 = medfilt2(im1);
subplot(1,3,1);
imshow(im1); title('Imagem original');
subplot(1,3,2);
imshow(im2); title('Ruído');
subplot(1,3,3);
imshow(im3); title('Filtro da mediana');
```

Figura 5.11: Exemplo de aplicação do filtro da mediana.

5.1.3 Filtros de realce

Os filtros de realce têm como objetivo destacar as transições de intensidade dentro da imagem. O resultado disso é uma nova imagem com mais detalhes, isto é, mais nítida. Como esse tipo de filtro realça os detalhes de alta frequência, eles são também conhecidos como filtros passa-alta.

De modo geral, um filtro de realce utiliza uma máscara que explora as diferenças de níveis de cinza na imagem. Um inconveniente em relação a eles é que também realçam a informação de ruído dentro da imagem.

Filtro laplaciano

O filtro laplaciano é um filtro de realce baseado em derivadas de segunda ordem. Ele é utilizado para acentuar detalhes finos como pontos isolados, linhas e bordas, ou outras descontinuidades na imagem, porém ameniza regiões com nível de cinza constante.

A Figura 5.12 mostra alguns exemplos de máscaras utilizadas no filtro laplaciano. É importante notar que se o pixel central for positivo, todos os demais deverão ser negativos e vice-versa. Além disso, a soma dos coeficientes tem de ser sempre zero. Dessa forma, o filtro não irá atuar sobre regiões homogêneas.

De forma diferente dos filtros de suavização, a imagem gerada pelo filtro laplaciano contém apenas os detalhes da imagem. Após a aplicação do filtro, o seu resultado deve ser somado (centro da máscara é positivo) ou subtraído (centro da máscara é negativo) da imagem original para que a mesma se apresente realçada.

0	1	0
1	-4	1
0	1	0

0	-1	0
-1	4	-1
0	-1	0

1	1	1
1	-8	1
1	1	1

-1	-1	-1
-1	8	-1
-1	-1	-1

Figura 5.12: Exemplos de máscaras de realce.

O código a seguir mostra um exemplo de aplicação do filtro laplaciano em uma imagem em MATLAB®. Note que utilizamos a função **fspecial()** com a seguinte configuração para calcular a máscara do filtro laplaciano:

- **H = fspecial('laplacian', ALPHA)**: retorna a máscara do filtro laplaciano de realce. **ALPHA** é um valor entre 0.0 e 1.0 que controla o formato do filtro (por padrão, **ALPHA = 0.2**).

A Figura 5.13 mostra a imagem original, o laplaciano, e a imagem após o realce, que é obtida subtraindo o laplaciano da imagem original.

```
im1 = imread('catedral_part_blur.png');
mascara = fspecial('laplacian');
im2 = imfilter(im1,mascara);
im3 = im1 - im2;
%normaliza o filtro apenas para a exibição
im2 = double(im2);
im2 = im2 /max(im2(:));
subplot(1,3,1);
imshow(im1); title('Imagem original');
subplot(1,3,2);
imshow(im2); title('Laplaciano');
subplot(1,3,3);
imshow(im3); title('Realce');
```

Unsharp masking e filtro highboost

Podemos fazer o realce de uma imagem utilizando apenas um filtro de suavização. Nesse caso, a ideia consiste em subtrair uma versão não nítida (suavizada) de uma imagem da imagem original. A esse processo dá-se o nome de **unsharp masking** ou máscara de nitidez, e ele pode ser aplicado utilizando o seguinte conjunto de passos:

Figura 5.13: Exemplo de aplicação do filtro laplaciano.

1. Suavizar a imagem original.

2. Subtrair a imagem suavizada da imagem original. A diferença das duas imagens é a máscara.

3. Somar essa máscara à imagem original.

Em termos matemáticos, temos que o resultado g do filtro **unsharp masking** de uma imagem f e sua suavização s é definido como

$$mask(x,y) = f(x,y) - s(x,y)$$
$$g(x,y) = f(x,y) + k * mask(x,y), \qquad (5.2)$$

em que k define o quanto da máscara deve ser acrescentado à imagem original, sendo

- $k = 1$, toda a máscara é somada à imagem original (**unsharp masking**).
- $k < 1$, reduz a contribuição da máscara. Apenas parte dos detalhes é realçada.
- $k > 1$, filtragem com ênfase (**highboost**).

O código a seguir mostra exemplos do filtro **unsharp masking** e **highboost** aplicados a uma imagem em MATLAB®. A Figura 5.14 mostra a imagem original e as imagens realçadas após a execução do código.

```
im1 = imread('catedral_part_blur.png');
%calcula imagem borrada
mascara = fspecial('average',[3 3]);
im2 = imfilter(im1,mascara);
%calcula "imagem" - "imagem borrada"
```

```
gmask = im1 - im2;
%Unsharp masking (K = 1)
im3 = im1 + 1.0 * gmask;
%Filtro highboost (k > 1)
im4 = im1 + 2.5 * gmask;

subplot(1,3,1);
imshow(im1); title('Imagem original');
subplot(1,3,2);
imshow(im3); title('Unsharp masking');
subplot(1,3,3);
imshow(im4); title('Filtro highboost');
```

Figura 5.14: Exemplo de aplicação do filtro *unsharp masking* e *highboost*.

5.2 Filtragem no domínio da frequência

De forma diferente da filtragem espacial, que atua diretamente sobre os pixels da imagem, a técnica de filtragem no domínio da frequência necessita de que a imagem seja previamente convertida para um outro tipo de dado antes da aplicação do filtro. Mais especificamente, a imagem formada por diferentes valores de pixels é transformada em uma soma de senos e cossenos de diferentes frequências e amplitudes. Somente depois podemos aplicar o filtro desejado sobre a imagem. Nesse caso, o filtro atua selecionando as frequências e amplitudes que queremos manter ou remover da imagem. Terminado esse processo, podemos utilizar uma transformação inversa sobre esse conjunto de frequências para obter a imagem filtrada.

Uma das formas mais comuns de fazer a filtragem no domínio da frequência é por meio da transformada de Fourier, a qual será descrita a seguir.

5.2.1 A transformada de Fourier

A transformada de Fourier é uma transformação que permite representar uma curva ou sinal em termos de funções de base sinusoidal, isto é, como a soma de funções senos e cossenos de diferentes frequências e amplitudes. Essa transformada existe em duas formas: contínua e discreta, sendo esta última utilizada em aplicações computacionais. Matematicamente, a transformada discreta de Fourier é assim definida: dada(o) uma curva ou sinal f, a transformada é definida como

$$F(u) = \frac{1}{N} \sum_{x=0}^{N-1} f(x)e^{-j2ux\pi/N}, \qquad (5.3)$$

para $u = 0, \ldots, N-1$, em que $F(u)$ é uma soma finita de senos e cossenos e cada valor de u (denominado de variável de frequência) determina a frequência de seu correspondente par (seno-cosseno). Em MATLAB®, podemos aplicar a transformada de Fourier a uma curva ou sinal por meio da função **fft()**, cuja descrição é apresentada a seguir.

F = fft(f)	
Entrada:	**f** - é um vetor de tamanho **N** representando um sinal. Se **f** for uma matriz, a função será aplicada a cada coluna dela.
Saída:	**F** - é um vetor de tamanho **N** representando o sinal após a aplicação da transformada de Fourier.

A transformada de Fourier é uma transformada inversível, ou seja, podemos calcular a representação de um sinal no domínio das frequências, assim como obter um sinal a partir de um conjunto de frequências. Matematicamente, a transformada discreta inversa de Fourier é assim definida: dada(o) uma curva ou sinal em que já foi aplicada a transformada de Fourier F, a transformada inversa é definida como

$$f(x) = \sum_{u=0}^{N-1} F(u)e^{j2ux\pi/N}, \qquad (5.4)$$

para $x = 0, \ldots, N-1$, em que $f(x)$ é o sinal resultante no espaço e cada valor de u (denominado de variável de frequência) determina a frequência de seu correspondente par (seno-cosseno). Em MATLAB®, podemos aplicar a inversa da transformada de Fourier a uma curva ou sinal por meio da função **ifft()**, cuja descrição é apresentada a seguir.

f = ifft(F)	
Entrada:	**F** - é um vetor de tamanho **N** representando um sinal no qual já foi aplicada a transformada de Fourier.
Saída:	**f** - é um vetor de tamanho **N** representando o sinal após a aplicação da inversa da transformada de Fourier.

Para entender o funcionamento da transformada de Fourier, vamos utilizar um exemplo. O código a seguir mostra três diferentes curvas seno sendo combinadas para gerar uma nova curva em MATLAB®. A Figura 5.15 mostra as três curvas seno, assim como o resultado da combinação delas após a execução do código.

```
%cria três diferentes curvas
nn = 1:300;
seno1 = 2*sin(nn/50+1);
seno2 = 5*sin(nn/20+1);
seno3 = sin(nn/3+1);
%cria uma combinação de curvas
seno = seno1 + seno2 + seno3;
%exibe dados
figure;
subplot(4,1,1);
plot(nn,seno1);
subplot(4,1,2);
plot(nn,seno2);
subplot(4,1,3);
plot(nn,seno3);
subplot(4,1,4);
plot(nn,seno);
```

Uma dificuldade que ocorre ao utilizarmos a transformada discreta de Fourier é o problema de centralização das frequências. Na transformada contínua, as diferentes frequências são agrupadas da seguinte maneira: as frequências mais baixas se localizam no meio do sinal e vão aumentando à medida que se afastam do centro. Já na transformada discreta, as baixas frequências se localizam nos extremos e vão aumentando à medida que se aproximam do centro. Em MATLAB®, podemos resolver o problema da centralização da transformada de Fourier por meio da função **fftshift()**, cuja descrição é apresentada a seguir.

F2 = fftshift(F1)	
Entrada:	**F1** - é um vetor de tamanho **N** representando um sinal após a aplicação da transformada de Fourier. A função irá calcular o centro do vetor e trocar de lugar as porções da direita e da esquerda. Se **F1** for uma matriz, a função irá trocar de lugar o primeiro com o terceiro quadrante, e o segundo com o quarto.
Saída:	**F2** - é um vetor (ou matriz) representando o sinal após a aplicação da operação de *shift*.

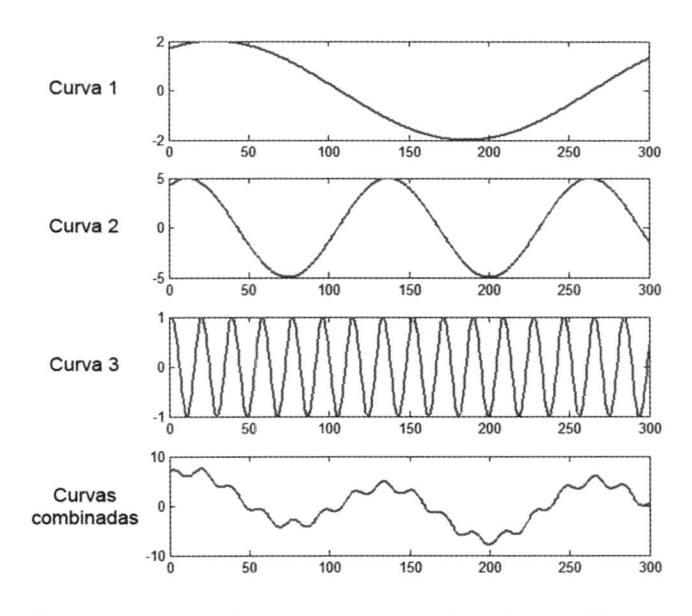

Figura 5.15: Combinação de três curvas com frequências diferentes para compor uma quarta curva (última linha).

Como a transformada de Fourier é inversível, devemos ser também capazes de desfazer a correção da centralização. Em MATLAB®, utilizamos a função **ifftshift()** para desfazer os efeitos da função **fftshift**. Apesar de as descrições das duas funções serem parecidas, nunca utilize a função **fftshift** para desfazer a centralização do sinal. Use sempre a função **ifftshift**, cuja descrição é apresentada a seguir.

F2 = ifftshift(F1)	
Entrada:	**F1** - é um vetor ou matriz representando um sinal após a aplicação da função **fftshift**.
Saída:	**F2** - é um vetor (ou matriz) representando o sinal após a remoção da operação de *shift*.

O código a seguir mostra três diferentes curvas seno sendo combinadas para gerar uma nova curva em MATLAB® e o problema da centralização na transformada discreta. A Figura 5.16 mostra como a função **fftshift** resolve o problema da centralização.

```
%cria dados
nn = 1:300;
seno1 = 2*sin(nn/50+1);
seno2 = 5*sin(nn/20+1);
seno3 = sin(nn/3+1);

seno = seno1 + seno2 + seno3;
Hseno = fft(seno);

subplot(2,2,1); plot(nn,real(Hseno));
subplot(2,2,2); plot(nn,real(fftshift(Hseno)));
subplot(2,2,3); plot(nn,imag(Hseno));
subplot(2,2,4); plot(nn,imag(fftshift(Hseno)));
```

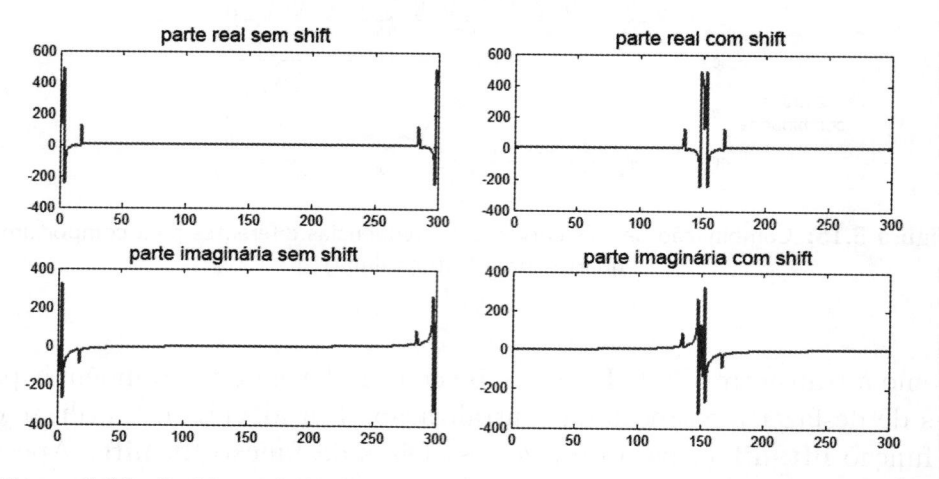

Figura 5.16: Problema de centralização da transformada de Fourier. De cima para baixo: parte real e imaginária da transformada. Da esquerda para a direita: sem e com a operação de *shift*.

Uma vez aplicada a transformada de Fourier ao sinal combinado, podemos tentar separar as suas diferentes frequências. O código a seguir mostra a aplicação da transformada de Fourier ao sinal combinado (seno) e como podemos selecionar ou remover pequenas porções do sinal transformado para recuperar as três curvas que foram combinadas para compor a curva seno. A Figura 5.17 mostra as três curvas obtidas a partir da execução desse código.

```
%aplica a transformada de Fourier
Hseno = fft(seno);
%cria 3 cópias da transformada
NHseno1=Hseno;
NHseno2=Hseno;
NHseno3=Hseno;
%mantém apenas a mais baixa frequência
%da primeira curva
NHseno1(:)=0;
NHseno1(1) = Hseno(1);
NHseno1(300) = Hseno(300);
%mantém apenas 3 baixas frequências da segunda curva
NHseno2(:) = 0;
NHseno2(2:4) = Hseno(2:4);
NHseno2(297:299) = Hseno(297:299);
%mantém apenas as altas frequências da terceira curva
NHseno3(1:13)=0;
NHseno3(288:300)=0;
%exibe as transformadas inversas
figure;
subplot(3,1,1), plot(nn,ifft(NHseno1));
subplot(3,1,2), plot(nn,ifft(NHseno2));
subplot(3,1,3), plot(nn,ifft(NHseno3));
```

5.2.2 A transformada de Fourier 2-D

Na seção anterior, vimos que a transformada de Fourier nos permite representar uma curva ou sinal em termos de funções de base sinusoidal, isto é, como a soma de funções senos e cossenos de diferentes frequências e amplitudes. Veremos agora que o mesmo pode ser feito com sinais 2-D, isto é, com um sinal representado por uma matriz, como é o caso de uma

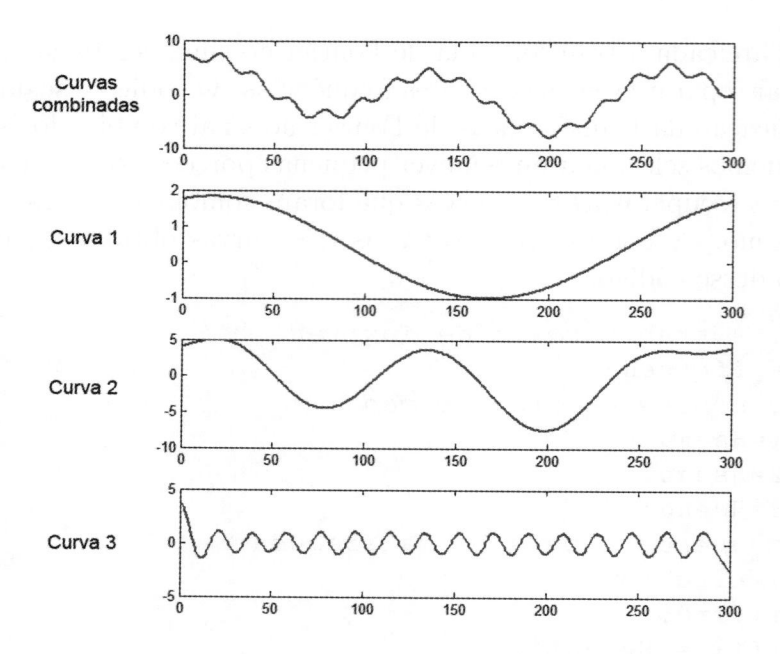

Figura 5.17: Decomposição de uma curva para as três curvas que a compõem usando a transformada de Fourier.

imagem. Matematicamente, a transformada discreta de Fourier 2-D é assim definida: dado um sinal 2-D f, a transformada é definida como

$$F(u,v) = \frac{1}{NM} \sum_{x=0}^{M-1} \sum_{y=0}^{N-1} f(x,y)e^{-j2\pi\left(\frac{ux}{M} + \frac{yv}{N}\right)}, \qquad (5.5)$$

para $u = 0, \ldots, M-1, v = 0, \ldots, N-1$, em que $F(u,v)$ é uma soma finita de senos e cossenos e cada valor de u e v (denominadas de variáveis de frequência) determina a frequência de seu correspondente par (seno-cosseno) em uma direção do sinal. Em MATLAB®, podemos aplicar a transformada de Fourier a uma imagem por meio da função **fft2()**, cuja descrição é apresentada a seguir.

F = fft2(f)		
Entrada:	**f** - é uma matriz **N** × **M** representando uma imagem.	
Saída:	**F** - é uma matriz **N** × **M** representando a imagem após a aplicação da transformada de Fourier.	

Anteriormente, vimos também que a transformada de Fourier é uma transformada inversível, ou seja, podemos calcular a representação de um sinal no domínio das frequências, assim como obter um sinal a partir de um conjunto de frequências. Essa propriedade também vale para a transformada de sinais 2-D. Matematicamente, a transformada discreta inversa de Fourier 2-D é assim definida: dado um sinal 2-D no qual já foi aplicada a transformada de Fourier F, a transformada inversa é definida como

$$f(x,y) = \sum_{u=0}^{M-1} \sum_{v=0}^{N-1} F(u,v)e^{j2\pi\left(\frac{ux}{M}+\frac{yv}{N}\right)}, \tag{5.6}$$

para $x = 0, \ldots, M-1, y = 0, \ldots, N-1$, em que $f(x,y)$ é o sinal resultante no espaço e cada valor de u e v (denominados de variáveis de frequência) determina a frequência de seu correspondente par (seno-cosseno) em uma direção do sinal. Em MATLAB®, podemos aplicar a inversa da transformada de Fourier 2-D a uma imagem por meio da função **ifft2()**, cuja descrição é apresentada a seguir.

f = ifft2(F)	
Entrada:	**F** - é uma matriz **N** × **M** representando uma imagem na qual já foi aplicada a transformada de Fourier.
Saída:	**f** - é uma matriz **N** × **M** representando a imagem após a aplicação da inversa da transformada de Fourier.

A transformada discreta de Fourier 2-D também sofre do problema de centralização das frequências. Na transformada contínua, as diferentes frequências são agrupadas da seguinte maneira: as frequências mais baixas se localizam no centro da imagem e vão aumentando à medida que se afastam do centro. Já na transformada discreta, as baixas frequências se localizam nos cantos e vão aumentando à medida que se aproximam do centro. Esse problema pode ser resolvido, novamente, usando as funções **fftshift()** e **ifftshift()**. O código a seguir mostra a aplicação da transformada discreta de Fourier 2-D em uma imagem e o problema da centralização. A Figura 5.18 mostra como a função **fftshift** resolve o problema da centralização.

```
%abre uma imagem e exibe
f = imread('catedral_gray.png');
subplot(1,3,1); imshow(f);
%calcula e exibe a imagem transformada
F = fft2(double(f));
F2 = log(abs(F));
subplot(1,3,2); imshow(F2,[0 20]);
```

```
%calcula e exibe a imagem transformada
%após a operação de shift
F2=fftshift(F);
F3=log(abs(F2));
subplot(1,3,3); imshow(F3,[0 20]);
```

Figura 5.18: Decomposição de uma imagem usando a transformada de Fourier. Da esquerda para a direita: imagem original, imagem transformada e imagem transformada após a operação de *shift*.

5.2.3 Filtragem usando a transformada de Fourier

Para utilizar a transformada de Fourier para aplicar um filtro em uma imagem, nós nos baseamos em um teorema importante no processamento de imagens: o **teorema da convolução**. Esse teorema estabelece que a convolução de uma máscara em uma imagem (filtragem espacial) equivale à multiplicação da transformada de Fourier da imagem pela transformada da máscara (filtragem no espectro).

Assim, para aplicar um filtro em uma imagem usando a transformada de Fourier, foi proposta a seguinte função: **aplicaMascaraFourier**. Perceba que essa função recebe uma imagem, **im**, e uma máscara, **mask**. Em seguida, essa função calcula a transformada de Fourier da imagem com a operação de *shift*, multiplica ponto a ponto a imagem transformada pela máscara, e calcula as operações inversas de *shift* e da transformada de Fourier, o que resulta na imagem após a filtragem, **im1**. Esse processo é melhor ilustrado na Figura 5.19.

```
function im1 = aplicaMascaraFourier(im,mask)
    %calcula fourier
    f = fft2(im);
```

```
    f = fftshift(f);
    %aplica máscara
    f1 = f .* mask;
    %calcula inversa fourier
    f1 = ifftshift(f1);
    im1 = ifft2(f1);
end
```

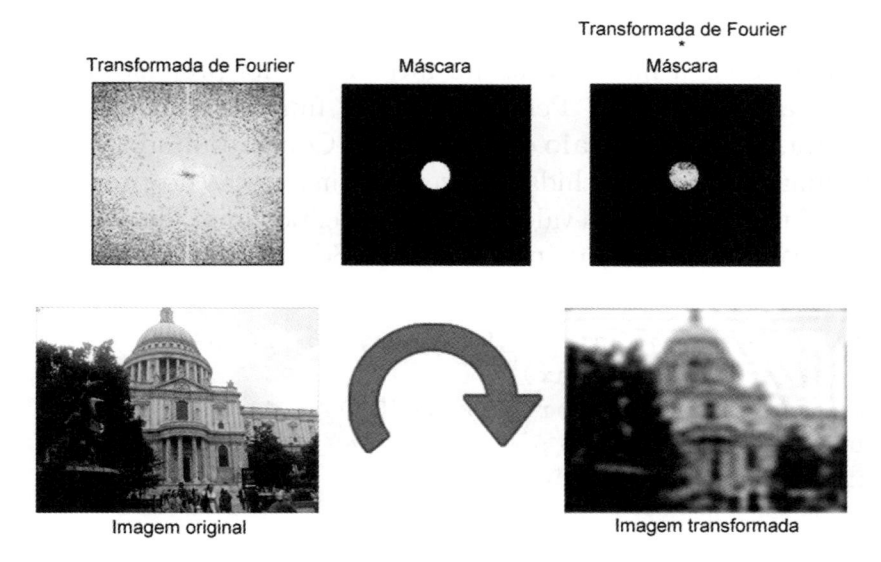

Figura 5.19: Diagrama da aplicação de um filtro usando a transformada de Fourier.

Um ponto importante e que merece destaque diz respeito à localização das frequências após a aplicação da transformada de Fourier e da operação de *shift* em uma imagem:

- Baixas frequências: localizam-se próximas do centro da imagem. Representam as mudanças suaves nas intensidades da imagem.
- Altas frequências: localizam-se afastadas do centro da imagem. Representam as mudanças bruscas nas intensidades da imagem, como bordas de objetos.

Dada a posição das frequências no espectro, podemos criar filtros do tipo:

- Passa-baixa: deixa passar as baixas frequências da imagem (suavização);
- Passa-alta: deixa passar as altas frequências da imagem (realce).

5.2.4 Filtro ideal

Basicamente, um filtro ideal estabelece que todas as frequências dentro
de um círculo de raio R, cujo centro se alinha com o centro da imagem,
devem ser mantidas (filtro passa-baixa) ou eliminadas (filtro passa-alta).
Trata-se de um filtro sem atenuação, ou seja, ele faz um corte abrupto
nas frequências. Como resultado, temos o surgimento do efeito *ringing*
(falsas bordas) na imagem filtrada.

Assim, para criar a máscara de um filtro ideal, foi proposta a seguinte
função: **mascara_ideal**. Perceba que essa função recebe os tamanhos
da máscara, **ny** e **nx**, e o **raio** do filtro ideal. Como resultado, essa função
retorna uma matriz preenchida com zeros, com exceção do círculo central,
o qual está preenchido com valores 1. Trata-se, portanto, da máscara para
o filtro ideal de suavização (passa-baixa). Se invertermos esses valores,
teremos a máscara do filtro de realce (passa-alta).

```
function mask = mascara_ideal(ny,nx,raio)
    mask = zeros(ny,nx);
    mask(round(ny/2),round(nx/2)) = 1;
    bw = bwdist(mask);
    mask(bw <= raio) = 1;
end
```

Filtro ideal de suavização

A ideia por trás do filtro ideal de suavização é muito simples: a partir do
centro da imagem transformada, e após a aplicação da correção da centralização, devemos selecionar e manter apenas as frequências localizadas
a uma certa distância do centro, sendo as demais frequências zeradas. É
essa distância a partir do centro que define o nível de suavização do filtro:
quanto menor a distância, maior a suavização. O código a seguir mostra
um exemplo de aplicação de um filtro ideal de suavização a uma imagem em MATLAB®. A Figura 5.20 mostra a imagem original, a máscara
utilizada no filtro ideal, e a imagem filtrada após a execução do código.

```
im = imread('catedral_gray.png');
[ny,nx] = size(im);
%cria a máscara
mask = mascara_ideal(ny,nx,20);
```

```
%calcula fourier
im1 = aplicaMascaraFourier(im,mask);
im1 = uint8(im1);
%exibe imagens
subplot(1,3,1); imshow(im); title('Imagem original');
subplot(1,3,2); imshow(mask); title('Máscara');
subplot(1,3,3); imshow(im1); title('Suavização');
```

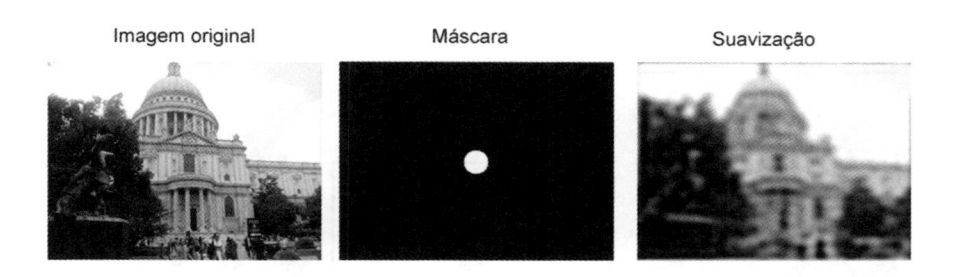

Figura 5.20: Exemplo de aplicação do filtro ideal de suavização.

Filtro ideal de realce

A ideia por trás do filtro ideal de realce é muito simples: a partir do centro da imagem transformada, e após a aplicação da correção da centralização, devemos selecionar e zerar apenas as frequências localizadas a uma certa distância do centro, sendo as demais frequências mantidas. É essa distância a partir do centro que define o nível de realce do filtro: quanto maior a distância, maior ênfase às frequências mais altas na imagem. De forma diferente dos filtros de suavização, a imagem gerada pelo filtro ideal de realce contém apenas os detalhes da imagem. Após a aplicação do filtro, o seu resultado deve ser somado à imagem original para que a mesma se apresente realçada. O código a seguir mostra um exemplo de aplicação de um filtro ideal de realce a uma imagem em MATLAB®. A Figura 5.21 mostra a imagem original, a máscara utilizada no filtro ideal, e a imagem filtrada após a execução do código.

```
im = imread('catedral_blur.png');
[ny,nx] = size(im);
%cria a máscara
mask = mascara_ideal(ny,nx,20);
```

```
mask = ~mask;
%calcula fourier
im1 = aplicaMascaraFourier(im,mask);
%soma o filtro a imagem
im2 = im1 + double(im);
im2 = uint8(im2);
%exibe imagens
subplot(1,3,1);  imshow(im);   title('Imagem original');
subplot(1,3,2);  imshow(mask); title('Máscara');
subplot(1,3,3);  imshow(im2);  title('Realce');
```

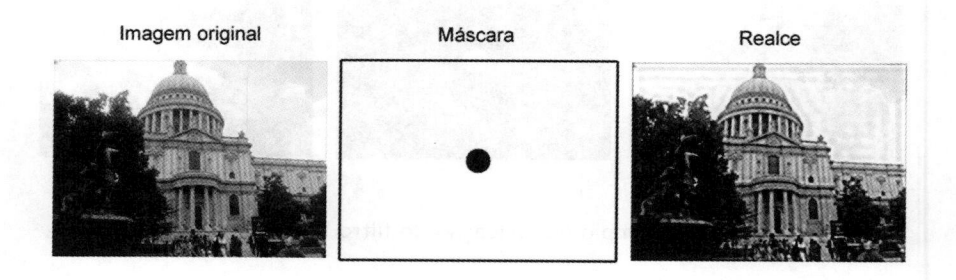

Figura 5.21: Exemplo de aplicação do filtro ideal de realce.

5.2.5 Filtro gaussiano

Apesar de simples de calcular, um grave problema do filtro ideal é justamente o corte abrupto nas frequências, o qual resulta no efeito *ringing* (falsas bordas) na imagem filtrada. Uma solução para evitar esse tipo de problema é usar filtros que apresentem uma variação mais suave em torno das frequências de corte. Uma maneira de se fazer isso é utilizar a função gaussiana. Utilizando essa função, em vez de criarmos um círculo que representa as frequências selecionadas (ou descartadas), o que temos é um círculo que vai perdendo intensidade à medida que se afasta do centro da imagem. Ou seja, à medida que nos afastamos do centro, diminui-se a intensidade com que aquela frequência será selecionada/descartada.

Como o filtro ideal, o filtro gaussiano também pode ser utilizado para criar um filtro de suavização (passa-baixa) e, se invertermos seus valores, teremos o filtro de realce (passa-alta). Assim, para criar a máscara de um filtro gaussiano, foi proposta a seguinte função: **mascara_gaussiana**.

Perceba que essa função recebe os tamanhos da máscara, **ny** e **nx**, e a frequência de corte **D0**, que nada mais é do que a distância até o centro da imagem, a qual atua como um limite máximo de seleção de frequências. Como resultado, essa função retorna uma matriz preenchida com os valores da função gaussiana para a máscara do filtro de suavização (passa-baixa). Se subtraírmos os valores da máscara do valor 1 (i.e., **1-mask**), teremos a máscara do filtro de realce (passa-alta).

```matlab
function mask = mascara_gaussiana(ny,nx,D0)
    ny = floor(ny/2);
    nx = floor(nx/2);
    %cria a máscara gaussiana
    [X,Y] = meshgrid(-nx:nx,-ny:ny);
    D = sqrt(X.^2 + Y.^2);
    mask = exp(-(D.^2)/(2*D0^2));
end
```

Filtro gaussiano de suavização

A ideia subjacente do filtro gaussiano de suavização é similar à do filtro ideal. No entanto, essa seleção das frequências é feita com uma função gaussiana, a qual irá dar um peso diferente para cada frequência selecionada à medida que nos afastamos do centro da imagem (o peso central é 1 e, quanto mais distante do centro, mais o peso tende a 0). O código a seguir mostra um exemplo de aplicação de um filtro gaussiano de suavização a uma imagem em MATLAB®. A Figura 5.22 mostra a imagem original, a máscara utilizada no filtro gaussiano, e a imagem filtrada após a execução do código.

```matlab
im = imread('catedral_blur.png');
[ny,nx] = size(im);
%cria a máscara gaussiana
mask = mascara_gaussiana(ny,nx,25);
%calcula fourier
im1 = aplicaMascaraFourier(im,mask);
im1 = uint8(im1);
%exibe imagens
subplot(1,3,1); imshow(im); title('Imagem original');
subplot(1,3,2); imshow(mask); title('Máscara');
subplot(1,3,3); imshow(im1); title('Suavização');
```

Imagem original | Máscara | Suavização

Figura 5.22: Exemplo de aplicação do filtro gaussiano de suavização.

Filtro gaussiano de realce

A ideia subjacente do filtro gaussiano de realce é muito parecida com a do filtro ideal. No entanto, a seleção das frequências é feita com uma função gaussiana, a qual irá dar um peso diferente para cada frequência selecionada à medida que nos aproximamos do centro da imagem (o peso central é 0 e, quanto mais distante do centro, mais o peso tende a 1).

De forma diferente dos filtros de suavização, a imagem gerada pelo filtro ideal de realce contém apenas os detalhes da imagem. Após a aplicação do filtro, o seu resultado deve ser somado à imagem original para que a mesma se apresente realçada. O código a seguir mostra um exemplo de aplicação de um filtro gaussiano de realce a uma imagem em MATLAB®. A Figura 5.23 mostra a imagem original, a máscara utilizada no filtro gaussiano, e a imagem filtrada após a execução do código.

```
im = imread('catedral_blur.png');
[ny,nx] = size(im);
%cria a máscara gaussiana
mask = mascara_gaussiana(ny,nx,25);
mask = 1 - mask;
%calcula fourier
im1 = aplicaMascaraFourier(im,mask);
im2 = im1 + double(im);
im2 = uint8(im2);
%exibe imagens
subplot(1,3,1); imshow(im); title('Imagem original');
subplot(1,3,2); imshow(mask); title('Máscara');
subplot(1,3,3); imshow(im2); title('Realce');
```

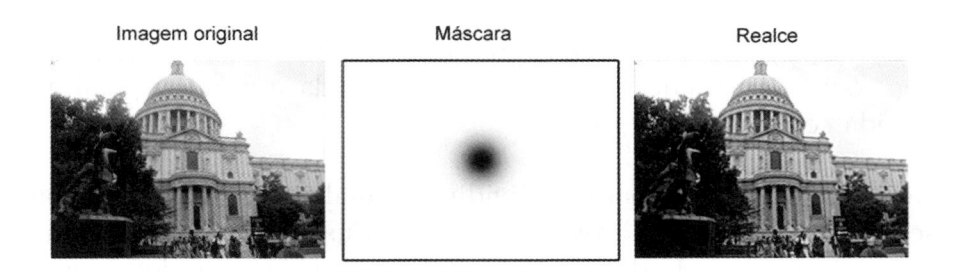

Figura 5.23: Exemplo de aplicação do filtro gaussiano de realce.

5.3 *Wavelet* e processamento multirresolução

Temos que a transformada de Fourier permite decompor um sinal em sinusoides de várias frequências. Trata-se de uma excelente ferramenta para a análise de sinais estacionários, isto é, sinais cujo conteúdo não se altera no tempo. Isso ocorre porque a transformada de Fourier não permite saber "quando" uma certa frequência existe, pois todas as frequências existem o tempo todo.

Uma alternativa à transformada de Fourier é a transformada *wavelet*. Como a primeira, esta também permite decompor um sinal em seus componentes, com a vantagem de se poder localizar quando determinado componente ocorre.

5.3.1 *Wavelets*

O termo *wavelet* surgiu inicialmente a partir dos estudos de Alfred Haar (Haar [1910]). Em sua tese, Alfred Haar apresentou o que viria a ser posteriormente conhecida como a primeira função *wavelet*: a *wavelet* de Haar. No entanto, ela somente começou a receber a devida atenção a partir dos trabalhos de Ingrid Daubechies (Daubechies [1990, 1992, 1998]) e Stephane Mallat (Mallat [1989a,b]), os quais contribuíram para a teoria da *wavelet* e sua aplicação ao processamento de sinais e imagens.

Enquanto a transformada de Fourier utiliza sinusoides de várias frequências para decompor um sinal, a transformada *wavelet* utiliza pequenas ondas de curta duração, e com um valor médio nulo, para decompor o sinal. Essa pequena onda é chamada de **wavelet** e o sinal original é decomposto em versões deslocadas e escalonadas da *wavelet* original, mais conhecida como **wavelet mãe**.

A transformada *wavelet* permite dividir um sinal em versões transladadas e escalonadas da função *wavelet* utilizada. Sua principal vantagem em relação à transformada de Fourier é a sua capacidade de detectar a localização espacial em que determinada frequência ocorre, uma limitação da transformada de Fourier.

Wavelet mãe

Uma *wavelet* é uma classe de funções matemáticas capaz de separar um sinal em diferentes componentes de frequência e, portanto, utilizada na transformada *wavelet*.

A partir de uma única função *wavelet*, chamada **wavelet mãe**, é possível construir uma família de *wavelets*, em que cada nova função *wavelet* é obtida a partir do escalonamento (contração ou dilatação) e translação (deslocamento) da **wavelet mãe**.

Existem vários tipos de *wavelets* mãe. O uso delas está associado ao tipo de aplicação que se quer desenvolver. Alguns exemplos de funções são as *wavelets* de Haar, Daubechies, Symelet e Coiflets, como mostra a Figura 5.24.

De modo geral, para uma função ser considerada uma *wavelet* ela deve satisfazer a requisitos (Daubechies [1992]), como:

- Possuir energia finita;
- Apresentar certo grau de regularidade (suavidade);
- Ter suporte compacto, no tempo e na frequência;
- Apresentar convergência ou ser zero no infinito;
- Possuir um certo número p de momentos nulos;
- Atender à condição de admissibilidade.

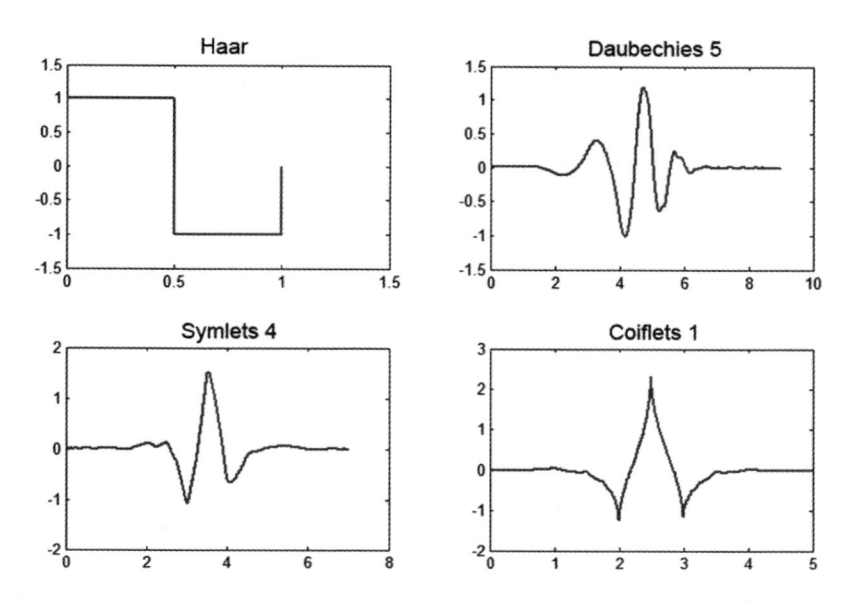

Figura 5.24: Exemplos de funções *wavelets* mãe.

Aproximação, detalhe e análise multirresolução

Ao ser aplicada, a transformada divide o sinal em duas partes: a *aproximação*, que contém o aspecto geral do sinal analisado, e o *detalhe*, que, como seu nome informa, contém as informações de alta frequência do sinal. A aproximação é obtida a partir da aplicação da **wavelet mãe** sobre o sinal original, enquanto que o detalhe é obtido pela aplicação de uma **função de escala** (ou *wavelet pai*) sobre o mesmo sinal. A função de escala é uma função derivada da *wavelet mãe* e que caracteriza a escala da função *wavelet*.

Após a aplicação das funções *wavelet mãe* e de escala, tanto a aproximação quanto o detalhe passam por um processo de amostragem. Nesse processo, metade dos componentes de frequência de cada transformação é descartada. Consequentemente, aproximação e detalhe possuem metade do tamanho do sinal original.

Uma das maiores vantagens da transformada *wavelet* é a sua capacidade de analisar um sinal em diferentes resoluções. O processo de decomposição de um sinal em aproximação e detalhe pode ser iterado, ou seja, podemos considerar a aproximação obtida como entrada para a transformada *wavelet*. Desse modo, um novo nível de aproximação e detalhe é obtido. Esse processo permite avaliar o nível de detalhe do sinal em diferentes resoluções ou escalas (Mallat [1987, 1989a,b]). A Figura 5.25 mostra esse processo de decomposição multirresolução. Nela, temos um exemplo de decomposição de um sinal em dois níveis de detalhe (D_1 e D_2) e uma aproximação (A_2) usando a transformada *wavelet*. O operador $\downarrow$ indica o processo de amostragem no qual o sinal passa a ter apenas metade de seus componentes.

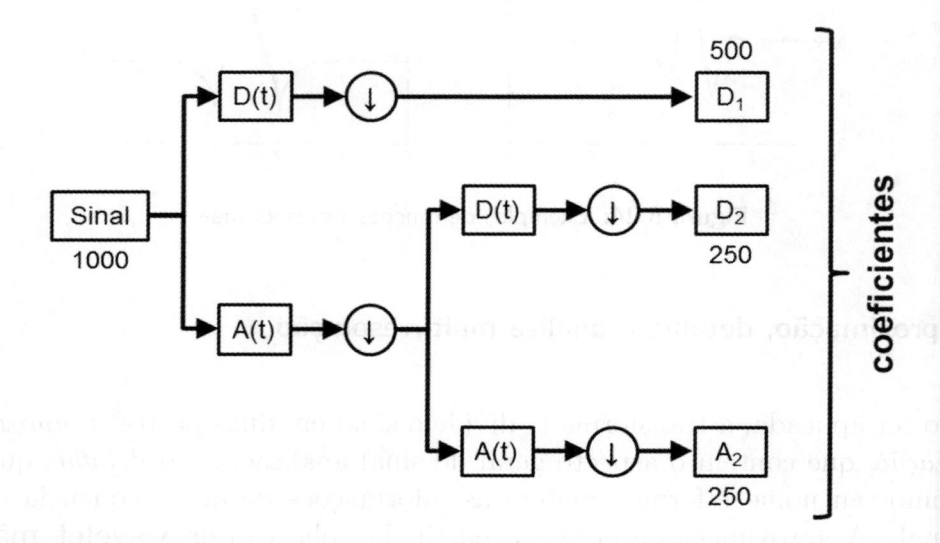

Figura 5.25: Exemplo de decomposição de um sinal em dois níveis de detalhe e uma aproximação.

O processo de reconstrução de um sinal decomposto usando essa abordagem multirresolução segue o processo de forma inversa: os sinais que foram amostrados são reamostrados para voltar a ter o seu número original de componentes e, em seguida, combinados usando as mesmas funções *wavelet* usadas para decompor o sinal original. A Figura 5.26 mostra esse processo de reconstrução multirresolução de um sinal. Nela, temos um exemplo de reconstrução de um sinal a partir de dois níveis de detalhe (D_1 e D_2) e uma aproximação (A_2) usando a transformada inversa *wavelet*. O operador $\uparrow$ indica o processo de reamostragem no qual o sinal passa a ter o dobro de seus componentes.

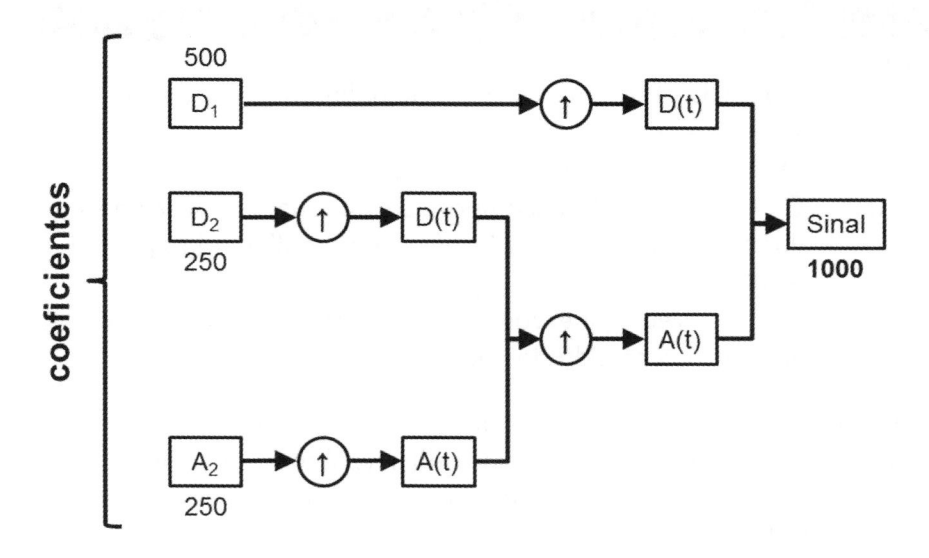

F gura 5.26: Exemplo de reconstrução de um sinal a partir de dois níveis de detalhe e uma aproximação.

5.3.2 A transformada *wavelet* 1-D

A transformada *wavelet* é uma transformação que permite representar uma curva ou sinal em termos de pequenas ondas de curta duração chamadas *wavelets*. Essa transformada existe em duas formas: contínua e discreta, sendo esta última a utilizada em aplicações computacionais. Matematicamente, a transformada discreta de *wavelet* é assim definida: dada(o) uma curva ou sinal f, a transformada é definida como

$$D(n) = \sum_{k=-\infty}^{\infty} h_d(k)f(2n - k), \tag{5.7}$$

$$A(n) = \sum_{k=-\infty}^{\infty} l_d(k)f(2n - k), \tag{5.8}$$

sendo n e k os coeficientes discretos de tempo, h_d e l_d, respectivamente, as funções de decomposição *wavelet* para os passa-alta e passa-baixa, $D(n)$ e $A(n)$, respectivamente, o detalhe e a aproximação obtidos do sinal f. Em MATLAB®, podemos aplicar a transformada *wavelet* em vários níveis a uma curva ou sinal por meio da função **wavedec()**, cuja descrição é apresentada a seguir.

[C,L] = wavedec(X,WAVELET,N)	
Entrada:	**X** - é uma matriz $1 \times$ **M** representando um sinal. **WAVELET** - é uma string que define o nome da função *wavelet* usada. **N** - define o número de níveis de decomposição.
Saída:	**C** - é o vetor de decomposição do sinal. Nele estão contidas as informações dos **N** níveis de detalhe e da aproximação resultante. **L** - é o vetor que contém as informações necessárias para acessar o conteúdo do vetor de decomposição **C**.

A função **wavedec()** calcula a transformada *wavelet* 1-D para vários níveis utilizando a ideia de análise multirresolução. O código a seguir mostra um exemplo de execução dessa função para um sinal de tamanho 1000, com ruído (**sumsin**), sendo decomposto em 3 níveis. A Figura 5.27 mostra como a informação calculada está codificada dentro das matrizes **C** e **L**, resultantes da decomposição de um sinal em três níveis usando a função **wavedec()**. A_3 representa a aproximação, enquanto D_1, D_2 e D_3 representam os detalhes obtidos.

```
>> load sumsin;
>> [C,L] = wavedec(sumsin,3,'db1');
>> L
L =
          125             125            250            500
                        1000
>> length(C)
ans =
          1000
```

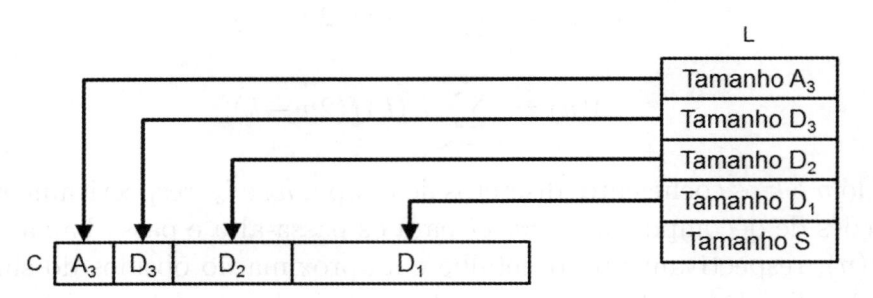

Figura 5.27: Exemplo de como a informação está organizada nas matrizes **C** e **L** da função **wavedec()**.

O código a seguir mostra o mesmo sinal com ruído (**sumsin**) sendo decomposto em 3 níveis, sendo um gráfico produzido para cada nível de aproximação e detalhe. A Figura 5.28 apresenta o resultado da execução do código.

```
load sumsin;
[C,L] = wavedec(sumsin,3,'db1');
subplot(3,2,1:2); plot(sumsin);
ini = 1;
for y = 1:4
    subplot(3,2,y+2);
    plot(C(ini:ini+L(y)-1));
    ini = ini + L(y);
end
```

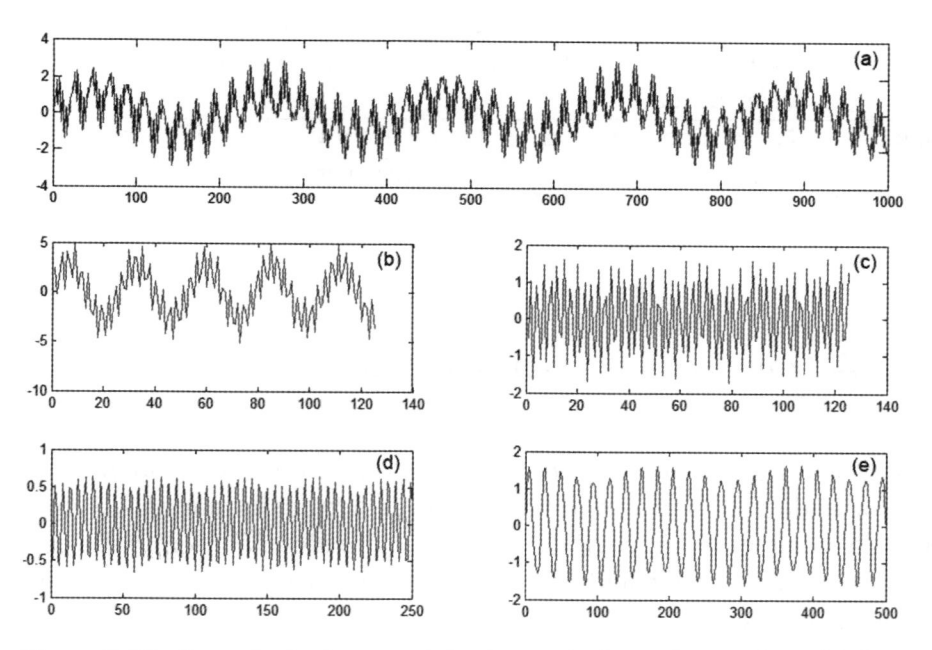

Figura 5.28: Exemplo de decomposição de um sinal usando *wavelets*: (a) Sinal original; (b) Aproximação; (c) Detalhe 3; (d) Detalhe 2; (e) Detalhe 1.

A transformada *wavelet* é uma transformada inversível, ou seja, podemos calcular a decomposição de um sinal, assim como reconstruir um sinal a partir de seu conjunto de aproximações e detalhes. Matematicamente, a transformada discreta inversa de *wavelet* é assim definida: dado um nível de aproximação, A_1, e detalhe, D_1, a transformada inversa é definida como

$$f(n) = \sum_{k=-\infty}^{\infty} D_1(k)h_r(2k - n) + A_1(k)l_r(2k - n), \qquad (5.9)$$

sendo n e k os coeficientes discretos de tempo, h_r e l_r, respectivamente, as funções de reconstrução *wavelet* para os filtros passa-alta e passa-baixa, e f o sinal reconstruído. Em MATLAB®, podemos aplicar a inversa da transformada *wavelet* a uma curva ou sinal por meio da função **waverec()**, cuja descrição é apresentada a seguir.

X = waverec(C,L,WAVELET)	
Entrada:	**C** - é o vetor de decomposição do sinal. Nele estão contidas as informações dos níveis de detalhe e de aproximação. **L** - é o vetor que contém as informações necessárias para acessar o conteúdo do vetor de decomposição **C**. **WAVELET** - é uma string que define o nome da função *wavelet* usada.
Saída:	**X** - é uma matriz $1 \times$ **M** representando o sinal reconstruído pela transformada inversa de *wavelet*.

5.3.3 A transformada *wavelet* 2-D

Para aplicar a transformada *wavelet* 2-D a uma imagem, podemos usar a transformada 1-D. Para isso, basta aplicar a transformada 1-D em cada linha da imagem e, em seguida, aplicar a transformada em cada coluna. A aplicação da transformada *wavelet* nas linhas e colunas da imagem gera um nível de decomposição composto por uma aproximação (A_1) e três componentes de detalhe: horizontal (H_1), vertical (V_1) e diagonal (D_1). Esse processo de decomposição pode então ser aplicado recursivamente na aproximação, obtendo-se assim níveis adicionais de decomposição. A Figura 5.29 ilustra esse processo.

Em MATLAB®, podemos aplicar a transformada *wavelet* em vários níveis a uma imagem por meio da função **wavedec2()**, cuja descrição é apresentada a seguir.

[C,L] = wavedec2(IM,WAVELET,N)	
Entrada:	**X** - é uma matriz **J** × **K** representando uma imagem. **WAVELET** - é uma string que define o nome da função *wavelet* usada. **N** - define o número de níveis de decomposição.
Saída:	**C** - é o vetor de decomposição do sinal. Nele estão contidas as informações dos **N** níveis de detalhe para cada direção (horizontal, vertical e diagonal, respectivamente) e da aproximação resultante. **L** - é o vetor que contém as informações necessárias para acessar o conteúdo do vetor de decomposição **C**.

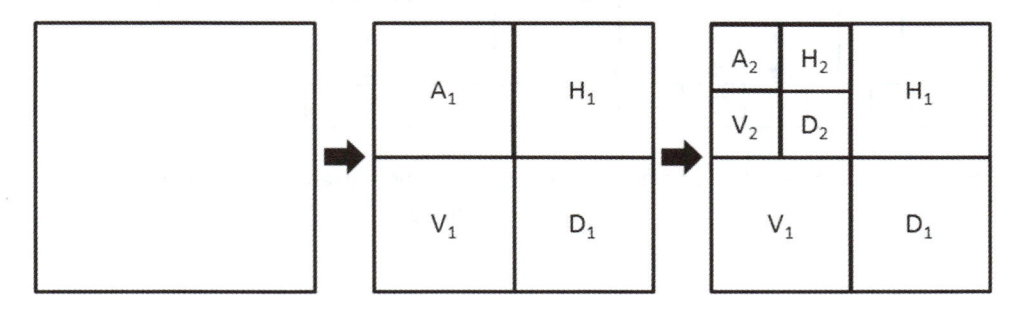

Figura 5.29: Exemplo de decomposição de uma imagem usando *wavelets*.

A função **wavedec2()** calcula a transformada *wavelet* 2-D para vários níveis utilizando a ideia de análise multirresolução. O código a seguir mostra um exemplo de execução dessa função para uma imagem sendo decomposta em 3 níveis. A Figura 5.30 mostra como a informação calculada está codificada dentro das matrizes **C** e **L**, resultantes da decomposição de uma imagem em dois níveis usando a função **wavedec2()**. A_2 representa a aproximação, enquanto H_i, V_i e D_i representam os detalhes obtidos no nível i nas direções horizontal, vertical e diagonal, respectivamente.

```
>> im = imread('catedral_gray.png');
>> [C,L] = wavedec2(im,2,'db1');
>> L
L =
      85     113
      85     113
```

```
     169     225
     338     450
>> length(C)
ans =
       152495
```

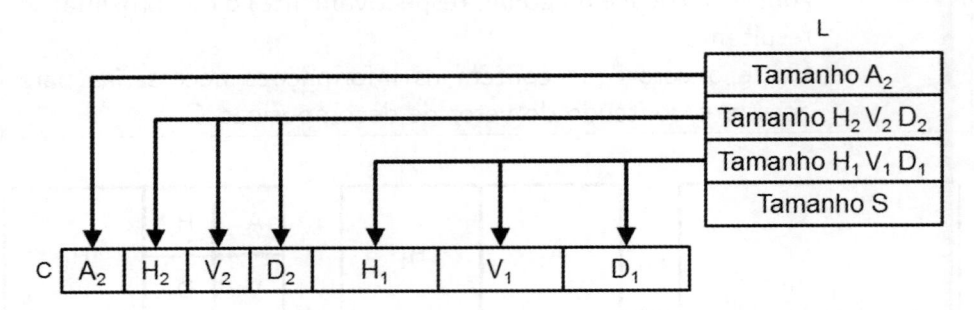

Figura 5.30: Exemplo de como a informação está organizada nas matrizes **C** e **L** da função **wavedec()**

Interpretar as informações dos coeficientes armazenados na matriz **C** pode ser uma tarefa difícil. Felizmente, em MATLAB®, podemos utilizar a função **appcoef2()**, cuja descrição é apresentada a seguir, para recuperar as informações do coeficiente de aproximação.

IM = appcoef2(C,L,WAVELET,N)
Entrada: **C** - é o vetor de decomposição da imagem. Nele estão contidas as informações dos níveis de detalhe para cada direção (horizontal, vertical e diagonal, respectivamente) e da aproximação. **L** - é o vetor que contém as informações necessárias para acessar o conteúdo do vetor de decomposição **C**. **WAVELET** - é uma string que define o nome da função *wavelet* usada. **N** - define o nível de decomposição a ser acessado.
Saída: **IM** - é uma matriz **J** × **K** representando a imagem contida no nível de aproximação **N** da matriz de decomposição **C**.

Para recuperar as informações dos coeficientes de detalhes, podemos utilizar a função **detcoef2()**, cuja descrição é apresentada a seguir.

[HD, VD, DD] = detcoef2('all',C,L,N)	
Entrada:	**C** - é o vetor de decomposição da imagem. Nele estão contidas as informações dos níveis de detalhe para cada direção (horizontal, vertical e diagonal, respectivamente) e da aproximação. **L** - é o vetor que contém as informações necessárias para acessar o conteúdo do vetor de decomposição **C**. **N** - define o nível de decomposição a ser acessado.
Saída:	**HD**, **VD** e **DD** - são matrizes **J** × **K** representando a imagem contida no nível de detalhe **N** das direções horizontal, vertical e diagonal, respectivamente, da matriz de decomposição **C**.

Ao aplicarmos a transformada *wavelet* em uma imagem, seus coeficientes de aproximação e detalhe podem assumir valores negativos e/ou maiores do que 255. Assim, para melhor visualizarmos esses coeficientes, foi proposta a seguinte função: **normaliza_cinza**. Perceba que essa função recebe uma imagem **im** e coloca todos os seus valores dentro do intervalo [0 1].

```
function sa = normaliza_cinza(im)
    me = min(im(:));
    sa = im - me;
    sa = sa / max(sa(:));
end
```

O código a seguir mostra uma imagem sendo decomposta em 2 níveis. A Figura 5.31 apresenta os coeficientes obtidos para cada nível de aproximação e detalhe.

```
im = imread('catedral_gray.png');
[C,L] = wavedec2(im,2,'db1');

A2 = appcoef2(C,L,'db1',2);
[hd2,vd2,dd2] = detcoef2('all',C,L,2);
[hd1,vd1,dd1] = detcoef2('all',C,L,1);

subplot(4,4,1);
imshow(normaliza_cinza(A2));
subplot(4,4,2);
imshow(normaliza_cinza(hd2));
subplot(4,4,5);
imshow(normaliza_cinza(vd2));
```

```
subplot(4,4,6);
imshow(normaliza_cinza(dd2));
subplot(4,4,[3 4 7 8]);
imshow(normaliza_cinza(hd1));
subplot(4,4,[9 10 13 14]);
imshow(normaliza_cinza(vd1));
subplot(4,4,[11 12 15 16]);
imshow(normaliza_cinza(dd1));
```

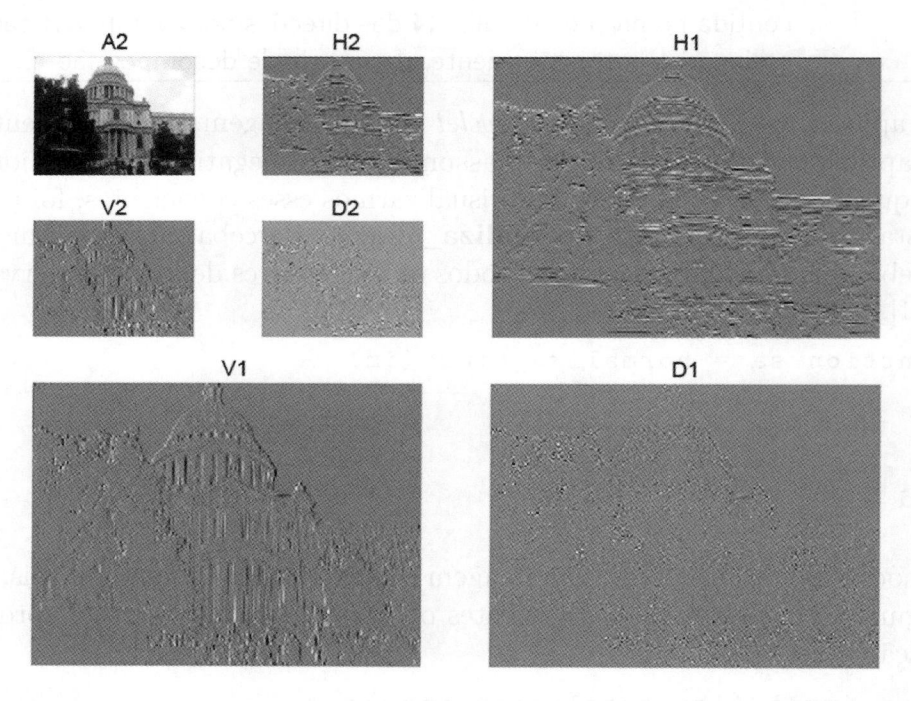

Figura 5.31: Exemplo de decomposição de uma imagem em dois níveis de detalhe e uma aproximação usando a transformada *wavelet*.

A transformada *wavelet* 2-D é uma transformada inversível, ou seja, podemos calcular a decomposição de uma imagem, assim como reconstruir uma imagem a partir de seu conjunto de aproximações e detalhes. Da mesma forma que podemos utilizar a transformada 1-D para calcular a transformada 2-D, o mesmo se aplica à transformada inversa. Nesse caso, devemos aplicar a transformada inversa em cada coluna para, em seguida, aplicá-la em cada linha. Em MATLAB®, podemos aplicar a inversa da transformada *wavelet* 2-D a uma imagem por meio da função **waverec2()**, cuja descrição é apresentada a seguir.

IM = waverec2(C,L,WAVELET)	
Entrada:	**C** - é o vetor de decomposição da imagem. Nele estão contidas as informações dos níveis de detalhe para cada direção (horizontal, vertical e diagonal, respectivamente) e da aproximação. **L** - é o vetor que contém as informações necessárias para acessar o conteúdo do vetor de decomposição **C**. **WAVELET** - é uma string que define o nome da função *wavelet* usada.
Saída:	**IM** - é uma matriz $J \times K$ representando a imagem reconstruída pela transformada inversa de *wavelet*.

5.3.4 Remoção de ruído e compressão de dados

A transformada *wavelet* é uma ferramenta muito útil. Dentre as suas principais aplicações se encontram a compressão e a eliminação de ruídos em sinais e imagens. Com relação à compressão, esta se baseia na eliminação de coeficientes redundantes no domínio *wavelet*. Desse modo, é possível reduzir a quantidade necessária de dados para descrever um sinal ou imagem. Tamanha é sua eficiência, que a transformada *wavelet* é utilizada no novo padrão de compressão de imagens JPEG 2000 (JPEG 2000). Em tarefas de eliminação de ruídos e suavização, a transformada permite que coeficientes menores do que um determinado valor sejam eliminados ou atenuados, reduzindo assim a quantidade de informação relativa a altas frequências (Donoho and Johnstone [1994]).

Descartando os detalhes

Uma maneira muito simples de remover o ruído da imagem é simplesmente descartar um ou mais níveis de detalhes da imagem. Em outras palavras, essa abordagem considera que os níveis de detalhes escolhidos devem ser simplesmente "zerados", o que resulta em uma versão suavizada da imagem.

O código a seguir mostra como descartar um dos níveis de detalhe de uma curva com ruído. Note que calculamos 3 níveis de decomposição da curva, o que gera uma aproximação e três níveis de detalhe, mas apenas o primeiro nível de detalhe foi "zerado". É importante frisar que o nível de suavização e remoção de ruídos depende tanto da quantidade quanto da escolha dos níveis a serem "zerados". A Figura 5.32 mostra a curva original e a suavização da curva obtida após a execução do código.

```
load sumsin;
[C,L] = wavedec(sumsin,3,'db1');
subplot(3,1,1); plot(sumsin);
%zera detalhe 1
C(501:1000) = 0;
%reconstroi curva
S = waverec(C,L,'db1');
subplot(3,1,2); plot(C);
subplot(3,1,3); plot(S);
```

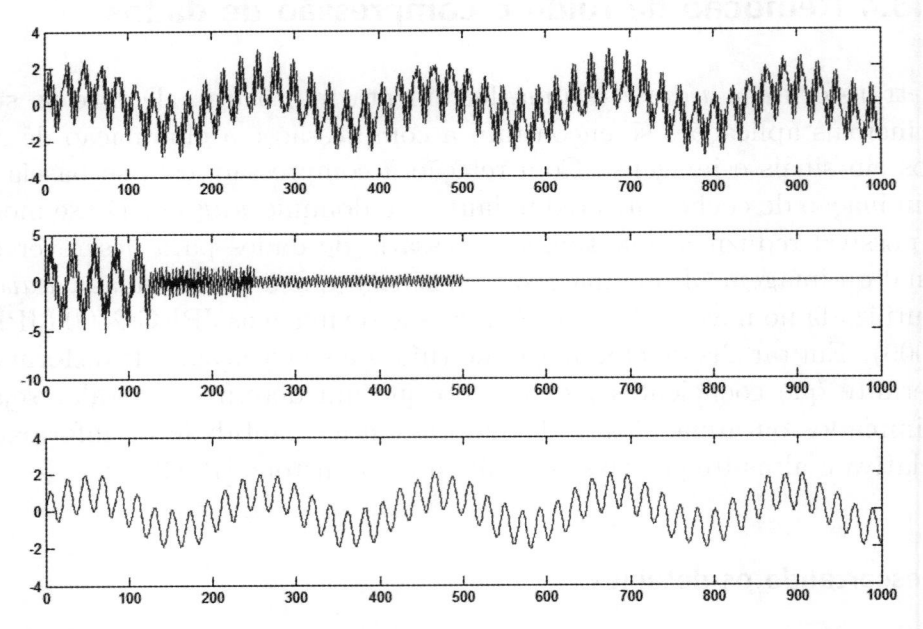

Figura 5.32: Descartando coeficientes de detalhe de uma curva. De cima para baixo: curva original; 3 níveis de decomposição, sendo o primeiro nível de detalhe "zerado"; Curva suavizada.

O mesmo tipo de processamento realizado com uma curva ou sinal também pode ser realizado com uma imagem. Nesse caso, além de podermos escolher a quantidade e os níveis a serem "zerados", também podemos decidir se queremos 'zerar" os três componentes de detalhe de um mesmo nível (horizontal, vertical e diagonal) ou não. Todas essas escolhas impactam no nível de suavização e remoção de ruídos da imagem.

O código a seguir mostra uma imagem sendo decomposta em dois níveis e o resultado de se "zerar" apenas um ou os dois níveis de detalhe. Note que estamos utilizando as informações armazenadas em **L** para localizar as informações no vetor de decomposição **C** resultante da função **wavedec2**. A Figura 5.33 mostra a imagem com ruído e as duas suavizações obtidas após a execução do código.

```
im = imread('catedral_gray.png');
im = imnoise(im,'gaussian');
subplot(2,2,1:2); imshow(im);
[C,L] = wavedec2(im,2,'db1');
%zera detalhe 1
tamA2 = L(1,1) * L(1,2);
tamD2 = 3 * L(2,1) * L(2,2);
ini = tamA2 + tamD2 + 1;
C(ini:end) = 0;
%reconstroi curva
im1 = waverec2(C,L,'db1');
subplot(2,2,3); imshow(uint8(im1));
%zera detalhe 1 e 2
ini = tamA2 + 1;
C(ini:end) = 0;
%reconstroi curva
im2 = waverec2(C,L,'db1');
subplot(2,2,4); imshow(uint8(im2));
```

Filtragem usando limiar rígido e suave

Simplesmente "zerar" todos os componentes de detalhe de um sinal ou imagem é uma abordagem um tanto drástica. Isso porque os coeficientes possuem intensidades diferentes e, portanto, contribuem de forma diferente para o ruído ou outro detalhe de alta frequência (como as bordas nas imagens) existentes.

Uma abordagem mais interessante consiste em "zerar" apenas os coeficientes que possuem valor absoluto menor do que um limiar estabelecido (Donoho and Johnstone [1994]). Nesse caso, os demais coeficientes podem ser mantidos (limiar rígido) ou terem seus valores reduzidos (limiar suave). A Figura 5.34 mostra como esses dois tipos de limiar funcionam. No limiar rígido, os coeficientes que possuem valor absoluto menor do

Figura 5.33: Descartando coeficientes de detalhe de uma imagem com ruído: (a) Imagem com ruído; (b) Suavização obtida ao "zerar" apenas o primeiro nível de detalhe; (c) Suavização obtida ao "zerar" os dois níveis de detalhe.

que o limiar são "zerados", enquanto que no limiar suave os coeficientes que possuem valor absoluto menor do que o limiar são "zerados" e os demais têm sua intensidade diminuída.

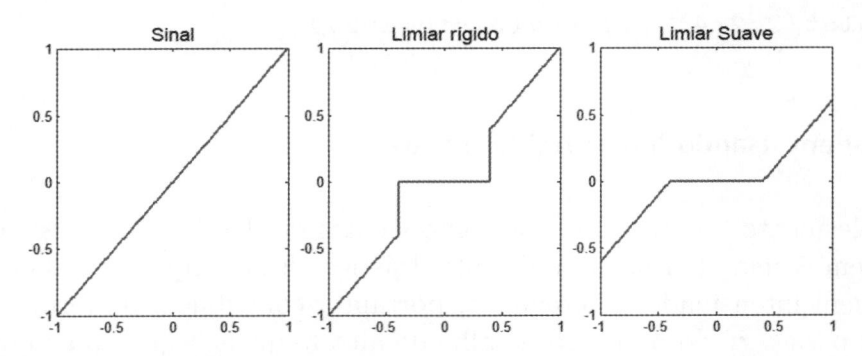

Figura 5.34: Eliminando coeficientes de detalhe: (a) Exemplo de curva; (b) Limiar rígido; (c) Limiar suave.

A aplicação de tanto o limiar rígido quanto o suave é feita diretamente sobre o vetor de decomposição **C** resultante da função **wavedec2**. No entanto, em MATLAB®, podemos aplicar ambas as estratégias de suavização por meio da função **wdencmp()**, cuja descrição é apresentada a seguir.

IM2 = wdencmp('gbl',IM1,WAVELET,N,LIMIAR,TL,AP)
IM2 = wdencmp('lvd',IM1,WAVELET,N,LIMIAR,TL)

Entrada:	**IM1** - é uma matriz **N** × **M** representando uma imagem ou um vetor de tamanho **N** representando um sinal. **WAVELET** - é uma string que define o nome da função *wavelet* usada. **N** - define o número de níveis de decomposição. **LIMIAR** - define o valor usado na limiarização. Quando utilizada a opção 'lvd', esta deverá ser uma matriz de **3** × **N** contendo o limiar para cada nível de detalhe. **TL** - define o tipo de limiar, 'h' para limiar rígido e 's' para suave. **AP** - define se o limiar será aplicado também na aproximação do sinal.
Saída:	**IM2** - é uma matriz **N** × **M** representando a imagem após a operação de remoção de ruído. A opção 'gbl' utiliza o mesmo limiar para todos os níveis de detalhe e, opcionalmente, para a aproximação. A opção 'lvd' utiliza um limiar diferente para cada nível de detalhe.

Muitas vezes, decidir se devemos utilizar o limiar rígido ou suave, o valor do limiar, ou mesmo se devemos aplicá-lo na aproximação é uma tarefa árdua. No entanto, em MATLAB®, podemos calcular quais seriam os valores indicados para uma imagem ou sinal utilizando a função **wdencmp()**, cuja descrição é apresentada a seguir.

[LIMIAR,TL,AP] = ddencmp('den','wv' IM)
[LIMIAR,TL,AP] = ddencmp('cmp','wv',IM)

Entrada:	**IM** - é uma matriz **N** × **M** representando uma imagem ou um vetor de tamanho **N** representando um sinal.
Saída:	Calcular os valores-padrão para remoção de ruído ('den') ou compressão ('cmp') de uma imagem ou sinal. **LIMIAR** - é o valor de limiar calculado. **TL** - armazena se deve ser utilizado limiar rígido ou suave. **AP** - informa se o limiar irá ser também aplicado na aproximação.

O código a seguir mostra uma imagem com ruído sendo suavizada com a função **wdencmp** utilizando os valores obtidos pela função **ddencmp** e com valores de limiar definidos para serem aplicados apenas nos dois níveis de detalhes obtidos. A Figura 5.35 mostra a imagem com ruído e as duas suavizações obtidas após a execução do código.

```
im = imread('catedral_gray.png');
im = imnoise(im,'gaussian');
%calcula os parâmetros da remoção de ruído
[Limiar,TL,Ap] = ddencmp('den','wv',im);
%remoção de ruído com limiar global
im1 = wdencmp('gbl',im,'sym4',2,Limiar,TL,Ap);
%remoção de ruído com limiar definido para cada nível
    de detalhe
limiar = [10 20; 30 40; 50 60];
im2 = wdencmp('lvd',im,'sym4',2,limiar,'s');
%exibe as imagens
subplot(2,2,1:2); imshow(im);
subplot(2,2,3); imshow(uint8(im1));
subplot(2,2,4); imshow(uint8(im2));
```

Figura 5.35: Descartando coeficientes de detalhe de uma imagem com ruído: (a) Imagem com ruído; (b) Suavização obtida utilizando a melhor configuração calculada automaticamente; (c) Suavização obtida utilizando limiar suave com um valor de limiar diferente para cada nível de detalhe.

CAPÍTULO 6

MORFOLOGIA MATEMÁTICA

Neste capítulo iremos abordar as técnicas de processamento de imagem baseadas em morfologia matemática, uma área do processamento de imagens que tem como objetivo processar e extrair características de imagens utilizando a geometria dos objetos. Desenvolvida originalmente por Jean Serra (1982) e Georges Matheron, esse ramo da área de processamento de imagens utiliza conceitos da teoria dos conjuntos para realizar diferentes tipos de processamento, como filtragem, segmentação, realce, entre outros.

A morfologia matemática pode ser utilizada tanto em imagens binárias quanto em imagens em níveis de cinza. É importante salientar que algumas técnicas de morfologia funcionam apenas em imagens binárias, enquanto outras funcionam apenas em imagens em níveis de cinza. Além disso, uma mesma técnica pode funcionar de forma diferente em ambos os tipos de imagens. Também podemos utilizar a morfologia matemática em imagens coloridas. Nesse caso, cada canal da imagem é tratado como uma imagem em níveis de cinza.

6.1 Operações básicas em conjuntos

A morfologia matemática se baseia na teoria dos conjuntos. Sendo assim, várias operações válidas sobre conjuntos podem ser aplicadas em imagens. Devemos enfatizar que nas imagens binárias, a cor preta será considerada como sendo o fundo da imagem, enquanto a cor branca será o objeto de interesse.

6.1.1 Complemento de uma imagem

Obter o complemento de uma imagem é uma técnica extremamente simples. Esse procedimento consiste apenas em inverter as cores da imagem. Assim, em uma imagem binária, o que é fundo se torna objeto e vice-versa. Já numa imagem em níveis de cinza, isso equivale a obter o negativo da imagem. Em termos matemáticos, temos

$$B = A^c, \qquad (6.1)$$

em que A é a imagem e B é o seu complemento. Em MATLAB®, podemos calcular o complemento de uma imagem por meio da função **imcomplement()**, cuja descrição é apresentada a seguir.

IM2 = imcomplement(IM1)		
Entrada:	**IM1** - é uma matriz **N** × **M** representando uma imagem (binária, níveis de cinza ou colorida).	
Saída:	**IM2** - é uma matriz **N** × **M** representando o complemento da imagem de entrada.	

O código a seguir mostra um exemplo de complemento de imagem em MATLAB®. Na Figura 6.1 são mostrados a imagem original e seu complemento após a execução do código.

```
im = imread('morfo01.png');
im1 = imcomplement(im);
subplot(1,2,1); imshow(im);
title('imagem');
subplot(1,2,2); imshow(im1);
title('complemento');
```

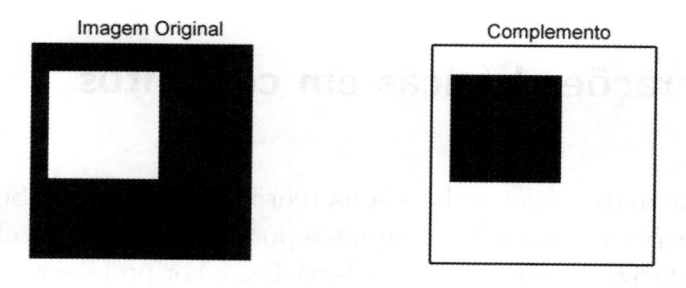

Figura 6.1: Exemplo de complemento de uma imagem.

6.1.2 Diferença de imagens

A operação de diferença consiste em fazer a operação de subtração de uma imagem por outra. No caso de imagens binárias, o resultado é a primeira imagem menos a porção dela que também exista na segunda imagem. Já em imagens em níveis de cinza, isso equivale a fazer a subtração dos valores de níveis de cinza de cada pixel. Em termos matemáticos, temos

$$C = A - B, \tag{6.2}$$

em que A e B são duas imagens e C é a diferença entre elas. Em MATLAB®, podemos calcular a diferença de uma imagem por meio da função **imsubtract()**, cuja descrição é apresentada a seguir.

IM3 = imsubtract(IM1,IM2)	
Entrada:	**IM1** e **IM2** - são matrizes **N** × **M** representando uma imagem cada (binária, níveis de cinza ou colorida).
Saída:	**IM3** - é uma matriz **N** × **M** representando a diferença das imagens, **IM1-IM2**.

O código MATLAB® a seguir mostra um exemplo de diferença de imagem. Na Figura 6.2 são mostrados as imagens originais e o resultado da diferença entre elas após a execução do código.

```
im1 = imread('morfo01.png');
im2 = imread('morfo02.png');
im3 = imsubtract(im1,im2);
subplot(1,3,1); imshow(im1);
title('imagem 1');
subplot(1,3,2); imshow(im2);
title('imagem 2');
subplot(1,3,3); imshow(im3);
title('Diferença');
```

6.1.3 União de imagens

A operação de união consiste em combinar duas imagens em uma única por meio da operação de adição. No caso de imagens binárias, o resultado é uma imagem contendo todos os objetos das imagens unidas. Já em imagens em níveis de cinza, isso equivale a fazer a soma dos valores de

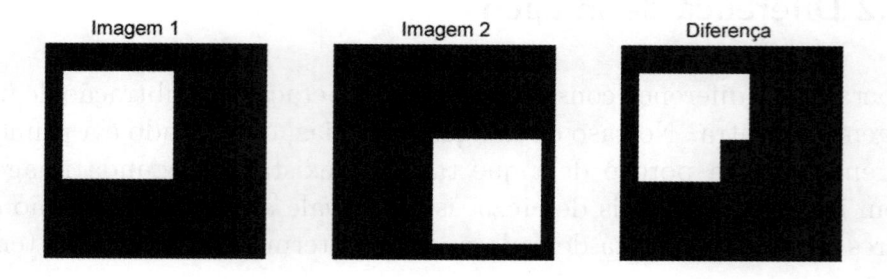

Figura 6.2: Exemplo de diferença entre duas imagens.

níveis de cinza de cada pixel. Em termos matemáticos, temos

$$C = A \cup B,\tag{6.3}$$

em que A e B são duas imagens e C é a união delas. Em MATLAB®, podemos calcular a união de uma imagem por meio da função **imadd()**, cuja descrição é apresentada a seguir.

IM3 = imadd(IM1,IM2)	
Entrada:	**IM1** e **IM2** - são matrizes **N** × **M** representando uma imagem cada (binária, níveis de cinza ou colorida).
Saída:	**IM3** - é uma matriz **N** × **M** representando a soma das imagens, **IM1+IM2**.

O código a seguir mostra um exemplo de união de imagem em MATLAB®. Na Figura 6.3 são mostrados as imagens originais e o resultado da união delas após a execução do código.

```
im1 = imread('morfo01.png');
im2 = imread('morfo02.png');

im3 = imadd(im1,im2);

subplot(1,3,1); imshow(im1);
title('imagem 1');
subplot(1,3,2); imshow(im2);
title('imagem 2');
subplot(1,3,3); imshow(im3);
title('União');
```

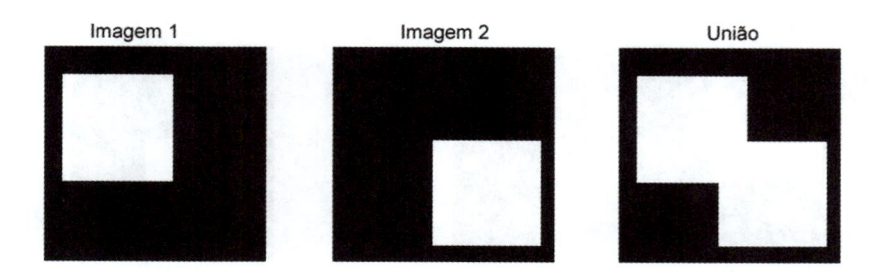

Figura 6.3: Exemplo de união de duas imagens.

6.1.4 Intersecção de imagens

A operação de intersecção é uma operação utilizada apenas em imagens binárias. Basicamente, dadas duas imagens, essa operação busca criar uma imagem que contenha apenas as porções de objetos que sejam comuns para as duas imagens. Em termos matemáticos, temos

$$C = A \cap B, \tag{6.4}$$

em que A e B são duas imagens e C é a intersecção delas. Em MATLAB®, podemos calcular a intersecção por meio da combinação das operações de união e complemento. Assim, temos que a intersecção é dada por

$$C = (A^c \cup B^c)^c. \tag{6.5}$$

O código a seguir mostra um exemplo de intersecção de imagem em MATLAB®. Na Figura 6.4 são mostrados as imagens originais e o resultado da intersecção delas após a execução do código.

```
im1 = imread('morfo01.png');
im2 = imread('morfo02.png');
im1 = imcomplement(im1);
im2 = imcomplement(im2);
im3 = imadd(im1,im2);
im3 = imcomplement(im3);
subplot(1,3,1); imshow(im1);
title('imagem 1');
subplot(1,3,2); imshow(im2);
title('imagem 2');
subplot(1,3,3); imshow(im3);
title('Interseção');
```

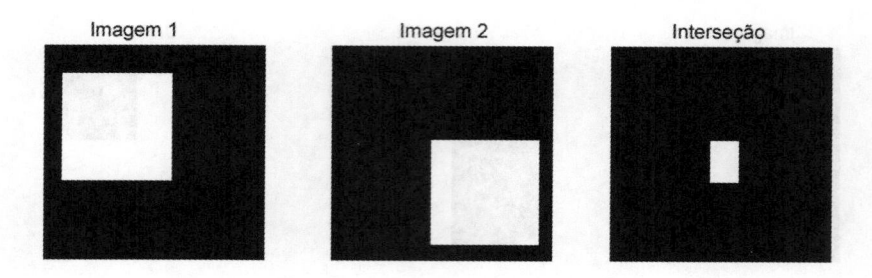

Figura 6.4: Exemplo de intersecção de duas imagens.

6.2 Operações morfológicas básicas

6.2.1 Criando um elemento estruturante

Uma operação morfológica pode ser entendida como uma transformação na imagem, a qual é realizada utilizando uma segunda imagem menor e cuja estrutura e geometria sejam conhecidas. A essa segunda imagem chamamos de **elemento estruturante**. Por ter uma estrutura e geometria conhecidas (isto é, definidas pelo usuário), o elemento estruturante é utilizado para ressaltar ou remover aspectos específicos dos objetos da imagem maior (imagem transformada).

As operações morfológicas podem ser aplicadas em imagens binárias ou em níveis de cinza. Portanto, temos dois tipos de elementos estruturantes, como mostra a Figura 6.5. Um elemento estruturante binário (ou planar) é, basicamente, um conjunto de coordenadas de pixels que correspondem ao objeto (marcados em cinza), sendo um desses pontos definido como o centro do elemento (marcado com um ponto). Já um elemento estruturante para imagens em níveis de cinza (ou não planar) é uma matriz contendo um conjunto de valores, que podem ser positivos ou negativos. Esses valores serão utilizados para realçar os níveis de cinza na imagem, sendo o centro do elemento estruturante, usualmente, o centro dessa matriz. Quanto à aplicação do elemento estruturante na imagem, essa é uma operação similar à convolução 2-D: o elemento estruturante é deslizado por todas as posições da imagem e, para cada uma delas, a operação morfológica é realizada.

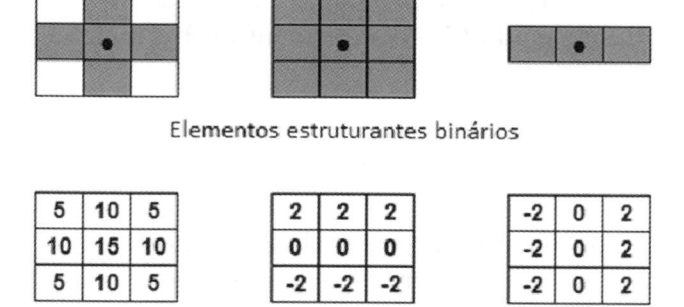

Elementos estruturantes binários

5	10	5
10	15	10
5	10	5

2	2	2
0	0	0
-2	-2	-2

-2	0	2
-2	0	2
-2	0	2

Elementos estruturantes para imagens em tons de cinza

Figura 6.5: Exemplos de elementos estruturantes.

Em MATLAB®, podemos gerar um elemento estruturante utilizando a função **strel()**, cuja descrição é apresentada a seguir.

ELEM = strel(FORM, PARAM)	
Entrada:	**FORM** - define uma das formas pré-definidas que o elemento estruturante terá. **PARAM** - define os parâmetros adicionais do formato escolhido.
Saída:	**ELEM** - é um objeto que define o elemento estruturante a ser usado nas funções morfológicas.

A seguir, são apresentadas algumas das possíveis configurações de uso da função **strel()**:

- **ELEM = strel('arbitrary',M)**: o elemento estruturante será a matriz **M**, sendo o centro da matriz o centro do elemento estruturante;

- **ELEM = strel('diamond', R)**: o elemento estruturante será composto apenas por "0s" e "1s" e terá a forma de um losango, sendo **R** a distância do centro até a sua extremidade;

- **ELEM = strel('disk', R)**: o elemento estruturante será composto apenas por "0s" e "1s" e terá a forma de um círculo, sendo **R** o raio do círculo;

- **ELEM = strel('ball', R, H)**: o elemento estruturante terá a forma de uma esfera, sendo **R** o raio da esfera e **H** a altura dela no centro do elemento estruturante;

- **ELEM = strel('line', C, I)**: o elemento estruturante terá a forma de uma linha, sendo **C** o comprimento e **I** a inclinação da linha.

6.2.2 Dilatação

A dilatação é uma das operações básicas da morfologia. Ela pode ser combinada com outras para gerar outras operações mais complexas. De modo geral, podemos definir a dilatação como uma transformação que combina dois conjuntos (imagem e elemento estruturante) usando adição vetorial. Em termos matemáticos, temos que a dilatação da imagem binária A pelo elemento estruturante B é definida como

$$A \oplus B = \{c | c = a + b, a \in A, b \in B\}. \tag{6.6}$$

De forma prática, essa equação pode ser assim descrita:

- Todos os pontos do objeto A são também pontos de objeto na imagem de saída;
- Sobreponha o centro do elemento estruturante a um ponto do objeto em A;
- Se um ponto do elemento estruturante coincidir com um ponto de fundo de A, esse ponto torna-se objeto na imagem de saída;
- Faça isso para todos os pontos do objeto em A.

A Figura 6.6 mostra um exemplo da operação de dilatação. Note que o resultado é como uma imagem "engordada".

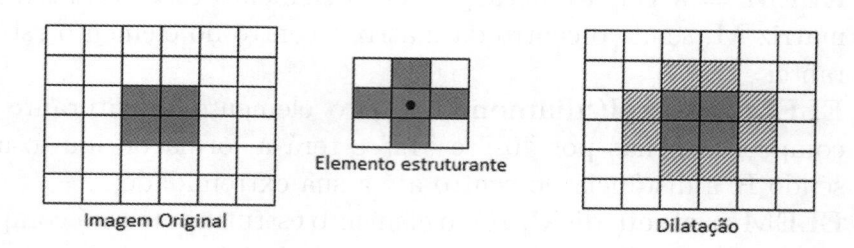

Imagem Original   Elemento estruturante   Dilatação

Figura 6.6: A operação de dilatação em imagens binárias.

No caso de imagens em níveis de cinza, a dilatação se assemelha mais à operação de convolução 2-D. Em termos matemáticos, temos que a dilatação da imagem em níveis de cinza A pelo elemento estruturante B é definida como

$$A \oplus B = \max\{A(i-x, j-y) + B(x, y) | (i-x, j-y) \in A, (x, y) \in B\}. \quad (6.7)$$

De forma prática, essa equação pode ser assim descrita:

- Sobreponha o centro do elemento estruturante a um ponto da imagem A;
- Calcule a soma de cada par de valores de pixels do elemento estruturante e da imagem;
- Calcule a maior soma e atribua esse valor na posição correspondente da imagem de saída;
- Faça isso para todos os pontos da imagem A.

A Figura 6.7 mostra um exemplo da operação de dilatação em imagens em níveis de cinza. Note que o resultado é como uma imagem com seus valores aumentados.

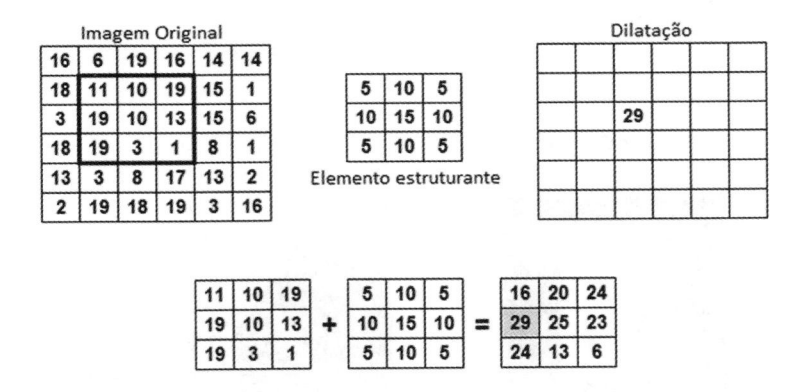

Figura 6.7: A operação de dilatação em imagens em níveis de cinza.

Em MATLAB®, podemos calcular a dilatação de uma imagem por meio da função **imdilate()**, cuja descrição é apresentada a seguir.

IM2 = imdilate(IM1,ELEM)	
Entrada:	**IM1** - é uma matriz **N** × **M** representando uma imagem (binária, níveis de cinza ou colorida). **ELEM** - é o elemento estruturante que será utilizado e que foi gerado pela função **strel()**.
Saída:	**IM2** - é uma matriz **N** × **M** representando a imagem após o processo de dilatação.

O código MATLAB® a seguir mostra um exemplo de dilatação de imagens. Na Figura 6.8 são mostrados as imagens originais e o resultado da dilatação delas após a execução do código.

```
im1 = imread('morfo06.png');
elem1 = strel('disk',6);
im2 = imdilate(im1,elem1);
im3 = imread('catedral_gray.png');
elem2 = strel('ball',5,5);
im4 = imdilate(im3,elem2);

subplot(2,2,1);
imshow(im1); title('imagem');
subplot(2,2,2);
imshow(im3); title('imagem');
subplot(2,2,3);
imshow(im2); title('imagem dilatada');
subplot(2,2,4);
imshow(im4); title('imagem dilatada');
```

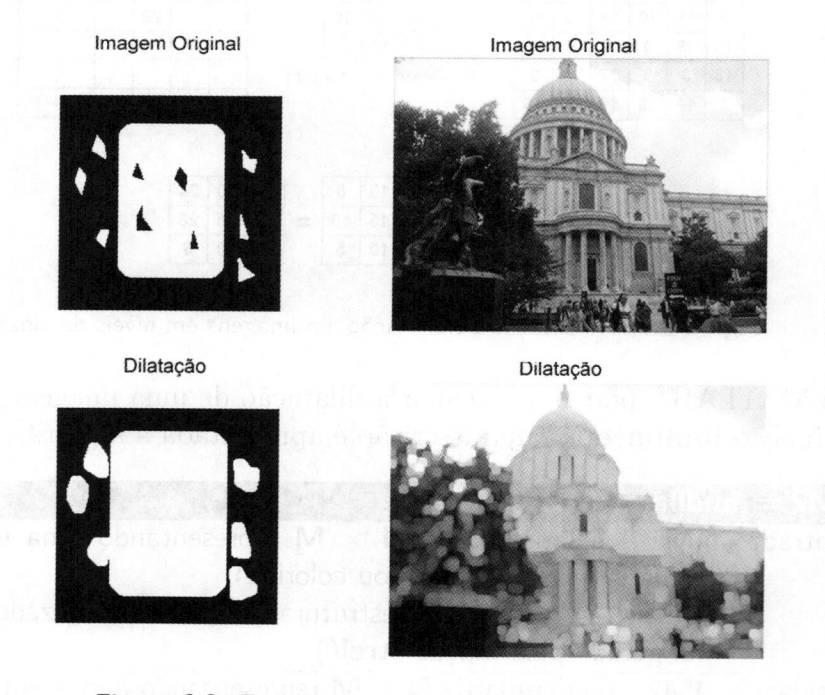

Figura 6.8: Exemplos de dilatação em imagens.

6.2.3 Erosão

A erosão é outra operação básica da morfologia e que também pode ser combinada com outras para gerar novas operações. De modo geral, podemos definir a erosão como uma transformação que combina dois conjuntos (imagem e elemento estruturante) usando vetores de subtração. Em termos matemáticos, temos que a erosão da imagem binária A pelo elemento estruturante B é definida como

$$A \ominus B = \{c | c + b \in A, \forall b \in B\}. \tag{6.8}$$

De forma prática, essa equação pode ser assim descrita:

- Inicialmente a imagem de saída não possui um objeto (possui apenas o fundo);
- Sobreponha o centro do elemento estruturante a um ponto do objeto em A;
- Se todos os pontos do elemento estruturante coincidirem com pontos do objeto em A, então esse ponto torna-se objeto na imagem de saída;
- Faça isso para todos os pontos do objeto em A.

A Figura 6.9 mostra um exemplo da operação de erosão. Note que o resultado é como uma imagem "encolhida".

Imagem Original · Elemento estruturante · Erosão

Figura 6.9: A operação de erosão em imagens binárias.

No caso de imagens em níveis de cinza, a erosão se assemelha mais à operação de convolução 2-D. Em termos matemáticos, temos que a erosão da imagem em níveis de cinza A pelo elemento estruturante B é definida como

$$A \ominus B = \min\{A(i-x, j-y) - B(x,y) | (i-x, j-y) \in A, (x,y) \in B\}. \tag{6.9}$$

De forma prática, essa equação pode ser assim descrita:

- Sobreponha o centro do elemento estruturante a um ponto da imagem A;
- Calcule a diferença de cada par de valores de pixels do elemento estruturante e da imagem;
- Calcule a menor diferença e atribua esse valor na posição correspondente da imagem de saída;
- Faça isso para todos os pontos da imagem A.

A Figura 6.10 mostra um exemplo da operação de erosão em imagens em níveis de cinza. Note que o resultado é como uma imagem com seus valores diminuídos.

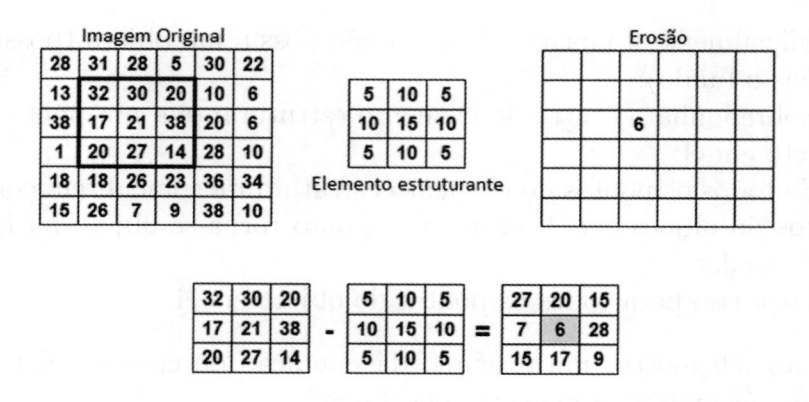

Figura 6.10: A operação de erosão em imagens em níveis de cinza.

Em MATLAB®, podemos calcular a erosão de uma imagem por meio da função **imerode()**, cuja descrição é apresentada a seguir.

IM2 = imerode(IM1,ELEM)
Entrada: **IM1** - é uma matriz **N** × **M** representando uma imagem (binária, níveis de cinza ou colorida).   **ELEM** - é o elemento estruturante que será utilizado e que foi gerado pela função **strel()**.
Saída: **IM2** - é uma matriz **N** × **M** representando a imagem após o processo de erosão.

O código a seguir mostra um exemplo de erosão de imagens em MATLAB®. Na Figura 6.11 são mostrados as imagens originais e o resultado da erosão delas após a execução do código.

```
im1 = imread('morfo06.png');
elem1 = strel('disk',6);
im2 = imerode(im1,elem1);

im3 = imread('catedral_gray.png');
elem2 = strel('ball',5,5);
im4 = imerode(im3,elem2);

subplot(2,2,1); imshow(im1); title('imagem');
subplot(2,2,2); imshow(im3); title('imagem');
subplot(2,2,3); imshow(im2); title('imagem erodida');
subplot(2,2,4); imshow(im4); title('imagem erodida');
```

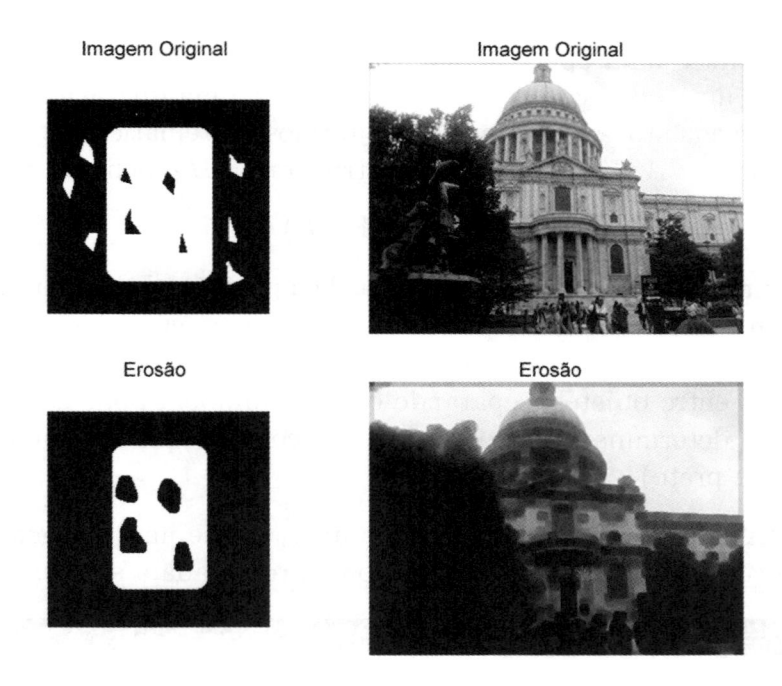

Figura 6.11: Exemplos de erosão em imagens.

6.2.4 Considerações sobre a dilatação e a erosão

Em imagens binárias, podemos ver nitidamente que a operação de dilatação expande uma imagem, enquanto a operação de erosão a reduz. No entanto, a dilatação não é a operação inversa da erosão (salvo algumas exceções). Em termos matemáticos, temos que essas são operações duais, ou seja, uma pode ser descrita em termos da outra:

$$A \ominus B = (A^c \oplus -B)^c$$
$$A \oplus B = (A^c \ominus -B)^c, \qquad (6.10)$$

em que $-B$ é o elemento estruturante refletido. Como se pode ver, a dilatação pode ser obtida pela erosão do complemento da imagem, enquanto a erosão é obtida pela dilatação do complemento da imagem, utilizando o elemento estruturante refletido.

6.2.5 Abertura

A abertura é uma operação composta por duas operações morfológicas básicas: uma operação de erosão seguida de uma dilatação utilizando o mesmo elemento estruturante. Em termos matemáticos, a abertura de uma imagem A por um elemento estruturante B é definida como

$$A \circ B = (A \ominus B) \oplus B. \qquad (6.11)$$

A Figura 6.12 mostra um exemplo da operação de abertura em uma imagem binária. Como se pode notar, essa operação é ideal para tarefas que envolvam suavizar o contorno de uma imagem e quebrar ligações estreitas entre objetos, separando-os. Ela também pode ser usada para eliminar determinados tipos de ruídos (como pequenos pontos brancos no fundo preto).

Em MATLAB®, podemos calcular a abertura de uma imagem por meio da função **imopen()**, cuja descrição é apresentada a seguir.

IM2 = imopen(IM1,ELEM)	
Entrada:	**IM1** - é uma matriz **N** × **M** representando uma imagem (binária, níveis de cinza ou colorida). **ELEM** - é o elemento estruturante que será utilizado e que foi gerado pela função **strel()**.
Saída:	**IM2** - é uma matriz **N** × **M** representando a imagem após o processo de abertura.

O código MATLAB® a seguir mostra um exemplo de abertura de imagens. Na Figura 6.13 são mostrados as imagens originais e o resultado da abertura delas após a execução do código.

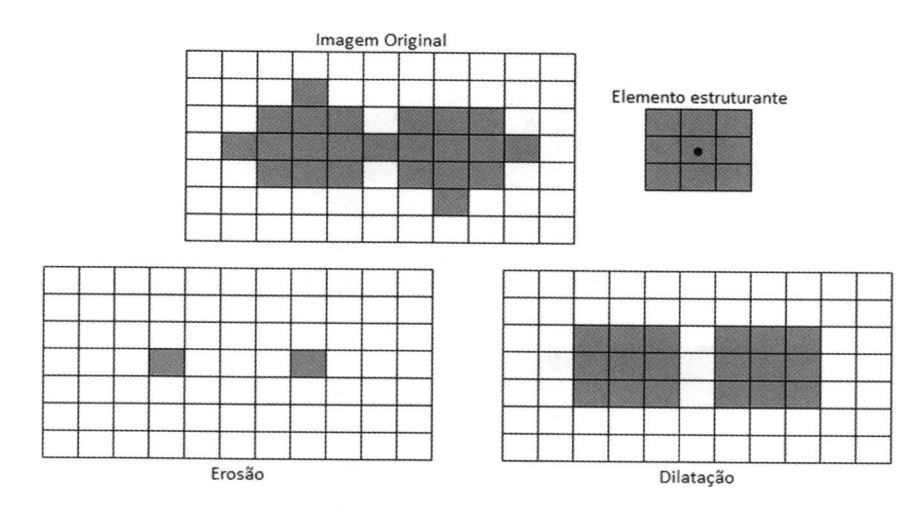

Figura 6.12: A operação de abertura.

```
im1 = imread('morfo06.png');
elem1 = strel('disk',6);
im2 = imopen(im1,elem1);
im3 = imread('catedral_gray.png');
elem2 = strel('ball',5,5);
im4 = imopen(im3,elem2);

subplot(2,2,1); imshow(im1); title('imagem');
subplot(2,2,2); imshow(im3); title('imagem');
subplot(2,2,3); imshow(im2); title('imagem aberta');
subplot(2,2,4); imshow(im4); title('imagem aberta');
```

6.2.6 Fechamento

O fechamento, assim como a abertura, é uma operação composta por duas operações morfológicas básicas: uma operação de dilatação seguida de uma erosão utilizando o mesmo elemento estruturante. Em termos matemáticos, a abertura de uma imagem A por um elemento estruturante B é definida como

$$A \bullet B = (A \oplus B) \ominus B. \tag{6.12}$$

Figura 6.13: Exemplos de abertura em imagens.

A Figura 6.14 mostra um exemplo da operação de fechamento em uma imagem binária. Como se pode notar, essa operação também pode ser utilizada para suavizar o contorno de uma imagem, porém ela tende a unir os objetos. Trata-se de uma operação muito útil quando se precisa preencher pequenos buracos no objeto. Ela também pode ser usada para eliminar determinados tipos de ruídos (nesse caso, pequenos pontos pretos no objeto branco). Em MATLAB®, podemos calcular o fechamento de uma imagem por meio da função **imclose()**, cuja descrição é apresentada a seguir.

IM2 = imclose(IM1,ELEM)
Entrada: **IM1** - é uma matriz **N** × **M** representando uma imagem (binária, níveis de cinza ou colorida). **ELEM** - é o elemento estruturante que será utilizado e que foi gerado pela função **strel()**.
Saída: **IM2** - é uma matriz **N** × **M** representando a imagem após o processo de fechamento.

O código a seguir mostra um exemplo de fechamento de imagens em MATLAB®. Na Figura 6.15 são mostrados as imagens originais e o resultado do fechamento delas após a execução do código.

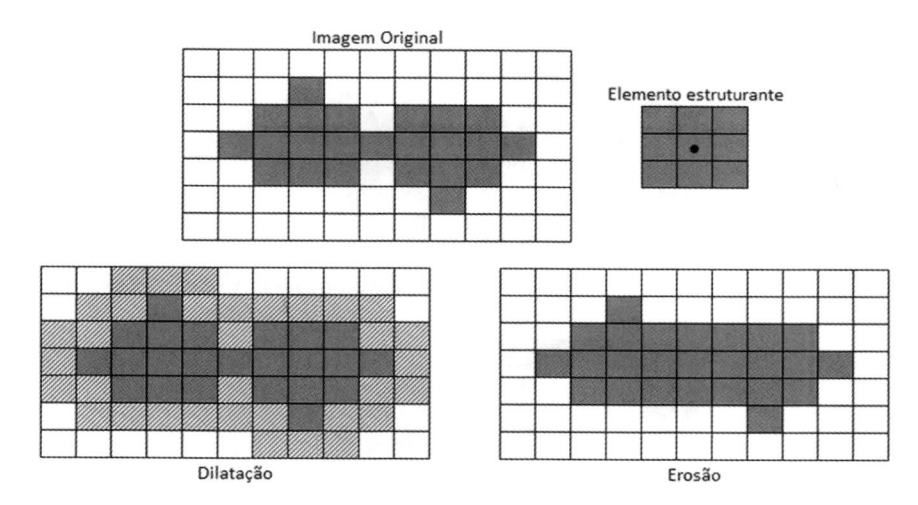

Figura 6.14: A operação de fechamento.

```
im1 = imread('morfo06.png');
elem1 = strel('disk',6);
im2 = imclose(im1,elem1);
im3 = imread('catedral_gray.png');
elem2 = strel('ball',5,5);
im4 = imclose(im3,elem2);

subplot(2,2,1); imshow(im1); title('imagem');
subplot(2,2,2); imshow(im3); title('imagem');
subplot(2,2,3); imshow(im2); title('imagem fechada');
subplot(2,2,4); imshow(im4); title('imagem fechada');
```

6.2.7 Considerações sobre a abertura e o fechamento

Tanto a operação de dilatação quanto a de erosão podem ser aplicadas de forma sucessiva em uma imagem. Desse modo, podemos obter, respectivamente, sucessivas expansões ou reduções de uma imagem binária. Já nas operações de abertura e fechamento isso não é possível: para um mesmo elemento estruturante, aplicar novamente uma dessas operações, em termos matemáticos, não tem efeito:

$$(A \bullet B) \bullet B = A \bullet B$$
$$(A \circ B) \circ B = A \circ B. \tag{6.13}$$

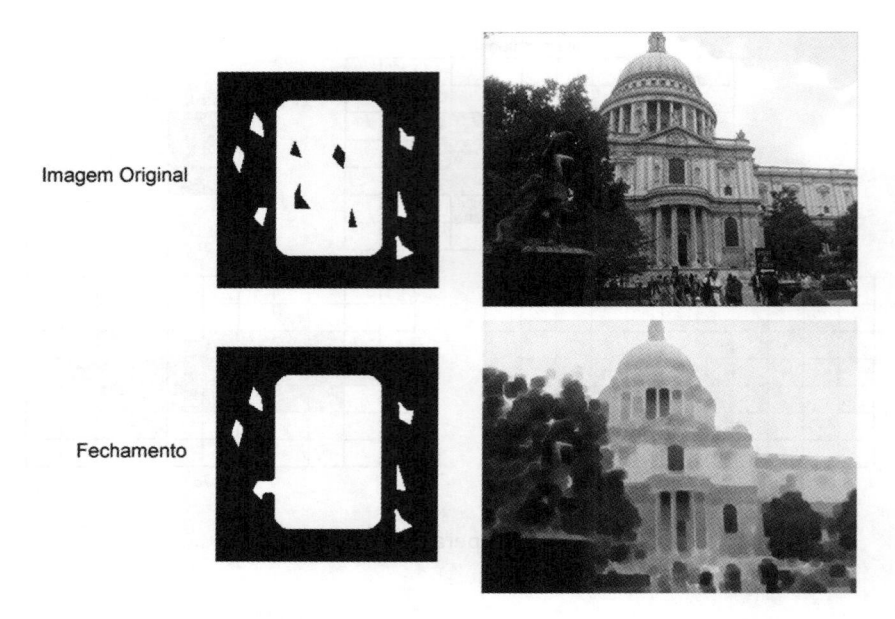

Figura 6.15: Exemplos de fechamento em imagens.

Além disso, devemos ter em mente que a abertura não é a operação inversa do fechameno (salvo algumas exceções). Em termos matemáticos, temos que essas são operações duais, ou seja, uma pode ser descrita em termos da outra:

$$A \bullet B = (A^c \circ -B)^c$$
$$A \circ B = (A^c \bullet -B)^c, \tag{6.14}$$

em que $-B$ é o elemento estruturante refletido. Como se pode ver, a abertura pode ser obtida pelo fechamento do complemento da imagem, enquanto o fechamento é obtido pela abertura do complemento da imagem, utilizando o elemento estruturante refletido.

6.3 Construindo algoritmos morfológicos

Nas seções anteriores vimos que a abertura e o fechamento são operações compostas por duas operações morfológicas básicas. A seguir veremos outros filtros morfológicos que podem ser obtidos utilizando operações morfológicas básicas.

6.3.1 Extração de fronteiras

A fronteira, também chamada de contorno, são os pontos-limite de um objeto em uma imagem binária. Assim, a operação de extração de fronteiras retorna o conjunto de pontos do objeto que são vizinhos da região que corresponde ao fundo da imagem. Em termos matemáticos, isso pode ser obtido de duas formas: bordas internas, as quais são obtidas de uma imagem A por meio da erosão de A por um elemento estruturante B, e posterior subtração dessa erosão do próprio A

$$C = A - (A \ominus B), \tag{6.15}$$

e bordas externas, as quais são obtidas de uma imagem A por meio da dilatação de A por um elemento estruturante B, e posterior subtração de A da sua dilatação

$$C = (A \oplus B) - A, \tag{6.16}$$

em que C é a imagem que contém apenas a fronteira do objeto. Em MATLAB®, podemos calcular as fronteiras de uma imagem por meio da função **bwperim()**, cuja descrição é apresentada a seguir.

IM2 = bwperim(IM1,CON)	
Entrada:	**IM1** - é uma matriz **N** × **M** representando uma imagem binária.
	CON define o tipo de conectividade usada (4 ou 8).
Saída:	**IM2** - é uma matriz **N** × **M** contendo o perímetro da imagem.

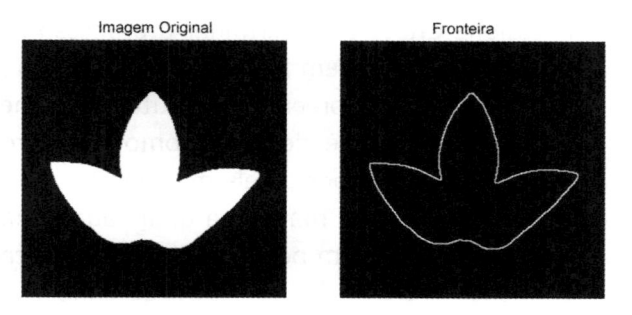

Imagem Original   Fronteira

Figura 6.16: Exemplo de extração de fronteira de uma imagem.

O código a seguir mostra um exemplo de extração de fronteiras de imagem em MATLAB®. Na Figura 6.16 são mostradas as imagens originais e as fronteiras obtidas após a execução do código.

```
im1 = imread('morfo03.png');
im2 = bwperim(im1,8);
subplot(1,2,1); imshow(im1); title('imagem');
subplot(1,2,2); imshow(im2); title('fronteira');
```

6.3.2 Preenchimento de regiões

Inicialmente definida para imagens binárias, a operação de preenchimento de regiões busca preencher a região interna de um objeto, o qual possui apenas o seu contorno. Assim, a partir de um ponto dentro de uma região definida por uma fronteira/contorno, esse algoritmo busca preencher completamente a região até a borda. Trata-se de uma operação muito utilizada para preencher as regiões de buraco dentro de uma imagem. Em MATLAB®, podemos realizar essa operação por meio da função **imfill()** tanto em imagens binárias quanto em imagens em níveis de cinza. Sua descrição é apresentada a seguir.

IM2 = imfill(IM1) **IM2 = imfill(IM1,POSIÇÃO,CON)** **IM2 = imfill(IM1,'holes')**
Entrada: **IM1** - é uma matriz **N** × **M** representando uma imagem (binária, níveis de cinza ou colorida). ■ se a imagem for binária, exibirá a imagem para que o usuário selecione os pontos de início do preenchimento. Pressione **enter** para terminar o processo de seleção de pontos. Se a imagem for em níveis de cinza ou colorida, os buracos serão preenchidos automaticamente. Nesse caso, um buraco é definido como uma área de pixels escuros cercados por pixels mais claros; ■ **POSIÇÃO** é uma matriz na qual cada linha representa a coordenada de um ponto de início da função de preenchimento e **CON** define o tipo de conectividade usada (4 ou 8); ■ **'holes'**: automaticamente preenche os buracos de uma imagem binária.
Saída: **IM2** - é uma matriz **N** × **M** representando a imagem após o processo de preenchimento.

O código a seguir mostra um exemplo dessa operação em MATLAB®. Na Figura 6.17 são mostrados as imagens originais e o resultado do preenchimento de regiões em imagens binárias e em níveis de cinza após a execução do código.

```
im1 = imread('morfo04.png');
im2 = imfill(im1,'holes');

im3 = imread('catedral_gray.png');
im4 = imfill(im3);

subplot(2,2,1);
imshow(im1); title('Imagem original');
subplot(2,2,2);
imshow(im3); title('Imagem original');
subplot(2,2,3);
imshow(im2); title('Preenchimento');
subplot(2,2,4);
imshow(im4); title('Preenchimento');
```

Figura 6.17: Exemplos de preenchimento de regiões em imagens.

6.3.3 Extração de componentes conectados

Utilizada exclusivamente em imagens binárias, a operação de extração de componentes conectados visa identificar todos os objetos que existem em uma imagem de forma isolada, ou seja, que não estejam conectados uns aos outros de acordo com algum tipo de conectividade usada (4 ou 8). Em MATLAB®, podemos calcular os componentes de uma imagem por meio da função **bwlabel()**, cuja descrição é apresentada a seguir.

IM2 = bwlabel(IM1,CON)	
Entrada:	**IM1** - é uma matriz **N** × **M** representando uma imagem binária.
	CON - define o tipo de conectividade usada (4 ou 8).
Saída:	**IM2** - é uma matriz **N** × **M** contendo os rótulos de cada componente conectado da imagem.

O código a seguir mostra um exemplo de extração de componentes conectados de uma imagem binária em MATLAB®. Na Figura 6.18 são mostrados as imagens originais e cada componente extraído após a execução do código.

```
im = imread('morfo05.png');

comp = bwlabel(im, 4);
maior = max(comp(:));

subplot(2,2,1);
imshow(im);
title('imagem');

for x=1:maior
    im1 = comp == x;
    im1 = double(im1);
    subplot(2,2,x+1);
    imshow(im1);
    title(['Componente ',int2str(x)]);
end
```

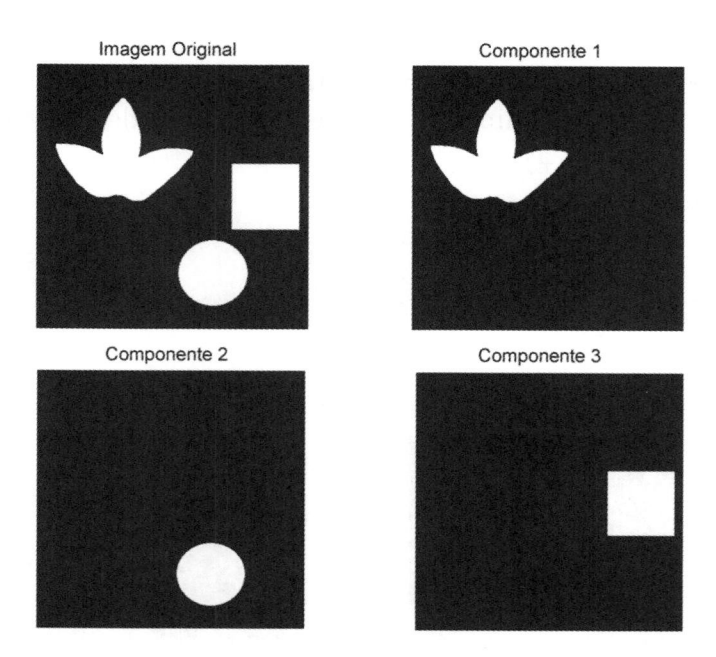

Figura 6.18: Exemplo de extração de componentes conectados de uma imagem.

6.3.4 Afinamento

A operação de afinamento consiste em se obter uma versão "emagrecida" de uma imagem binária. Essa operação remove todos os pixels que são redundantes na imagem, de modo que a imagem resultante tenha largura de um único pixel. O processo de afinamento se parece com fazer sucessivas erosões em uma imagem, mas com uma vantagem: os pixels que serão removidos são primeiramente marcados para somente depois serem removidos. Em MATLAB®, podemos fazer o afinamento de uma imagem por meio da função **bwmorph()** e um conjunto adequado de parâmetros, como apresentado a seguir.

IM2 = bwmorph(IM1,'thin',I)
Entrada: **IM1** - é uma matriz **N** × **M** representando uma imagem binária.   **I** - é o número de vezes que a operação será realizada. **I =** **Inf**, realiza a operação até sobrar apenas um objeto com um pixel de largura.
Saída: **IM2** - é uma matriz **N** × **M** contendo a imagem afinada até restar apenas suas linhas internas.

O código a seguir mostra um exemplo de afinamento de imagem em MATLAB®. Na Figura 6.19 são mostrados as imagens originais e o resultado do processo de afinamento após a execução do código.

```
im1 = imread('morfo03.png');
im2 = bwmorph(im1,'thin',Inf);
subplot(1,2,1); imshow(im1);
title('imagem');
subplot(1,2,2); imshow(im2);
title('imagem');
```

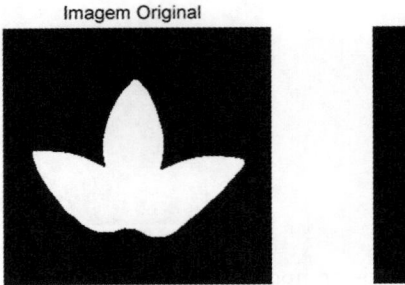

Figura 6.19: Exemplo de afinamento de uma imagem.

6.3.5 Espessamento

A operação de espessamento consiste em se obter uma versão "engordada" de uma imagem binária. Essa operação consiste em adicionar pixels ao objeto presente em uma imagem binária. O processo de espessamento se parece com fazer sucessivas dilatações em uma imagem, mas com uma vantagem: no caso de haver mais de um objeto na imagem, o processo de espessamento garante que esses objetos não serão unidos em um só. Em MATLAB®, podemos fazer o espessamento de uma imagem também usando a função **bwmorph()** e um conjunto adequado de parâmetros, como apresentado a seguir.

IM2 = bwmorph(IM1,'thicken',I)	
Entrada:	IM1 - é uma matriz **N** × **M** representando uma imagem binária.
	I - é o número de vezes que a operação será realizada. **I** = **Inf**, realiza a operação até que a imagem não mude.
Saída:	IM2 - é uma matriz **N** × **M** após o processo de espessamento.

O código a seguir mostra um exemplo de espessamento de imagem em MATLAB®. Na Figura 6.20 são mostrados as imagens originais e o resultado da operação de espessamento após a execução do código.

```
im1 = imread('morfo04.png');
im2 = bwmorph(im1,'thicken',10);

subplot(1,2,1); imshow(im1); title('imagem');
subplot(1,2,2); imshow(im2); title('imagem');
```

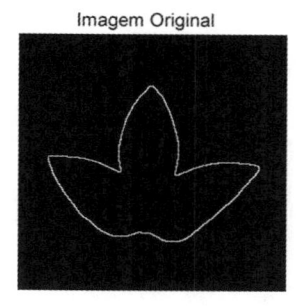 

Figura 6.20: Exemplo de espessamento de uma imagem.

6.3.6 Esqueletonização

A operação de esqueletonização se parece muito com a operação de afinamento: nela também buscamos obter uma versão "emagrecida" de uma imagem binária. No entanto, diferentemente do afinamento, o resultado dessa operação corresponde ao eixo médio do objeto, uma estrutura mais sensível aos detalhes presentes no contorno do objeto. Em MATLAB®, podemos obter o esqueleto de uma imagem também usando a função **bwmorph()** e um conjunto adequado de parâmetros, como apresentado a seguir.

IM2 = bwmorph(IM1,'skel',I)	
Entrada:	**IM1** - é uma matriz **N** × **M** representando uma imagem binária. **I** - é o número de vezes que a operação será realizada. **I** = **Inf**, realiza a operação até sobrar apenas um objeto com um pixel de largura.
Saída:	**IM2** - é uma matriz **N** × **M** contendo o esqueleto da imagem.

O código a seguir mostra um exemplo de esqueletonização de imagem em MATLAB®. Na Figura 6.21 são mostrados as imagens originais e o resultado do processo de esqueletonização após a execução do código.

```
im1 = imread('morfo03.png');
im2 = bwmorph(im1,'skel',Inf);
subplot(1,2,1);
imshow(im1);
title('imagem');
subplot(1,2,2);
imshow(im2);
title('imagem');
```

 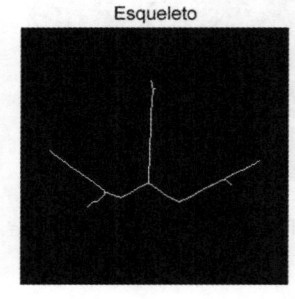

Figura 6.21: Exemplo de extração do esqueleto de uma imagem.

CAPÍTULO 7

SEGMENTAÇÃO

Neste capítulo falaremos sobre um dos mais impressionantes aspectos da visão: a capacidade se separar regiões de interesse do restante de uma imagem. Você já parou para pensar como, ao olhar a fotografia de uma paisagem, consegue identificar perfeitamente o que é vegetação, céu, nuvens, lago, ou eventualmente alguma ave flagrada em pleno voo? Acredito que agora você esteja formulando algumas respostas, como: a ave tem uma forma característica, a vegetação é verde, o céu é azulado, as nuvens têm um aspecto "macio", semelhante ao algodão etc. Nas seções a seguir serão descritos alguns algoritmos que tentam modelar essas múltiplas características que observamos ao analisar uma imagem de modo a separar as regiões de interesse.

7.1 Binarização

A segmentação por binarização é uma técnica extremamente simples. O procedimento consiste apenas em estabelecer um limiar (*threshold*) e converter os pixels maiores do que esse limiar para 1 e o restante dos pixels para 0. Em termos matemáticos, temos

$$f(x,y) = \begin{cases} 1, & f(x,y) > l \\ 0, & f(x,y) \leq l, \end{cases} \tag{7.1}$$

em que $f(x,y)$ é a função que representa a imagem e l é o limiar.

Em MATLAB® podemos binarizar uma imagem por meio da função **im2bw()**, cuja descrição é apresentada a seguir.

BW = im2bw(IM,L)	
Entrada:	**IM** - Imagem original (que pode ser *grayscale* ou RGB). **L** - Limiar de decisão para os pixels. O valor **L** está entre 0 e 1 independente do tipo de imagem em **IM**.
Saída:	**BW** - Imagem binarizada.

O código MATLAB® a seguir mostra um exemplo de binarização. A Figura 7.1 mostra a imagem original e binarizada após a execução do código.

```
IM=imread('cavalo.png');
BW = im2bw(IM,0.3);
subplot(1,2,1);
imshow(IM);
title('Imagem original');

subplot(1,2,2);
imshow(BW);
title('Imagem binarizada');
```

Imagem original

Imagem binarizada

Figura 7.1: Imagem original e binarizada.

7.1.1 Método de Otsu

O sucesso da segmentação por binarização consiste em escolher um limiar *l* adequado. Para que essa escolha não dependa do usuário e o valor de *l* seja determinado pelas características intrínsecas da imagem, foi criado o método de Otsu (1979).

O método de Otsu almeja encontrar um valor de l que divida uma imagem em dois grupos de pixels de modo a minimizar a variância em cada grupo, e, concomitantemente, maximizar a variância entre os grupos. Para tanto, o primeiro grupo é composto por pixels com valores entre $[0, 1, \ldots, l]$ e o segundo grupo por pixels com valores entre $[l+1, l+2, \ldots, G]$, em que G é a maior intensidade de pixel. A seguir, para cada grupo, respectivamente, são calculadas as seguintes percentagens de pixels

$$a_1 = \sum_{i=0}^{l} P(i),\qquad(7.2)$$

$$a_2 = \sum_{i=l+1}^{G} P(i),\qquad(7.3)$$

em que $P(i)$ é a quantidade de pixels i dividida pelo total de pixels.

O próximo passo é encontrar a média do primeiro grupo, do segundo grupo, e a média total da imagem, definidas, respectivamente, como

$$\mu_1 = \sum_{i=0}^{l} iP(i)/a_1,\qquad(7.4)$$

$$\mu_2 = \sum_{i=l+1}^{G} iP(i)/a_2,\qquad(7.5)$$

$$\mu_t = a_1\mu_1 + a_2\mu_2.\qquad(7.6)$$

Finalmente, calcula-se a variância entre os grupos como

$$\sigma^2 = a_1(\mu_1 - \mu_t)^2 + a_2(\mu_2 - \mu_t)^2.\qquad(7.7)$$

O método fará uma varredura em todos os valores de l no intervalo $[1, G-1]$ e selecionará o limiar ideal l^* que maximiza a equação 7.7.

Em MATLAB® podemos usar a função **graythresh()** para encontrar o limiar pelo método de Otsu. Uma sucinta descrição da função é apresentada a seguir.

LEVEL=graythresh(IM)	
Entrada:	**IM** - Imagem original.
Saída:	**LEVEL** - limiar pelo método de Otsu (valor entre 0 e 1).

O código em MATLAB® a seguir apresenta um exemplo de utilização da função **graythresh()**. A Figura 7.2 mostra a imagem original e binarizada após a execução do código.

```
IM=imread('cavalo.png');
%metodo Otsu
level = graythresh(IM);
BW = im2bw(IM,level);

subplot(1,2,1);
imshow(IM);
title('Imagem original');
subplot(1,2,2);
imshow(BW);
title('Imagem binarizada');
```

Imagem original   Imagem binarizada

Figura 7.2: Imagem original e binarizada pelo método Otsu.

7.2 Segmentação por bordas

A segmentação por bordas é efetuada por meio da detecção de descontinuidades na imagem. Existem vários algoritmos para esse propósito, alguns deles apresentados nas próximas seções.

Em MATLAB® esses algoritmos podem ser usados por meio da função **IB=edge(IM,TIPO)**, cuja descrição é apresentada a seguir.

IB=edge(IM,TIPO)	
Entrada:	**IM** - Imagem original.
	TIPO - Nome do algoritmo de segmentação de bordas. Por exemplo, 'sobel', 'prewitt', 'roberts' etc.
Saída:	**IB** - Imagem binária com as bordas da imagem de entrada **IM**.

7.2.1 Operadores de gradiente

Alguns algoritmos de detecção de bordas baseiam-se no conceito de vetor *gradiente*. Dada uma função contínua $f(x, y)$, o seu vetor gradiente no ponto (x_0, y_0) é dado pela seguinte equação

$$\vec{\nabla} f(x_0, y_0) = \left(\frac{\partial f}{\partial x}(x_0, y_0), \frac{\partial f}{\partial y}(x_0, y_0) \right). \tag{7.8}$$

O vetor gradiente aponta para a maior taxa de variação de $f(x, y)$ a partir do ponto (x_0, y_0). Para detecção de bordas, duas grandezas relevantes são a magnitude do vetor $\vec{\nabla} f(x_0, y_0)$, definida como

$$\left| \vec{\nabla} f(x_0, y_0) \right| = \sqrt{ \left(\frac{\partial f}{\partial x}(x_0, y_0) \right)^2 + \left(\frac{\partial f}{\partial y}(x_0, y_0) \right)^2 }, \tag{7.9}$$

e a direção do vetor, definida como

$$\alpha(x_0, y_0) = \arctan \left(\frac{\dfrac{\partial f}{\partial y}(x_0, y_0)}{\dfrac{\partial f}{\partial x}(x_0, y_0)} \right). \tag{7.10}$$

Em se tratando de domínio discreto (imagens), podemos simular o cálculo do vetor gradiente por meio da convolução de máscaras na imagem a ser segmentada. As configurações numéricas dessas máscaras determinam os diferentes tipos de operadores para segmentação de bordas. Alguns deles são apresentados na próxima seção.

Operadores de Roberts, Sobel e Prewitt

Os operadores de Roberts (1963) são máscaras 2×2 que simulam a derivada nas direções diagonais (ou seja, detecta bordas nessas direções), conforme exemplo na Figura 7.3.

-1	0
0	1

(a)

0	-1
1	0

(b)

Figura 7.3: Operadores de Roberts: (a) gradiente na direção diagonal principal; (b) gradiente na direção diagonal secundária.

Os operadores de Sobel (1970) e Prewitt (1970) são máscaras 3×3 que simulam a derivada na direção horizontal e vertical, conforme exemplo na Figura 7.4.

-1	-2	-1
0	0	0
1	2	1

-1	0	1
-2	0	2
-1	0	1

(a)

-1	-1	-1
0	0	0
1	1	1

-1	0	1
-1	0	1
-1	0	1

(b)

Figura 7.4: (a) Operadores de Sobel; (b) Operadores de Prewitt; Primeira coluna - gradiente na direção horizontal; Segunda coluna - gradiente na direção vertical.

Em MATLAB® esses operadores podem ser usados por meio do comando **IB=edge(IM,OPERADOR)** (**OPERADOR** pode ser 'roberts', 'sobel' ou 'prewitt'), como mostra o código a seguir. Essa função pode receber outros argumentos, como o limiar de sensibilidade para detecção de bordas (aplicável aos três operadores apresentados), a direção da máscara (horizontal, vertical, ou ambas, que é o *default*. **Obs:** aplicável apenas para 'sobel' e 'prewitt') etc. Mais detalhes podem ser obtidos no *help* do MATLAB®.

```
IM=imread('notredame.png');
subplot(2,2,1);
imshow(IM)
title('Imagem original');
IB1 = edge(IM,'roberts');
subplot(2,2,2);
imshow(IB1);
title('Imagem segmentada (Roberts)');
IB2 = edge(IM,'sobel');
subplot(2,2,3);
imshow(IB2);
title('Imagem segmentada (Sobel)');
IB3 = edge(IM,'prewitt');
subplot(2,2,4);
imshow(IB3);
title('Imagem segmentada (Prewitt)');
```

A Figura 7.5 mostra a imagem original e segmentada pelos operadores de Roberts, Sobel e Prewitt após a execução do código.

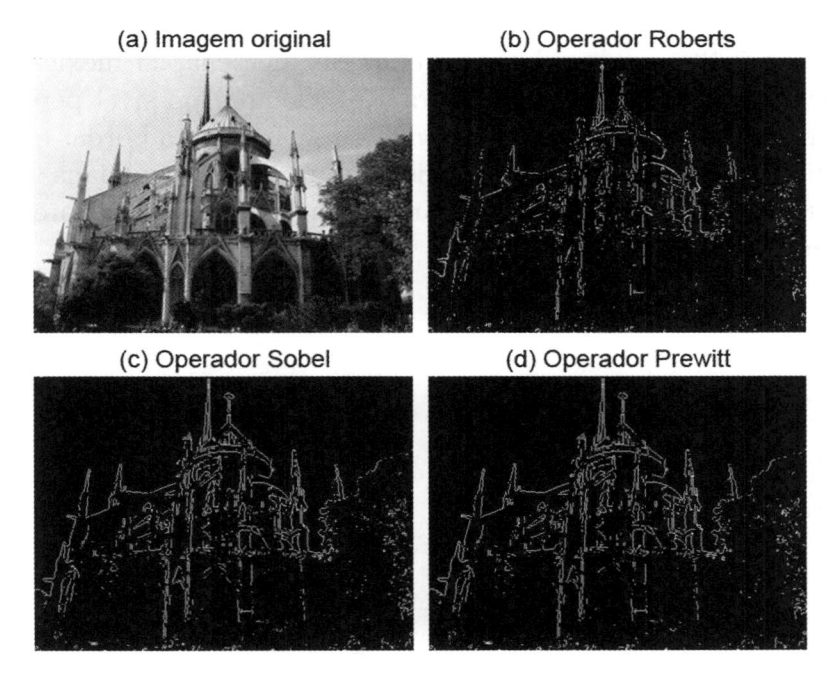

(a) Imagem original   (b) Operador Roberts

(c) Operador Sobel   (d) Operador Prewitt

Figura 7.5: Exemplo de segmentação: (a) imagem original e segmentada pelos operadores de (b) Roberts, (c) Sobel e (d) Prewitt.

7.2.2 Operador laplaciano de gaussiana (LoG)

No domínio contínuo, o operador laplaciano de uma função $f(x, y)$ é uma derivada de segunda ordem na forma

$$\nabla^2 f(x, y) = \frac{\partial^2 f}{\partial x^2}(x, y) + \frac{\partial^2 f}{\partial y^2}(x, y), \qquad (7.11)$$

e uma função gaussiana bidimensional pode ser definida como

$$G(x, y) = -\exp\left(-\frac{x^2 + y^2}{2\sigma^2}\right). \qquad (7.12)$$

No trabalho de Marr e Hildreth (1980) foi proposto um segmentador mais eficiente do que as máscaras de Sobel e Prewitt, e que consiste na detecção de bordas por meio do laplaciano de uma gaussiana (LoG), definido como

$$\nabla^2 G(x, y) = -\left(\frac{x^2 + y^2 - 2\sigma^2}{\sigma^4}\right) \exp\left(-\frac{x^2 + y^2}{2\sigma^2}\right). \qquad (7.13)$$

A equação 7.13 é conhecida como operador de "chapéu mexicano" por possuir a forma mostrada na Figura 7.6. Como é possível perceber na imagem, esse operador é não direcional, ou seja, detecta bordas em quaisquer direções na imagem. Além disso, a sua parte gaussiana funciona como um filtro passa-baixa, eliminando eventuais ruídos menores do que o desvio-padrão σ.

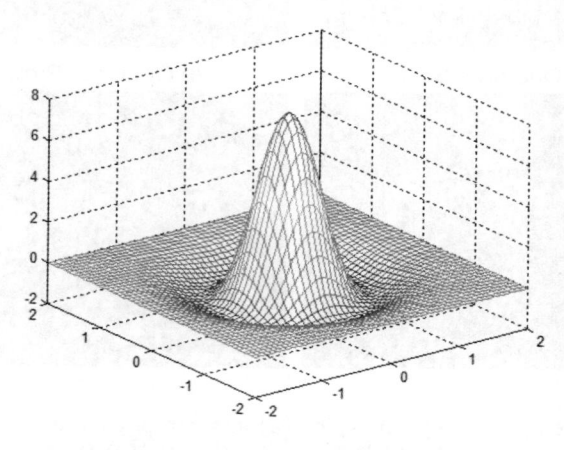

Figura 7.6: Gráfico do laplaciano de gaussiana.

Nɔ domínio discreto, essa forma pode ser representada por matrizes, como, por exemplo, as mostradas na Figura 7.7.

0	-1	0
-1	4	-1
0	-1	0

(a)

0	0	-1	0	0
0	-1	-2	-1	0
-1	-2	16	-2	-1
0	-1	-2	-1	0
0	0	-1	0	0

(b)

Figura 7.7: Laplaciano de gaussiana no domínio discreto: (a) máscara 3 × 3, (b) máscara 5 × 5.

Em MATLAB® esse operador pode ser usado por meio do comando **IB=edge(IM,'log')**, como mostra o código a seguir. É importante enfatizar que a função pode receber outros argumentos, como o limiar de sensibilidade para detecção de bordas, e o valor do sigma (por *default* o valor é 2) da função gaussiana. Mais detalhes podem ser obtidos no *help* dc MATLAB®.

```
IM=imread('notredame.png');
IB = edge(IM,'log');
subplot(1,2,1);
imshow(IM)
title('Imagem original');
subplot(1,2,2);
imshow(IB);
title('Imagem segmentada (laplaciano de gaussiana)');
```

A Figura 7.8 mostra a imagem original e segmentada após a execução do código.

7.2.3 Algoritmo de Canny

O algoritmo de Canny (1986) detecta bordas tentando atender a três critérios fundamentais. São eles:

- O algoritmo deve detectar todas as bordas presentes na imagem e ruídos não devem gerar bordas;

Imagem original   Laplaciano da gaussiana

Figura 7.8: Imagem original e segmentada pelo operador laplaciano de gaussiana.

- As bordas detectadas devem estar o mais próximo possível das bordas reais na imagem;
- Cada borda deve ser representada por um único ponto, isto é, o algoritmo não pode fornecer múltiplos pontos para representar um único ponto na borda real.

Para tentar cumprir esses requisitos, o algoritmo pode ser descrito em cinco fases. São elas:

1. **Filtragem gaussiana**: para diminuir o impacto dos ruídos na detecção de bordas, a imagem é suavizada por um filtro gaussiano.

2. **Detecção da intensidade de gradientes**: nessa fase são usados operadores de gradiente (Sobel ou Prewitt, por exemplo) para detectar a magnitude e a direção das bordas.

3. **Supressão de pixels não máximos**: essa fase pode ser entendida como um *afinamento* das bordas, ou seja, a preocupação é preservar exclusivamente os pixels que melhor as representam. Para tanto, algumas implementações fazem comparações dos pixels com os seus vizinhos para verificar a magnitude do gradiente. Por exemplo, em bordas verticais o pixel será preservado se tiver magnitude de gradiente maior do que as magnitudes dos vizinhos da esquerda e da direita.

4. **Duplo limiar**: nessa fase cada pixel de borda é comparado com dois limiares L_1 e L_2, em que $L_1 < L_2$. Se o pixel é maior do

que L_2, então ele é rotulado como "borda forte" e, por conseguinte, preservado. Pixels menores do que L_1 são descartados. Pixels no intervalo entre L_1 e L_2 são rotulados como "bordas fracas" e precisam passar por uma nova análise.

5. **Rastreamento de bordas**: nessa última etapa é preciso decidir se os pixels considerados como "bordas fracas" pertencem realmente a bordas da imagem ou a algum ruído remanescente. Para tanto, os pixels de "borda fraca" serão considerados efetivamente como borda da imagem se estiverem conectados a pixels de "borda forte". Os demais pixels que não atenderem a esse critério serão descartados.

Em MATLAB® esse operador pode ser usado por meio do comando **IB=edge(IM,'canny')**, como mostra o código a seguir. É importante salientar que a função pode receber outros argumentos, como os limiares L_1 e L_2 da fase 4 (por *default*, a função **edge()** escolherá automaticamente esses valores), e o valor do sigma (por *default* o valor é 1) da função gaussiana aplicada na fase 1. Mais detalhes podem ser obtidos no *help* do MATLAB®.

```
IM=imread('notredame.png');
IB = edge(IM,'canny');
subplot(1,2,1);
imshow(IM)
title('Imagem original');
subplot(1,2,2);
imshow(IB);
title('Imagem segmentada (Canny)');
```

A Figura 7.9 mostra a imagem original e segmentada após a execução do código.

7.3 Transformada de Hough

A transformada de Hough tem o propósito de detectar linhas, círculos, elipses, entre outros objetos parametrizáveis, em imagens. Essa técnica, inicialmente proposta por Paul Hough para análise de imagens de câmaras de bolhas (Hough [1959]), foi patenteada nos Estados Unidos em 1962

Imagem original   Imagem segmentada (Canny)

Figura 7.9: Imagem original e segmentada pelo algoritmo de Canny.

(Hough [1962]). O trabalho original de Hough se concentrou na detecção de linhas por meio da parametrização do par (inclinação, intercepto) de retas. Entretanto, tal parametrização apresentava o problema de que retas verticais têm valor de inclinação tendendo ao infinito, de modo que atualmente é usada a parametrização polar (ρ, θ), conforme proposta do trabalho de Duda e Hart (1972).

O primeiro passo para compreender o algoritmo de Hough para detecção de linhas é interpretar uma reta $y = ax + b$ na sua forma polar

$$x \cos \theta + y \, \text{sen} \, \theta = \rho, \tag{7.14}$$

em que ρ é o tamanho do menor segmento de reta que une o centro das coordenadas e a reta (por conseguinte, esse segmento forma uma ângulo de 90° com a reta), e θ é o ângulo que esse segmento forma com o eixo x, conforme exemplo na Figura 7.10(a). Estendendo esse raciocínio, podemos interpretar as infinitas retas que passam por um determinado ponto $q_i=(x_i, y_i)$ como uma curva sinusoidal no plano (ρ, θ), em que cada par (ρ', θ') corresponde a uma reta específica (Figura 7.10(b)).

A próxima etapa do algoritmo é criar uma curva sinusoidal para cada ponto da imagem e verificar os seus pontos de intersecção. Por exemplo, consideremos quatro pontos q_1, q_2, q_3 e q_4, em que os três últimos pontos são colineares, conforme exemplo na Figura 7.11(a). Na Figura 7.11(b) temos as curvas sinusoidais que representam todas as retas que cruzam cada um desses quatro pontos. Como podemos perceber, há uma intersecção entre as curvas dos pontos q_2, q_3 e q_4, indicando que esses três pontos possuem uma reta em comum, ou seja, são colineares. Note tam-

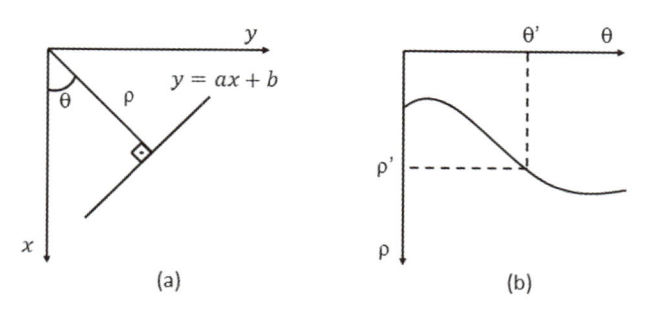

Figura 7.10: (a) exemplo de interpretação de uma reta por meio do par (ρ, θ); (b) as infinitas retas que passam por um ponto $q_i=(x_i, y_i)$ podem ser representadas por uma curva sinusoidal no plano (ρ, θ).

bém que a curva sinusoidal do ponto q_1 cruza as curvas dos outros três pontos, uma vez que, obviamente, há um reta que passa por aquele e estes. Na prática, essa contagem da quantidade de intersecções é efetuada por meio de "células acumuladoras", que são obtidas pela subdivisão do espaço de parâmetros (ρ,θ), conforme exemplo na Figura 7.11(c). Todas as células começam com valor zero e, quando uma determinada curva passa por uma célula, esta recebe um incremento de 1. Desse modo, para saber quais pontos são candidatos para compor uma linha de uma imagem, basta verificar quais células possuem as maiores contagens, ou seja, quais são os "picos" no espaço de parâmetros (ρ,θ).

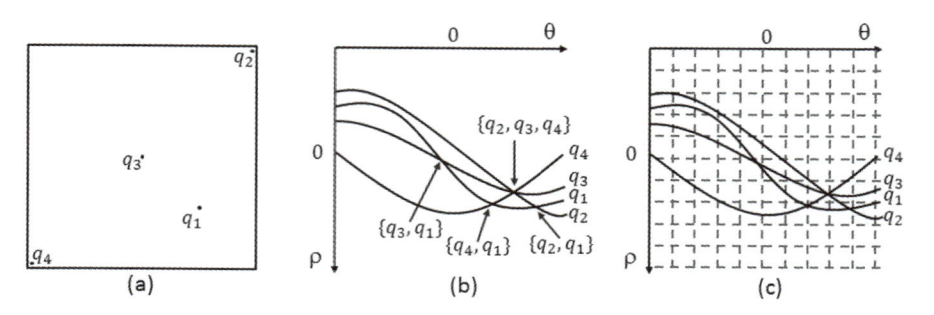

Figura 7.11: (a) exemplo de quatro pontos em uma imagem; (b) curva sinusoidal de cada ponto no espaço (ρ,θ); (c) divisão do espaço de parâmetros para formação das células acumuladoras.

Uma vez que explicamos a parte teórica do algoritmo, podemos destacar algumas etapas importantes para a sua utilização. São elas:

- A imagem a ser analisada deve ser binarizada (por exemplo, usando Sobel, Prewitt, Canny etc.).

- É preciso definir o intervalo de divisão do eixo ρ e θ para obtenção das células acumuladoras. Quanto menor o tamanho da célula, maior será o grau de colinearidade entre os pontos.
- Estabelecer um limiar para determinar se a contagem de determinada célula representa realmente uma linha na imagem.
- Estabelecer uma distância mínima entre as células consideradas representantes de linhas. Essa etapa é importante, por exemplo, caso o usuário deseje evitar a detecção de linhas paralelas muito próximas na imagem.
- Verificar se os pixels considerados pertencentes a uma determinada linha estão a uma distância mínima uns dos outros. Essa distância é importante para decidir, por exemplo, se a linha será contínua ou formada por vários segmentos de reta.

Para utilizar a transformada de Hough em MATLAB® precisamos de três funções: **hough()**, **houghpeaks()** e **houghlines()**, que serão descritas a seguir.

[H RHO THETA]=hough(BI)	
Entrada:	**BI** - Imagem binarizada.
Saída:	**H** - Representa a matriz de células acumuladoras, cujas linhas representam o eixo ρ e colunas representam o eixo θ.
	RHO - Representa os valores quantizados do eixo ρ.
	THETA - Representa os valores quantizados do eixo θ.

A função **hough()** pode ter dois parâmetros de entrada opcionais:

- 'RhoResolution': especifica o intervalo de divisão do eixo ρ. O valor *default* é 1.
- 'Theta': especifica o vetor que corresponde ao eixo θ. Esse vetor precisa estar no intervalo [-90 90) graus. O vetor *default* é -90:89.

PICOS=houghpeaks(H,NPICOS)	
Entrada:	**H** - Representa a matriz de células acumuladoras gerada pela função **hough()**.
	NPICOS - Representa a quantidade máxima de picos (células acumuladoras com os mais altos valores) que serão extraídos de **H**. O valor *default* é 1.
Saída:	**PICOS** - Matriz **2** × **NP** com as coordenadas dos picos encontrados. **NP** pode ser qualquer valor entre 0 e **NPICOS**.

A função **houghpeaks()** pode ter dois parâmetros de entrada opcionais. São eles:

- 'Threshold': limiar entre 0 e $+\infty$ que indica o valor mínimo que uma célula acumuladora tem de ter para se candidatar a pico. O valor *default* é 0.5*max(H(:)).
- 'NHoodSize': vetor de inteiros ímpares positivos $[M\ N]$ que determina a vizinhança de supressão de um pico. Por exemplo, se a vizinhança for [3 3], todas as células acumuladoras contíguas ao pico serão zeradas. Se for [5 5], todas as células com distância de Chebyshev 2 em relação ao pico serão zeradas. Esse comando, como mencionado anteriormente, serve para evitar que células acumuladoras muitos próximas sejam consideradas picos. O valor *default* é o vetor dos menores números ímpares maiores ou iguais a $[L/50\ C/50]$, em que $[L\ C]$=size(H).

LINHAS=houghlines(BI, THETA, RHO, PICOS)
Entrada: **BI** - Imagem binarizada. **THETA** - Representa os valores quantizados do eixo θ (vetor devolvido pela função **hough()**). **RHO** - Representa os valores quantizados do eixo ρ (vetor devolvido pela função **hough()**). **PICOS** - Matriz **2** $\times$ **NP** com as coordenadas dos picos encontrados (matriz devolvida pela função **houghpeaks()**).
Saída: **LINHAS** - Um array de estruturas com tamanho igual ao número de segmentos de linha encontrados. Cada estrutura possui quatro campos: *point1* (vetor bidimensional com as coordenadas da extremidade do segmento de linha); *point2* (vetor bidimensional com as coordenadas da extremidade do segmento de linha); *theta* (ângulo θ - em graus - do segmento de linha); *rho*: valor de ρ do segmento de linha.

A função **houghlines()** pode ter dois parâmetros de entrada opcionais. São eles:

- 'FillGap': É um valor real positivo. Se a função **houghlines()** encontrar dois segmentos de linha associados ao mesmo pico que estejam separados por uma distância menor do que 'FillGap', o método os funde em um único segmento de linha. O valor *default* é 20.

- 'MinLength': É um valor real positivo. Qualquer segmento de linha
  (após a operação de fusão de 'FillGap') que seja menor do que
  'MinLength' é descartado. O valor *default* é 40.

O código MATLAB® a seguir exemplifica o uso das três funções apresentadas.

```
I   = imread('quadro.png');
BI = edge(I,'prewitt');
figure,imshow(I),title('Imagem original');
figure,imshow(BI),title('Imagem binarizada');

%estabele as curvas sinusoidais e as células no
   espaço de parâmetros.
[H,T,R] = hough(BI,'RhoResolution',2);
figure,  imshow(H,[],'XData',T,'YData',R,'
   InitialMagnification','fit');
xlabel('\theta'), ylabel('\rho');
title('Espaço de parâmetros (\rho,\theta)');
axis on, axis normal, hold on

%encontra os picos.
P=houghpeaks(H,4,'Threshold',5,'NHoodSize',[11 11]);
cx = T(P(:,2));
cy = R(P(:,1));
plot(cx,cy,'s','color','white');

%encontra as linhas.
linhas = houghlines(BI,T,R,P,'FillGap',30,'MinLength'
   ,100);
figure;
imshow(I);
title('Imagem original com segmentos de linha');
hold on

%plota as linhas.
for i = 1:length(linhas)
   cxy = [linhas(i).point1; linhas(i).point2];
   plot(cxy(:,1),cxy(:,2),'LineWidth',2,'Color','
      green');

   %plota o início e o fim de cada linha.
```

```
    plot(cxy(1,1),cxy(1,2),'*','LineWidth',2,'Color','
        red');
    plot(cxy(2,1),cxy(2,2),'*','LineWidth',2,'Color','
        red');
end
```

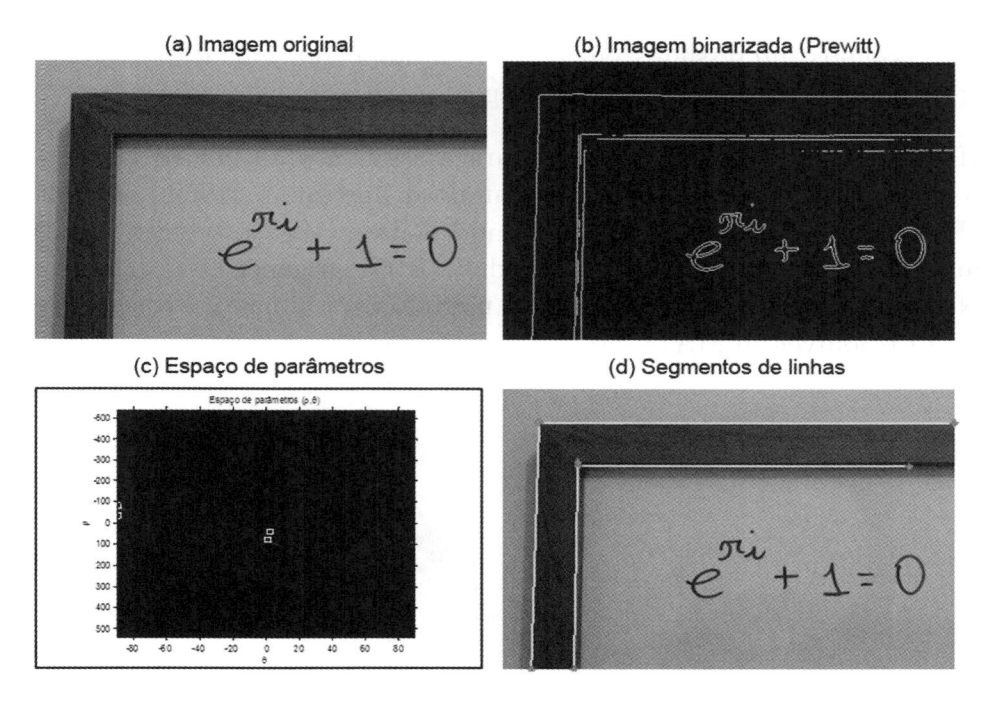

(a) Imagem original   (b) Imagem binarizada (Prewitt)

(c) Espaço de parâmetros   (d) Segmentos de linhas

Figura 7.12: (a) imagem original; (b) imagem binarizada pelos operadores de Prewitt; (c) curvas sinusoidais no espaço de parâmetros; (d) segmentos de linhas obtidos pela transformada de Hough.

A Figura 7.12 apresenta as imagens que representam as etapas da transformada de Hough após a execução do código. Nas Figuras 7.12(a) e 7.12(b) são mostradas a imagem original e a mesma imagem binarizada pelos operadores de Prewitt, respectivamente. A Figura 7.12(c) mostra as curvas sinusoidais de cada pixel branco da imagem binarizada no espaço de parâmetros (ρ,θ). Nessa imagem, os quadrados brancos representam a localização dos quatro picos buscados pelo algoritmo. Finalmente, a Figura 7.12(d) mostra novamente a imagem original com os segmentos de linha obtidos.

7.4 Segmentação por regiões

O propósito da segmentação por regiões não é apenas descobrir bordas, como os métodos apresentados na Seção 7.2, mas também encontrar regiões na imagem nas quais os pixels atendam a algum critério de similaridade, como, por exemplo, intensidades semelhantes. Os métodos dessa categoria provavelmente seriam os mais indicados se, por exemplo, estivéssemos interessados em segmentar uma imagem de paisagem em regiões que correspondem a uma lagoa, a um gramado, ao céu etc.

Há várias técnicas na literatura para a segmentação por regiões, como o funcional de Mumford-Shah (Mumford and Shah [1989]), Quadtree (Finkel and Bentley [1974], Spann and Wilson [1985]), segmentação por análise de textura (Jain and Farrokhnia [1991], Pichler et al. [1998]) etc. Neste livro apresentamos apenas o método denominado *Watershed*, que está disponível no MATLAB®.

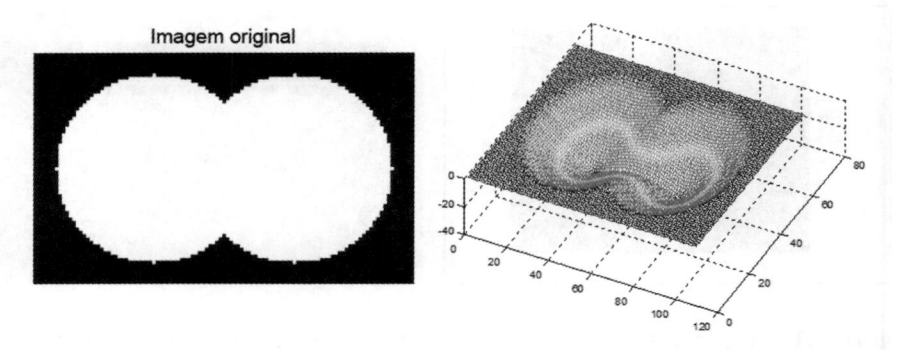

Figura 7.13: Imagem original e sua interpretação como uma superfície com duas bacias de captação.

7.4.1 Watershed

O método *Watershed* (divisor de águas) (Vincent and Soille [1991], Meyer [1994]) considera a imagem como uma superfície topográfica. A seguir, simula um processo de gradativo preenchimento dessa superfície com água. Naturalmente, a água começará a se acumular em regiões denominadas "bacias de captação", que são as "cavidades" da imagem (ver Figura 7.13). Com o aumento do nível da água, eventualmente haverá um "vazamento" da água de uma bacia de captação para outra. Nesse momento, uma barreira é criada para impedir esse vazamento, o que equivale a criar uma linha separadora (o divisor de águas) entre duas regiões diferentes da imagem. Esse processo de preenchimento e separação de regiões se mantém até que toda a superfície seja "inundada".

Em MATLAB® podemos segmentar uma imagem em regiões por meio da função **watershed()**, cuja descrição é apresentada a seguir.

L=watershed(IM,CON)	
Entrada:	**IM** - Imagem a ser segmentada.
	CON - Conectividade dos pixels (por *default*, o método adota vizinhança-8 para imagens binárias e em níveis de cinza).
Saída:	**L** - Matriz de rótulos das regiões da imagem **IM**. O rótulo 0 identifica os pixels que separam as regiões, o rótulo 1 identifica os pixels da primeira região da imagem, o rótulo 2 identifica os pixels da segunda região, e assim sucessivamente.

Obs: a função **watershed()** apresenta mais detalhes, que podem ser explorados no *help* do MATLAB®.

Quase sempre uma imagem precisa de um pré-processamento antes de ser segmentada pelo *Watershed*. Esse pré-processamento, por sua vez, depende estritamente das características da imagem, de modo que não há um roteiro único. Assim, apresentamos dois exemplos de como utilizar o *Watershed* que podem ser úteis ao leitor em problemas similares.

O primeiro exemplo consiste na simples separação de duas regiões circulares de uma imagem binária. O código MATLAB® para essa separação é apresentado a seguir.

```
bw=imread('circulos.png');
figure, imshow(bw), title('Imagem original');

%transformada da distância do negativo da imagem bw.
D = bwdist(~bw);
figure, imshow(D,[])
title('Transformada da distância');

%inversão dos valores para que os círculos
%sejam interpretados como bacias de segmentação.
D = -D;
```

```
figure, meshc(double(D));

%todos os pixels que pertencem ao background são
%rotulados como -infinito para terem sua própria
%bacia de captação.
D(~bw) = -Inf;

%obtenção dos rótulos das regiões pelo watershed.
L = watershed(D);
rgb = label2rgb(L,'jet',[.4 .4 .4]);
figure, imshow(rgb);
title('Transformada Watershed');
```

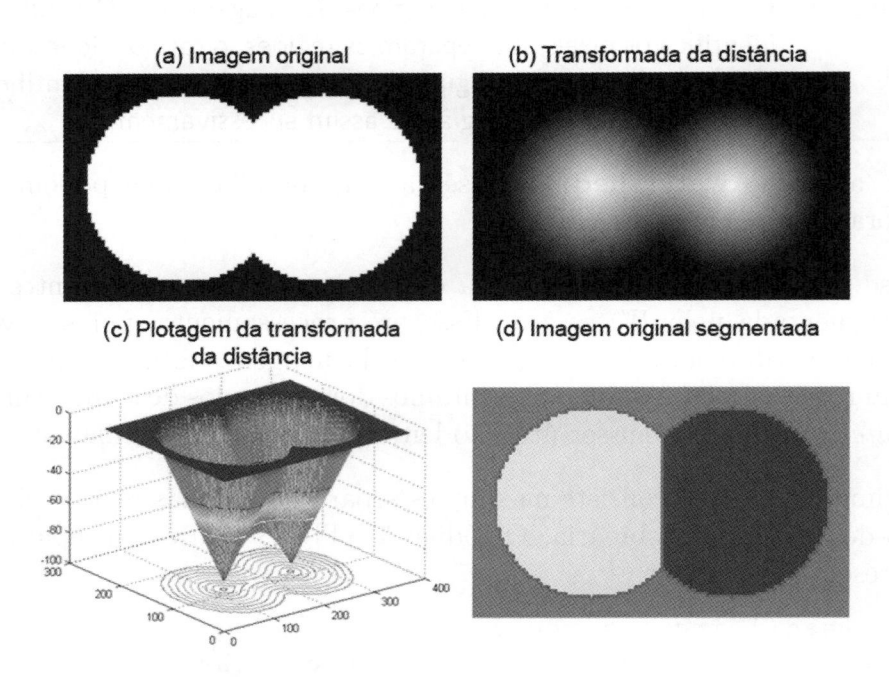

(a) Imagem original

(b) Transformada da distância

(c) Plotagem da transformada
da distância

(d) Imagem original segmentada

Figura 7.14: Segmentação por *Watershed*: a) imagem original; b) transformada da distância da imagem original; c) plotagem dos valores negativos da transformada da distância; d) imagem original segmentada.

Nas Figuras 7.14(a) e 7.14(d) são mostradas a imagem original e a mesma imagem segmentada por *Watershed* após a execução do código. Como é demonstrado na Figura 7.14(b), o negativo da imagem binária precisou passar por uma "transformada de distância", que é uma modificação dos valores dos pixels de acordo com a distância (euclideana, por exemplo) destes em relação a um determinado objeto (no presente caso, a distância dos pixels dos círculos em relação aos pixels de borda mais próximos). No exemplo proposto, os pixels que estão nos centros dos círculos são aqueles que possuem maior intensidade. A seguir, para que a transformada da distância fosse interpretada como cavidades na imagem, as intensidades dos pixels foram multiplicadas por -1, resultando na imagem mostrada na Figura 7.14(c).

O segundo exemplo consiste na contagem de grãos, que representa uma classe de problemas muito relevantes, como contagem de células, contagem de bactérias em uma cultura etc. O código MATLAB® para essa separação é apresentado a seguir.

```
I=imread('milho.png');
figure; imshow(I); title('Imagem original');

level = graythresh(I);
bw = im2bw(I,level);
figure; imshow(bw); title('Imagem binarizada');

%transformada da distância do negativo da imagem bw.
D = bwdist(~bw);
figure, imshow(D,[]);
title('Transformada da distância');

%inversão dos valores para que os grãos sejam
%interpretados como bacias de segmentação.
D = -D;

%todos os pixels que pertencem ao background são
%rotulados como -infinito para terem sua própria
%bacia de captação.
D(~bw) = -Inf;

%obtenção dos rótulos das regiões pelo watershed.
L = watershed(D);
rgb = label2rgb(L,'jet',[.4 .4 .4]);
figure, imshow(rgb);
title('Transformada Watershed');
```

A Figura 7.15(a) mostra a imagem original, que tem o formato RGB. Para obter a segmentação, primeiramente foi necessário binarizá-la e, para tanto, foi utilizado o limiar determinado pelo método de Otsu, resultando na Figura 7.15(b). A seguir, foi aplicada a transformada da distância no negativo da imagem binarizada, resultando na Figura 7.15(c). Finalmente, a imagem foi segmentada pelo método *Watershed*, resultando na Figura 7.15(d). Como é mostrado pela imagem, quase todos os grãos foram corretamente separados, mesmo aqueles que estavam contíguos, demonstrando a viabilidade do *Watershed* para o problema proposto.

Obs: devido ao formato dos grãos, alguns destes foram interpretados como duas regiões distintas. Não obstante, estes foram casos isolados que quase não comprometaram o desempenho geral da segmentação.

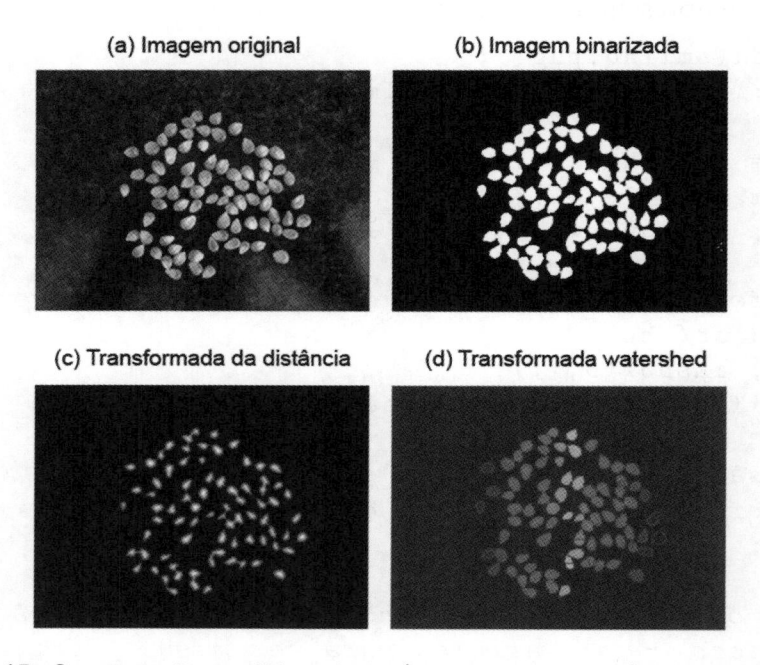

Figura 7.15: Segmentação por *Watershed*: a) imagem original; b) imagem binarizada; c) transformada da distância da imagem binarizada; d) imagem original segmentada.

Como foi possível perceber nos exemplos dados, principalmente na contagem de grãos, a imagem geralmente precisa passar por pré-processamento antes de ser segmentada. Na prática, esse pré-processamento costuma ser muito mais amplo, exigindo filtragens, aplicação de operadores morfológicos, e quaisquer outras técnicas necessárias para um desempenho satisfatório do *Watershed*. Além disso, existe um fenômeno bastante conhecido chamado "supersegmentação" (*oversegmentation*), que ocorre quando a imagem apresenta um grande número de bacias de captação causadas por mínimos locais. Para sanar esse problema, em algumas situações é possível usar a função **imhmin()** para redução da quantidade desses mínimos. Mais detalhes sobre essa função podem ser encontrados no *help* do MATLAB®.

CAPÍTULO 8

EXTRAÇÃO DE CARACTERÍSTICAS

Neste capítulo apresentaremos uma etapa fundamental de qualquer sistema de visão computacional, que é a extração de informações de imagens para propósitos de segmentação e, principalmente, de classificação. Para tanto, essas informações são codificadas na forma de um **vetor de características** (também chamado de **vetor de atributos** ou **assinatura**) $\vec{x} = [x_1, x_2, x_3, \ldots, x_p]^T$ (p é o total de atributos), cujo objetivo é representar o mais fielmente possível a imagem da qual foi extraído. Uma analogia imperfeita seria considerar o vetor $\vec{x}$ como uma "impressão digital" da imagem, de forma que esta possa ser facilmente identificável. Na prática, entretanto, a extração de características é um problema desafiador tanto pela própria natureza das imagens quanto pelas várias formas de adquirir as informações.

8.1 Formas

A análise de formas é uma das áreas mais importantes da visão computacional, uma vez que um grande número de objetos podem ser identificados apenas pelo seu formato, conforme demonstram os exemplos da Figura 8.1. Como é possível perceber nessas imagens, as formas podem ser caracterizadas de várias maneiras, como pelo cálculo de área, contorno, quantidade de buracos, simetria, diâmetro etc.

Atualmente, a pesquisa na área de análise de formas está em plena atividade para a obtenção de assinaturas cada vez mais discriminativas. Como exemplo, podemos citar trabalhos recentes baseados em pontos de alta curvatura (Paula Júnior et al. [2013]), segmentos de retas (Ling and Jacobs [2007], Sá Junior and Backes [2015]), análise fractal (Backes and Bruno [2010]), redes complexas (Backes et al. [2009a]), entre outros. A

Figura 8.1: Exemplos de imagens de formas.

seguir, serão apresentados alguns métodos para obtenção de vetores de características de formas.

8.1.1 Descritores geométricos

Uma das maneiras mais simples de extrair informações de uma forma é por meio de descritores geométricos, como área, perímetro, compacidade, simetria etc. Em MATLAB® podemos usar a função **regionprops()** para obter algumas das propriedades de uma forma. A descrição da função é apresentada a seguir.

STATS=regionprop(IB,DESCRIPT)	
Entrada:	**IB** - Imagem de entrada (binária).
	DESCRIPT - Especificação dos descritores que serão calculados. Esse parâmetro pode receber uma lista de *strings* separadas por vírgula, um *array* de células *string*, a *string* '*all*' (todos os descritores), ou a *string* '*basic*' (esse é o caso *default* e representa 'Area', 'Centroid' e 'BoundingBox').
Saída:	**STATS** - *Array* de estruturas cujos campos são os descritores na variável **DESCRIPT**.

Alguns descritores disponíveis são:

- 'Area': Valor escalar com o número real de pixels da região de interesse.
- 'Centroid': vetor com o centro de massa da região de interesse.
- 'BoundingBox': menor retângulo que contém a região de interesse. Para imagens binárias, esse retângulo é representado por um vetor

v de tamanho 4, em que $v(1)$ e $v(2)$ são as coordenadas do canto superior esquerdo do retângulo e $v(3)$ e $v(4)$ são os tamanhos dos lados horizontal e vertical, respectivamente.

- 'Perimeter': Valor escalar do perímetro da região de interesse. O cálculo é feito medindo-se a distância entre cada par de pixels contíguos na borda da imagem.
- 'EquivDiameter': Valor escalar que especifica o diâmetro de um círculo com a mesma área da região de interesse.
- 'EulerNumber': Valor escalar que especifica o número de objetos em uma região de interesse menos o número de "buracos" nesses objetos.
- 'ConvexArea': Valor escalar que especifica o número de pixels no "fecho convexo", isto é, no menor polígono convexo que contém a região de interesse.

Obs: a função **regionprops()** disponibiliza outros descritores, cujos detalhes são apresentados no *help* do MATLAB®

O código MATLAB® a seguir exemplifica o uso da função **regionprops()**.

```
IB=imread('morfo03.png');

%conversão da imagem original em uma
%imagem 'lógica' (0's e 1's)
IB = logical(IB);

%utilização da função regionprops().
stats = regionprops(IB, {'Area', 'Perimeter', '
    ConvexArea','EquivDiameter'});

%vetor de características de forma.
x=[stats.Area, stats.Perimeter, stats.ConvexArea,
    stats.EquivDiameter];
```

8.1.2 Descritores de Fourier

Na Seção 5.2.1 foi apresentada a transformada de Fourier e como ela pode ser utilizada para decompor um sinal em termos de funções de base sinusoidal, isto é, como a soma de funções senos e cossenos de diferentes frequências e amplitudes. Uma vez decomposto o sinal, temos que os coeficientes de baixa frequência descrevem as informações mais relevantes sobre o comportamento de um sinal, enquanto que os componentes de alta frequência estão associados com variações bruscas, pequenos detalhes e/ou ruído. Desse modo, é possível utilizar a transformada de Fourier para codificar as informações sobre a forma de um objeto em um conjunto de descritores.

Uma forma simples de se obter descritores a partir da transformada de Fourier é utilizar os valores obtidos a partir do seu espectro de potência

$$P(u) = |F(u)|^2, \tag{8.1}$$

os quais podem ser usados para a análise de formas (Osowski and Nghia [2002]). Para calcular os descritores de Fourier de um sinal, foi proposta a função **DescritorFourier**, cuja descrição é apresentada a seguir.

function DESC = DescritorFourier(CONTORNO,TAM,N)	
Entrada:	**CONTORNO** - é uma matriz **M** × **2** representando as variações das coordenadas no eixo x e y do contorno do objeto. **TAM** - define o novo tamanho do contorno. Desse modo, contornos de tamanhos diferentes podem ser comparados. **N** - define o número de descritores que se deseja (**N** < **TAM**).
Saída:	**DESC** - é uma matriz **1** × **N** representando os descritores de Fourier obtidos do espectro de potência.

A seguir, é mostrado o código MATLAB® da função **DescritorFourier**.

```
function desc = DescritorFourier(contorno,tam,N)
  %interpola curva para o novo tamanho 'tam'
  vx = interpola(contorno(:,1),tam);
  vy = interpola(contorno(:,2),tam);
  contorno = [vx' vy'];

  mx = mean(contorno(:,1));
  my = mean(contorno(:,2));
  c = complex(contorno(:,1)-mx,contorno(:,2)-my);

  fc = fft(c);
  fc = abs(fc);

  %descritor simples..
```

```
    desc = fc(2:N+1)./fc(1);
    desc = desc';
end

function nv = interpola(v,tam)
    v1 = linspace(1,length(v),tam);
    nv = interp1(1:length(v),v,v1);
end
```

8.1.3 Descritores de *wavelet*

Vimos na Seção 5.3 que a transformada *wavelet* é aplicada recursivamente a um sinal, gerando, em cada fase, uma aproximação e um detalhe. Os descritores de *wavelet* se baseiam no princípio de que os coeficientes de detalhes de diferentes níveis podem ser combinados e utilizados como características do sinal analisado. Uma forma de se obter essas características é calcular medidas simples a partir dos coeficientes de detalhes como, por exemplo, a energia, a entropia e a média dos coeficientes:

$$\text{Energia:} \qquad \sum_{i=1}^{N} D(i)^2, \qquad\qquad (8.2)$$

$$\text{Entropia:} \qquad -\sum_{i=1}^{N} D(i) \log D(i), \qquad\qquad (8.3)$$

$$\text{Média:} \qquad \frac{1}{N} \sum_{i=1}^{N} D(i), \qquad\qquad (8.4)$$

em que D representa uma matriz de coeficientes de detalhes de tamanho $1 \times N$. Essas três medidas podem ser utilizadas separadamente ou de forma conjunta, e podem ser calculadas para quantos níveis de decomposição se desejar. Para calcular os descritores de *wavelet* de um sinal, foi proposta a função **DescrWaveletSinal**, cuja descrição é apresentada a seguir.

function [ENE,ENT,ME] = DescrWaveletSinal(SINAL,N,WAVE)	
Entrada:	**SINAL** - é uma matriz $1 \times M$ representando um sinal. **N** - define o número de níveis de decomposição. **WAVE** - é uma string que define o nome da função *wavelet* usada.
Saída:	**ENE**, **ENT** e **ME** - são matrizes $1 \times 3N$ representando, respectivamente, os descritores de energia, entropia e média calculados para os coeficientes de detalhe em **N** níveis de decomposição.

A seguir, é mostrado o código MATLAB® da função **DescrWaveletSi-nal**.

```
function [Ene,Ent,Me] = DescrWaveletSinal(sinal,N,
   wave)
  [C,S] = wavedec(sinal,N,wave);

  Ene = [];
  Ent = [];
  Me = [];

  tam = S(1);
  C(1:tam) = [];

  for y=1:N
      tam = S(y+1);
      temp = C(1:tam);
      C(1:tam) = [];
      Ene = [Ene sum(temp.*temp)];
      c = find(temp > 0);
      Ent = [Ent -sum(temp(c).*log(temp(c)))];
      Me = [Me mean(temp)];
  end
end
```

No caso da análise de formas, devemos considerar que o contorno de um objeto é formado por dois sinais, um representando a variação de suas coordenadas no eixo x e outro no eixo y, como demonstra o exemplo apresentado na Figura 8.2. Desse modo, a função **DescrWaveletSinal** pode ser aplicada em ambos os sinais, como mostra o código a seguir.

```
m = dlmread('folha.ctn',' ');
subplot(2,2,[1 3]);
plot(m(:,1),m(:,2)); title('folha');
subplot(2,2,2);
plot(m(:,1)); title('Sinal no eixo X');
subplot(2,2,4);
plot(m(:,2)); title('Sinal no eixo Y');

[EneX,EntX,MeX] = DescrWaveletSinal(m(:,1),3,'db4');
[EneY,EntY,MeY] = DescrWaveletSinal(m(:,2),3,'db4');
```

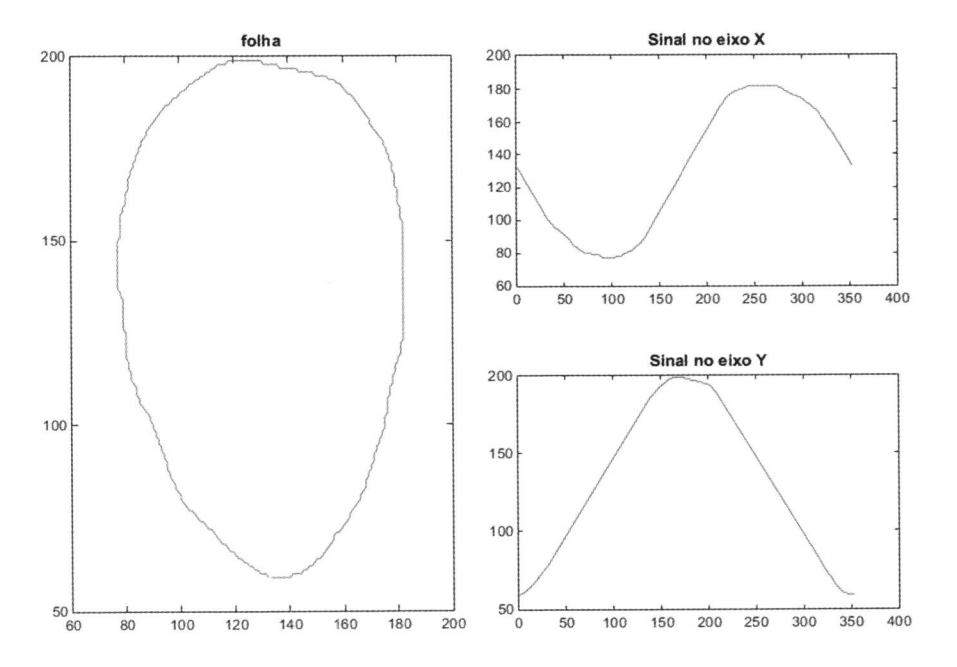

Figura 8.2: Exemplo do contorno de uma forma e a variação de suas coordenadas nos eixos x e y.

8.1.4 Análise de complexidade

Uma forma interessante de analisar a forma dos objetos presentes em uma imagem é através do estudo da complexidade. O termo análise de complexidade, apesar da ausência de uma definição formal na literatura, está relacionado às mais diversas características existentes na forma dos objetos como, por exemplo, a área ocupada, irregularidade da ocupação do espaço, e distribuição e organização dos pixels. Trata-se de uma característica de grande importância em processos de reconhecimento de padrões, especialmente naqueles que envolvem imagens biológicas.

Dimensão fractal

Uma forma simples de se estimar a complexidade é por meio da dimensão fractal. Trata-se de uma técnica consagrada na literatura e que tem apresentado bons resultados em diversas áreas. Originalmente, a dimensão fractal é uma medida relacionada com a dimensão dos objetos fractais, objetos puramente matemáticos que não existem no mundo físico. Diferentemente dos objetos euclidianos, que apresentam dimensões inteiras, fractais possuem um valor fracionário para a sua dimensão. Isso porque o valor da sua dimensão indica o grau de complexidade/irregularidade do objeto, ou seja, quanto do espaço físico ele ocupa (Falconer [1990], Tricot [1995]).

A existência de uma ligação entre o nível de ocupação de espaço e a complexidade possibilita que se utilize a dimensão fractal como ferramenta para a análise da complexidade de objetos em imagens. A literatura atual apresenta diversos métodos de estimativa da dimensão fractal, sendo um dos mais conhecidos e utilizados o BoxCounting. Isso se deve a características como fácil implementação e simplicidade do cálculo envolvido. Seu cálculo é baseado na sobreposição de uma malha de quadrados sobre uma imagem e na respectiva contagem do número de quadrados necessários para cobrir o objeto contido nessa imagem (Figura 8.3) (Coelho and Costa [1995]).

Figura 8.3: Divisão de uma imagem pelo método de BoxCounting para diferentes tamanhos de caixas.

A estimativa da dimensão fractal por BoxCounting se baseia na relação entre o tamanho da caixa r usada na malha de quadrados e o número de quadrados que coincidem com o objeto A analisado, $N(r)$:

$$DF = -\lim_{r \to 0} \frac{log(N(r))}{log(r)}. \tag{8.5}$$

A partir do gráfico log-log de $N(r)$ (número de caixas ocupadas) por r (tamanho do lado da caixa utilizada) obtém-se a aproximação de uma reta de coeficiente angular α, sendo

$$DF = -\alpha \tag{8.6}$$

a dimensão fractal do objeto A (Falconer [1990], Tricot [1995]).

Para calcular a dimensão fractal de uma forma (isto é, uma imagem binária contendo a forma a ser analisada) foi proposta a função **Box-Counting**, cuja descrição é apresentada a seguir.

[Vx,Vy,DF] = BoxCounting(IM,CAIXAS)	
Entrada:	**IM** - é uma matriz **N** × **M** representando uma imagem binária. **CAIXAS** - é uma matriz **1** × **K** representando os tamanhos de caixa a serem utilizados.
Saída:	**Vx** - é uma matriz **K** × **1** representando o logaritmo do tamanho de caixa usado. **Vy** - é uma matriz **K** × **1** representando o logaritmo do número de caixas contadas. **DF** - é o valor obtido para a dimensão fractal do objeto.

A seguir, é possível ver o código MATLAB® da função **BoxCounting**.

```
function [Vx,Vy,DF] = BoxCounting(im,caixas)
    for ca=caixas
        Vx = [Vx; log(ca)];
        Vy = [Vy; log(ContaCaixas(im,ca))];
    end;
    P = polyfit(Vx,Vy,1);
    DD = -P(1);
end
function cont = ContaCaixas(imagem,caixa)
    [ny,nx] = size(imagem);
    cont = 0;
```

```
    lin = 1;
while lin < ny
    lin2 = lin + caixa - 1;
    if lin2 > ny
        lin2 = ny;
    end;
    col = 1;
    while col < nx
        col2 = col + caixa -1;
        if col2 > nx
            col2 = nx;
        end;
        m = imagem(lin:lin2,col:col2);
        if sum(m(:)) > 0
            cont = cont + 1;
        end;
        col = col + caixa;
    end;
    lin = lin + caixa;
    end;
end
```

Um problema encontrado no método de BoxCounting diz respeito à escolha do conjunto de valores de tamanho de caixa utilizado. Esses valores influenciam diretamente o número de caixas contadas e, consequentemente, o valor obtido para a dimensão fractal. Uma forma de se minimizar esse tipo de variação é utilizar uma regra para o cálculo do conjunto de tamanhos de caixas. Diversos autores consideram uma boa estratégia iniciar o método com um quadrado suficientemente grande (baseado nas dimensões da imagem), de modo que este englobe toda a imagem e, a cada iteração, diminuir o tamanho da caixa pela metade até atingir um quadrado de tamanho unitário.

Lacunaridade

A lacunaridade pode ser compreendida como um complemento da dimensão fractal: objetos com a mesma dimensão fractal podem apresentar diferentes valores para a lacunaridade (Plotnick et al. [1996]). Isso porque, de forma diferente da dimensão fractal, que mede **quão** preenchido está o espaço euclidiano, a lacunaridade é uma medida que quantifica **como** esse espaço está preenchido (Plotnick et al. [1996], Allain and Cloire [1991]). Ela se baseia no grau de invariância à translação que um fractal apresenta, caracterizando a maneira como os pixels estão distribuídos e organizados em uma determinada região da imagem.

A lacunaridade de uma imagem é estimada através da medida da distribuição espacial dos buracos ou "gaps" existentes nessa imagem. Ela permite quantificar a homogeneidade de uma imagem ou de parte dela, de modo a torná-la comparável com outras imagens (Plotnick et al. [1996], Allain and Cloire [1991]).

Dentre os métodos existentes na literatura, o mais popular para se estimar a lacunaridade de uma imagem é o Gliding-box. Esse método se baseia nos momentos de probabilidade de primeira e segunda ordem da imagem a fim de estimar a sua lacunaridade (Plotnick et al. [1996]). De forma similar ao BoxCounting, esse método computa a lacunaridade deslizando uma caixa de dimensões $r \times r$ e contando o número de pontos da imagem dentro dessa caixa.

Esse processo é repetido para todas as linhas e colunas da imagem, e uma distribuição de frequência da massa da imagem é calculada. O número de caixas de lado r contendo uma massa S da imagem é designado por $n(S, r)$, enquanto o total de caixas contadas é designado por $N(r)$. Essa distribuição de frequência é então convertida para uma distribuição de probabilidade $Q(S, r)$, em que

$$N(r) = \sum_{S} n(S, r), \tag{8.7}$$

$$Q(S, r) = n(S, r)/N(r). \tag{8.8}$$

O primeiro e o segundo momentos dessa distribuição são determinados como:

$$Z^{(1)} = \sum SQ(S, r), \tag{8.9}$$

$$Z^{(2)} = \sum S^2 Q(S, r). \tag{8.10}$$

Assim, a lacunaridade para uma caixa de tamanho r é definida como:

$$\Lambda(r) = Z^{(2)}/(Z^{(1)})^2. \tag{8.11}$$

Para calcular a lacunaridade de uma forma (isto é, uma imagem binária contendo a forma a ser analisada) foi proposta a função **Lacunaridade**, cuja descrição é apresentada a seguir.

LAC = Lacunaridade(IMAGEM,LADO)	
Entrada:	**IMAGEM** - é uma matriz **N** × **M** representando uma imagem binária.
	LADO - é o valor representando o tamanho da caixa usada no cálculo.
Saída:	**LAC** - é o valor obtido para a lacunaridade do objeto.

A seguir, é mostrado o código MATLAB® da função **Lacunaridade**.

```matlab
function Lac = Lacunaridade(imagem,lado)
  [ny,nx] = size(imagem);
  imagem = imagem > 0;
  N = lado * lado;
  nSr = zeros(1,N+1);

  for y=1:ny-lado+1
    for x=1:nx-lado+1
      m = imagem(y:y+lado-1,x:x+lado-1);
      total = sum(m(:)) + 1;
      nSr(total) = nSr(total) + 1;
    end
  end

  QSr = nSr/sum(nSr);
  Z1 = 0;
  Z2 = 0;
  for y = 0:N
    Z1 = Z1 + y * QSr(y+1);
    Z2 = Z2 + y * y * QSr(y+1);
  end

  if Z1 == 0
    Lac = 0;
  else
    Lac = Z2/(Z1*Z1);
  end
end
```

8.2 Texturas

O conceito de textura não tem uma definição padrão, embora esse tipo de imagem seja facilmente reconhecido por seres humanos. De acordo com Tuceryan et al. (1993) um padrão de textura pode ser definido como a variação espacial das intensidades dos pixels. Outros autores, como Backes et al. (2009b), interpretam uma textura como a repetição de um modelo em sua forma exata ou com pequenas variações. Apesar de essas definições abrangerem uma ampla classes de texturas, especialmente as denominadas "artificiais" (por exemplo, a imagem do telhado de uma casa), as mesmas não contemplam totalmente as texturas "naturais" (como folhas, madeira, fumaça etc.). Para Kaplan (1999), algumas texturas naturais (uma mamografia, por exemplo) apresentam um persistente padrão estocástico, que resulta em uma textura com aparência de nuvem. A Figura 8.4 mostra alguns exemplos de imagens de texturas.

Figura 8.4: Exemplos de imagens de texturas.

Existe na literatura uma grande variedade de métodos para extração de assinaturas de texturas em níveis de cinza e coloridas. Apenas para mostrar alguns exemplos, podemos citar os métodos baseados em LBP (*Local Binary Pattern*) (Ojala et al. [2002]), *wavelets* (Arivazhagan and Ganesan [2003]), caminhada do turista (*Tourist Walk*) (Backes et al. [2010]), dimensão fractal (Backes et al. [2012]), filtros de Gabor (Manjunath and Ma [1996]), grafos (Sá Junior et al. [2013, 2014]), descritores de microestruturas (Liu et al. [2011]), descritores de proporções de histogramas (Paschos and Petrou [2003]), entre outros.

Neste livro apresentamos alguns métodos bastante conhecidos para extração de descritores de texturas em níveis de cinza, denominados "descritores baseados em histograma", "matrizes de co-ocorrência", "histograma da diferença de níveis de cinza", "descritores de *wavelet*", "descritores de Fourier" e "descritores de complexidade".

8.2.1 Descritores baseados em histograma

Uma das maneiras mais simples de extrair descritores de uma textura é por meio da análise de seu histograma h. Para tanto, o histograma é primeiramente normalizado para obtenção da densidade de probabilidade p da imagem. Desse modo, $p(i) = h(i)/NM$, em que i é cada índice do histograma ($i \in 0 \ldots L-1$, em que L é a quantidade total de intensidades na imagem) e N e M são as dimensões da imagem. A seguir, momentos estatísticos e outras medidas podem ser obtidas de p para formação dos descritores. Algumas dessas medidas são apresentadas a seguir.

Média: $$\mu_1 = \sum_{i=0}^{L-1} ip(i), \tag{8.12}$$

Variância: $$\mu_2 = \sigma^2 = \sum_{i=0}^{L-1}(i - \mu_1)^2 p(i), \tag{8.13}$$

Assimetria: $$\mu_3 = \sigma^{-3} \sum_{i=0}^{L-1}(i - \mu_1)^3 p(i), \tag{8.14}$$

Curtose: $$\mu_4 = \sigma^{-4} \sum_{i=0}^{L-1}(i - \mu_1)^4 p(i) - 3, \tag{8.15}$$

Energia: $$En = \sum_{i=0}^{L-1}[p(i)]^2, \tag{8.16}$$

Entropia: $$Et = - \sum_{i=0}^{L-1} p(i) \log_2[p(i)], \tag{8.17}$$

Obs: No caso da entropia, eventualmente o valor de $p(i)$ é zero, não permitindo o cálculo do logaritmo. Para solucionar esse problema, basta somar uma pequena constante c (por exemplo, $c = 0,1$) com $p(i)$, ou seja,

$$Et = -\sum_{i=0}^{L-1} p(i) \log_2[p(i) + c].$$

O código MATLAB® a seguir exemplifica a formação de um vetor de características por meio desses descritores.

```
I=imread('textura.png'); %leitura da imagem.
[sX sY]=size(I); %dimensões da imagem.
[contagem indices]=imhist(I); %histograma.
%densidade de probabilidade da imagem.
p=contagem/(sX*sY);

%extração dos descritores
md=sum(indices.*p); %média
vr=sum((indices-md).^2.*p); %variância
as=sqrt(vr)^(-3)*sum((indices-md).^3.*p); %assimetria
ct=sqrt(vr)^(-4)*sum((indices-md).^4.*p); %curtose
en = sum(p.^2); %energia
c=0.1; %constante para que não haja log2(0)
et = -sum(p.*log2(p+c)); %entropia

x=[md, vr, as, ct, en, et]; %vetor de atributos
```

8.2.2 Matrizes de co-ocorrência

O método das matrizes de co-ocorrência (Haralick et al. [1973]) é bastante simples e pode ser definido como: dada uma imagem em níveis de cinza $f(x,y)$ com L valores discretos de intensidade, a matriz de co-ocorrência $C_{d\theta}(i,j)$ é $L \times L$ e em cada posição i e j recebe a quantidade de vezes que os níveis de cinza i e j da imagem $f(x,y)$ estão presentes a uma distância d e uma orientação θ. Se a matriz $C_{d\theta}(i,j)$ for dividida pela soma de seus valores, a mesma se tornará uma matriz de probabilidades $P_{d\theta}(i,j)$ de encontrar pares de pixels i e j a uma distância d e orientação θ.

Além disso, as matrizes de co-ocorrência podem ser "simétricas", se a contagem dos pares de pixels ocorre em sentido duplo, ou "assimétricas", caso contrário. Por exemplo, o valor de $\theta = 0°$ significa que pares de pixels na direção "horizontal" serão contados. Assim, se a matriz $C_{d\theta}(i,j)$

0	0	0
2	1	2
2	0	3

(a)

i/j	0	1	2	3
0	C(0,0)	C(0,1)	C(0,2)	C(0,3)
1	C(1,0)	C(1,1)	C(1,2)	C(1,3)
2	C(2,0)	C(2,1)	C(2,2)	C(2,3)
3	C(3,0)	C(3,1)	C(3,2)	C(3,3)

(b)

0	2	2	0
2	0	0	0
2	0	2	1
0	0	1	0

(c)

2	0	0	1
0	0	1	0
1	1	0	0
0	0	0	0

(d)

Figura 8.5: : (a) - Imagem original 3 × 3, (b) - Construção da matriz de co-ocorrência $C_{d\theta}$, (c) - $C_{d\theta}$ simétrica ($d = 1$ e $\theta = 90°$), (d) - $C_{d\theta}$ assimétrica ($d = 1$ e $\theta = 0°$).

for simétrica, a contagem será feita da esquerda para direita e vice-versa, e se for assimétrica, a contagem será apenas da esquerda para a direita. A Figura 8.5 apresenta exemplos de construção de ambos os tipos de matrizes de co-ocorrência para distância $d = 1$, e orientações $\theta = 0°$ (horizontal) e $\theta = 90°$ (vertical).

Haralick (1979) propôs descritores que podem ser extraídos das matrizes de ocorrência. Alguns deles são definidos a seguir:

Probabilidade Máxima: $\max_{i,j} P(i,j),$ (8.18)

Energia: $\sum_{i=0}^{L-1} \sum_{j=0}^{L-1} P(i,j)^2,$ (8.19)

Entropia: $\sum_{i=0}^{L-1} \sum_{j=0}^{L-1} -P(i,j) \log P(i,j),$ (8.20)

Diferença inversa:
$$\sum_{i=0}^{L-1}\sum_{j=0}^{L-1}\frac{P(i,j)}{1+(i-j)^2}, \tag{8.21}$$

Contraste:
$$\sum_{i=0}^{L-1}\sum_{j=0}^{L-1}(i-j)^2 P(i,j), \tag{8.22}$$

Correlação:
$$\sum_{i=0}^{L-1}\sum_{j=0}^{L-1}\frac{(i-\mu_i)(j-\mu_j)P(i,j)}{\sigma_i\sigma_j}, \tag{8.23}$$

em que μ_i, μ_j e σ_i, σ_j são as médias e os desvios-padrão da soma dos valores de cada linha e coluna da matriz.

Em MATLAB® podemos obter as matrizes de co-ocorrência de uma imagem por meio da função **graycomatrix()**, cuja descrição é apresentada a seguir.

MC=graycomatrix(IM, PARAM1, VAL1, PARAM2, VAL2,...)	
Entrada:	**IM** - Imagem de entrada (binária ou níveis de cinza). **PARAM1, VAL1, PARAM2, VAL2,...** - Conjunto de pares **'parâmetro'**, **'valor'** para definir as matrizes de co-ocorrência.
Saída:	**MC** - Matriz tridimensional formada por **P** matrizes de co-ocorrência de tamanho 'NumLevels' × 'NumLevels'.

A seguir, são apresentados os possíveis pares **'parâmetro'**, **'valor'** para uso da função **graycomatrix()**:

- 'Offset': é uma matriz **P × 2** que especifica a distância e o ângulo entre os pares de pixels **i** e **j** da imagem **IM**. Por exemplo, para uma determinada distância d e ângulos de $0°$, $45°$, $90°$, $135°$, as linhas da matriz 'Offset' são $[0, d]$, $[-d, d]$, $[-d, 0]$ e $[-d, -d]$, respectivamente. Por *default*, 'Offset' possui apenas a linha $[0, 1]$.

- 'NumLevels': valor inteiro que especifica o número de níveis de escalonamento das intensidades dos pixels da imagem **IM**. Por exemplo, se 'NumLevels' é 6, a função escalona os valores dos pixels para que sejam inteiros entre 1 e 6. Por *default*, o valor é 2 para imagens

lógicas e 8 para as demais imagens. 'NumLevels' também especifica
o tamanho da matriz de co-ocorrência.

- 'GrayLimits': vetor de dois elementos $[min, max]$ que especifica
  como as intensidades de cinza serão linearmente escalonadas em
  níveis. Qualquer valor menor do que ou igual a min será convertido
  para 1, e qualquer valor maior do que ou igual a max será convertido
  para 'NumLevels'. Caso o vetor passado seja [ ], o valor mínimo e
  máximo são os próprios valores de intensidade mínima e máxima
  da imagem. No caso *default*, se a imagem é *double*, o vetor é $[0, 1]$, e
  se a imagem é do tipo inteiro de 16 bits, o vetor é $[-32768, 32767]$.

- 'Symmetric': recebe um valor booleano. Se o valor for '*true*', então serão calculadas matrizes de co-ocorrência simétricas, e se for
  '*false*', matrizes assimétricas. O valor *default* é '*false*'.

O código MATLAB® a seguir apresenta um pequeno exemplo de utilização da função **graycomatrix()**. Após a execução do código, a variável
MC armazena uma matriz $256 \times 256 \times 3$ composta pelas três matrizes
de co-ocorrência solicitadas.

```
%simulação de uma imagem 10 x 10 com 256 níveis de
%cinza (0-255).

IM=randi([0 255],10);

%utilização da função graycomatrix() para obtenção de
%três matrizes de co-ocorrência (0°,90°,45°).
%Como 'NumLevels' é 256 e 'GrayLimits' é [0 255], a
%imagem IM foi usada sem quaisquer alterações na
%função

MC=graycomatrix(IM, 'Offset', [0 1; -1 0; -1 1], '
   NumLevels', 256, 'GrayLimits',[0 255],'Symmetric',
   true);
```

Geralmente o interesse não é propriamente nas matrizes de co-ocorrência,
mas nos descritores que podem ser extraídos delas, como aqueles apresentados nas equações (8.18)-(8.23). Para obtenção desses valores, o
MATLAB® disponibiliza a função **graycoprops()**, cuja descrição é apresentada a seguir.

STATS=graycoprops(MC,DESCRIPT)	
Entrada:	**MC** - Matrizes de co-ocorrência no formato 'NumLevels' × 'NumLevels' × **P**, ou seja, essa função está preparada para receber a saída da função **graycomatrix()**. **DESCRIPT** - Especificação dos descritores que serão calculados. Esse parâmetro pode receber uma lista de *strings* separadas por vírgula, um *array* de células *string*, a *string* 'all', ou uma única *string* espaçada com os nomes dos descritores. Os descritores disponíveis são 'Energy', 'Contrast', 'Correlation' e 'Homogeneity'.
Saída:	**STATS** - Estrutura cujos campos são os descritores na variável **DESCRIPT**. Cada campo contém um vetor $1 \times$ **P**, ou seja, o tamanho do vetor é a quantidade de matrizes de co-ocorrências na variável **MC**.

O código MATLAB® a seguir exemplifica o uso da função **graycoprops()**. É importante enfatizar que o vetor $\vec{x}$ possui doze atributos porque foram extraídos quatro descritores (energia, entropia, correlação e homogeneidade) de três matrizes de co-ocorrência.

```
%simulação de uma imagem 10 x 10 com 256 níveis de
%cinza (0-255).
IM=randi([0 255],10);

%utilização da função graycomatrix()
MC=graycomatrix(IM, 'Offset', [0 1; -1 0; -1 1], '
    NumLevels', 256, 'GrayLimits',[0 255],'Symmetric',
    true);

%utilização da função graycoprops().
stats=graycoprops(MC,{'Energy','Homogeneity','
    Correlation','Contrast'});
%formas alternativas de usar graycoprops().
%stats=graycoprops(MC,'all');
%stats=graycoprops(MC,'Energy Homogeneity Correlation
    Contrast');

%vetor de características
x=[stats.Energy,stats.Homogeneity,stats.Correlation,
    stats.Contrast];
```

8.2.3 Histograma da diferença de níveis de cinza

O método do histograma da diferença de níveis de cinza (Weszka et al. [1976], Kim and Park [1999]) se assemelha muito ao método das matrizes de co-ocorrência (Haralick et al. [1973]): dada uma imagem em níveis de cinza $f(x, y)$ com L valores discretos de intensidade, cada posição do histograma $H_{d\theta}(k)$, $0 \leq k \leq L-1$, recebe a quantidade de vezes que dois pixels (x, y) e (x', y') da imagem f estão presentes a uma distância d e uma orientação θ, de modo que a diferença entre suas intensidades é, em módulo, k: $k = |f(x, y) - f(x', y')|$.

É importante enfatizar que esse método se encarrega apenas de obter um histograma baseado nas diferenças dos níveis de cinza dos pixels. Por se tratar de um histograma, podemos utilizar os descritores propostos na Seção 8.2.1 para descrever esse histograma e, consequentemente, a imagem original.

Para calcular o histograma da diferença de níveis de cinza foi proposta a função **HistogramaDiferencaCinza**, cuja descrição é apresentada a seguir.

function HI = HistogramaDiferencaCinza(IM,DIS,DIREC)
Entrada: **IM** - é uma matriz **N** × **M** representando uma imagem em níveis de cinza no intervalo $[0, 255]$. **DIS** - define a distância em pixels entre os pixels da imagem. **DIREC** - define a direção escolhida. Quatro direções são possíveis: • 1: direção horizontal $(0°)$;   • 2: direção vertical $(90°)$;   • 3: direção diagonal principal $(45°)$;   • 4: direção diagonal secundária $(-45°)$.
Saída: **HI** - é uma matriz **1** × **L** representando o histograma da diferença de níveis de cinza entre os pixels.

A seguir, é possível ver o código MATLAB® da função **HistogramaDiferencaCinza**.

```
function hi = HistogramaDiferencaCinza(im,dis,direc)
    im = double(im);
    switch(direc)
        case 1 %0 graus
```

```
              difer=im(: ,1:end-dis)  -  im(: ,1+dis:end);
         case 2 %90 graus
              difer=im(1:end-dis ,:)  -  im(1+dis:end ,:);
         case 3 %45 graus
              difer = im(1:end-dis ,1:end-dis)  - im(1+
                  dis:end ,1+dis:end);
         case 4 %-45 graus
              difer = im(1:end-dis ,1+dis:end)  - im(1+
                  dis:end ,1:end-dis);
    end

    [hi ,x] = imhist(uint8(abs(difer)));
end
```

8.2.4 Descritores de *wavelet*

Vimos na Seção 5.3 que a transformada *wavelet* é aplicada recursivamente a uma imagem, gerando, em cada fase, uma aproximação e três matrizes de detalhe. Os descritores de *wavelet* se baseiam no princípio de que esses coeficientes de detalhes podem ser combinados e utilizados como indicadores da imagem original (Chang and Kuo [1993]). Uma forma de obter esses descritores é calcular medidas simples a partir dos coeficientes de detalhes como, por exemplo, a energia, a entropia e a média dos coeficientes:

$$\text{Energia:} \qquad \sum_{i=1}^{N}\sum_{j=1}^{M} D(i,j)^2, \qquad\qquad (8.24)$$

$$\text{Entropia:} \qquad -\sum_{i=1}^{N}\sum_{j=1}^{M} D(i,j) \log D(i,j), \qquad\qquad (8.25)$$

$$\text{Média:} \qquad \frac{1}{NM}\sum_{i=1}^{N}\sum_{j=1}^{M} D(i,j), \qquad\qquad (8.26)$$

em que D representa uma matriz de coeficientes de detalhes de tamanho $N \times M$. Essas três medidas podem ser utilizadas separadamente ou de forma conjunta, e podem ser calculadas para quantos níveis de decomposição se desejar. Para calcular os descritores de *wavelet* de uma imagem, foi proposta a função **DescritorWavelet**, cuja descrição é apresentada a seguir.

function [ENE,ENT,ME] = DescritorWavelet(IM,N,WAVE)
Entrada: **IM** - é uma matriz **J** × **K** representando uma imagem. **N** - define o número de níveis de decomposição. **WAVE** - é uma string que define o nome da função *wavelet* usada.
Saída: **ENE**, **ENT** e **ME** - são matrizes **1** × **3N** representando, respectivamente, os descritores de energia, entropia e média calculados para os três coeficientes de detalhe e **N** níveis de decomposição.

A seguir, é possível ver o código MATLAB® da função **DescritorWavelet**.

```
function [Ene,Ent,Me] = DescritorWavelet(im,N,wave)

[C,S] = wavedec2(im,N,wave);

Ene = [];
Ent = [];
Me = [];

tam = S(1,1) * S(1,2);
C(1:tam) = [];

for y=1:N
    tam = S(y+1,1) * S(y+1,2);
    for x=1:3
        temp = C(1:tam);
        C(1:tam) = [];
        Ene = [Ene sum(temp.*temp)];
        c = find(temp > 0);
        Ent = [Ent -sum(temp(c).*log(temp(c)))];
        Me = [Me mean(temp)];
    end;
end;
```

O código MATLAB® a seguir exemplifica o uso da função **DescritorWavelet**().

```
im = imread('catedral_gray.png');
[Ene,Ent,Me] = DescritorWavelet(im,3,'db4');
```

8.2.5 Descritores de Fourier

Como na análise de formas, podemos usar a transformada de Fourier 2-D para decompor uma imagem em termos de funções de base sinusoidal (ou seja, soma de funções senos e cossenos de diferentes frequências e amplitudes) e, subsequentemente, utilizar a imagem transformada para obter um conjunto de descritores que caracterize a imagem.

No entanto, no caso das imagens, devemos ter em mente o problema da localização das frequências após a aplicação da transformada de Fourier 2-D e da operação de *shift*:

- Baixas frequências: localizam-se próximas do centro da imagem. Representam as mudanças suaves nas intensidades da imagem.
- Altas frequências: localizam-se afastadas do centro da imagem. Representam as mudanças bruscas nas intensidades da imagem, como bordas de objetos.

Uma forma simples de obter descritores a partir da transformada de Fourier 2-D de uma imagem é utilizar os valores obtidos a partir do seu espectro de potência

$$P(u, v) = |F(u, v)|^2, \tag{8.27}$$

os quais podem ser usados para a análise de texturas (Weszka et al. [1976]). Como as frequências variam partindo do centro da imagem, é mais interessante considerar descritores como sendo a soma dos valores de espectro de potência, $P(u, v)$, localizados a uma certa distância do centro da imagem:

$$D(i) = \sum P(u, v), \forall d(u, v) = i, \tag{8.28}$$

em que i é um valor inteiro de distância e $d(u, v)$ é a distância da coordenada (u, v) ao centro da imagem transformada. Para calcular os descritores de Fourier de uma imagem, foi proposta a função **Descritor-FourierTextura**, cuja descrição é apresentada a seguir.

DESC = DescritorFourierTextura(IM)	
Entrada:	**IM** - é uma matriz **N** × **M** representando uma imagem em níveis de cinza.
Saída:	**DESC** - é uma matriz **1** × **T** representando os descritores de Fourier obtidos do espectro de potência. **T** equivale à metade do tamanho da menor dimensão da imagem **IM**.

A seguir, é mostrado o código MATLAB® da função **DescritorFourier-Textura**.

```matlab
function desc = DescritorFourierTextura(im)
    f = fft2(im);
    f = abs(f);
    f = f/f(1,1);
    f(1,1) = 0;
    f = fftshift(f);

    [ny,nx] = size(f);
    tam = fix(min(size(f))/2-1);
    desc = zeros(1,tam);

    for raio=1:tam
        mascara = calculaCirculo(ny,nx,raio);
        magDesc = f.*mascara;
        if raio == 1
            desc(raio) = sum(magDesc(:));
        else
            desc(raio) = sum(magDesc(:)) - desc(raio
                - 1);
        end
    end
end


function mascara = calculaCirculo(tamY,tamX, raio)
    y0 = round(tamY/2+1);
    x0 = round(tamX/2+1);

    mascara = zeros(tamY,tamX);
```

```
    erro = 1 - raio;
    erroY = 1;
    erroX = -2 * raio;

    x = raio;
    y = 0;

    mascara(y0 - raio:y0 + raio,x0) = 1;
    mascara(y0,x0 - raio:x0 + raio) = 1;

    while(y < x)
        if(erro > 0)
            x = x - 1;
            erroX = erroX + 2;
            erro = erro + erroX;
        end
        y = y + 1;
        erroY = erroY + 2;
        erro = erro + erroY;
        mascara(y0 + y,x0 - x:x0 + x) = 1;
        mascara(y0 - y,x0 - x:x0 + x) = 1;
        mascara(y0 + x,x0 - y:x0 + y) = 1;
        mascara(y0 - x,x0 - y:x0 + y) = 1;
    end
end
```

8.2.6 Análise de complexidade

Uma forma interessante de analisar a textura das imagens é através do estudo da complexidade. O termo análise de complexidade, apesar da ausência de uma definição formal na literatura, está relacionado às mais diversas características existentes nas texturas como, por exemplo, a distribuição e organização dos pixels na imagem, assim como a homogeneidade da textura. Trata-se de uma característica de grande importância em processos de reconhecimento de padrões, especialmente naqueles que envolvem imagens biológicas.

Dimensão fractal

Inicialmente desenvolvida para a análise da forma de objetos, a dimensão fractal foi posteriormente expandida para permitir a análise de imagens de textura. Isso se deve ao fato de que a dimensão fractal é um método que permite avaliar a complexidade de objetos. Nas texturas, o termo complexidade se relaciona com a distribuição, organização dos pixels e homogeneidade da textura. Trata-se, portanto, de uma medida que permite quantificar o aspecto visual da textura e, consequentemente, distinguir padrões de texturas diferentes.

Dentre as várias abordagens para se estimar a dimensão fractal de uma textura, uma das mais conhecidas é o *Differential Box-Counting* (Sarkar and Chaudhuri [1994]). Como o método BoxCounting para formas, seu cálculo é baseado na sobreposição de uma malha de quadrados sobre uma imagem. Porém, em vez de contar o número de pontos da imagem dentro dessa caixa, temos agora de contar quantos cubos de altura r seriam necessários para cobrir a variação de intensidades dos pixels dentro da caixa. É a partir dessa contagem de cubos, $N(r)$, que obtemos a dimensão fractal, pois esta se baseia na relação entre o tamanho da caixa r usada na malha de quadrados e o número de cubos que coincidem com a textura analisada:

$$DF = -\lim_{r \to 0} \frac{log(N(r))}{log(r)}. \tag{8.29}$$

Para calcular a dimensão fractal de uma imagem em níveis de cinza foi proposta a função **BoxCountingTextura**, cuja descrição é apresentada a seguir.

[Vx,Vy,DF] = BoxCountingTextura(IM,CAIXAS)	
Entrada:	**IM** - é uma matriz **N** × **M** representando uma imagem em níveis de cinza.
	CAIXAS é uma matriz **1** × **K** representando os tamanhos de caixa a serem utilizados.
Saída:	**Vx** - é uma matriz **K** × **1** representando o logaritmo do tamanho de caixa usado.
	Vy - é uma matriz **K** × **1** representando o logaritmo do número de caixas contadas.
	DF - é o valor obtido para a dimensão fractal da textura.

A seguir, é possível ver o código MATLAB® da função **BoxCounting-Textura**.

```matlab
function [Vx,Vy,DF] = BoxCountingTextura(im,caixas)
    for ca=caixas
        Vx = [Vx; log(ca)];
        Vy = [Vy; log(ContaCaixas(im,ca))];
    end;

    P = polyfit(Vx,Vy,1);
    DD = -P(1);
end

function cont = ContaCaixas(imagem,caixa)
    [ny,nx] = size(imagem);
    cont = 0;
    lin = 1;
    while lin < ny
        lin2 = lin + caixa - 1;
        if lin2 > ny
            lin2 = ny;
        end;

        col = 1;
        while col < nx
            col2 = col + caixa -1;
            if col2 > nx
                col2 = nx;
            end;

            caixa = imagem(lin:lin2,col:col2);
            cinza_max = max(caixa(:));
            cinza_min = min(caixa(:));
            cont = cont + fix(c_max/caixa) - fix(
                c_min/caixa) + 1;

            col = col + caixa;
        end;
        lin = lin + caixa;
    end;
end
```

Lacunaridade

Vimos na Seção 8.1.4 que a lacunaridade é uma técnica desenvolvida para a análise de formas. Ela permite quantificar **como** o espaço está preenchido, analisando a maneira como os pixels estão distribuídos e organizados em uma determinada região da imagem (Plotnick et al. [1996], Allain and Cloire [1991]).

A lacunaridade de uma forma é estimada através da medida da distribuição espacial dos buracos ou "gaps" existentes nessa imagem. Esse mesmo princípio da lacunaridade usado para a análise de formas pode ser também utilizado para a análise de texturas.

Como na análise de formas, a lacunaridade é computada deslizando uma caixa de dimensões $r \times r$ sobre a imagem. Uma forma de se calcular a lacunaridade de uma textura é utilizar uma binarização local dentro de cada caixa antes do cálculo de $n(S,r)$, que representa o número de caixas de lado r contendo uma massa S. Assim, a massa S dentro de cada caixa é definida como o número de pixels com intensidade maior do que a média das intensidades dentro da caixa. A partir desse ponto, o cálculo se mantém igual ao do caso da análise de formas, ou seja, temos apenas de calcular o primeiro e o segundo momentos dessa distribuição, sendo a lacunaridade obtida a partir deles (Backes [2013]).

Para calcular a lacunaridade de uma textura foi proposta a função **LacunaridadeTextura**, cuja descrição é apresentada a seguir.

LAC = LacunaridadeTextura(IMAGEM,LADO)		
Entrada:	**IMAGEM** - é uma matriz **N** × **M** representando uma imagem em níveis de cinza.	
	LADO - é o valor representando o tamanho da caixa usada no cálculo.	
Saída:	**LAC** - é o valor obtido para a lacunaridade do objeto.	

A seguir, é mostrado o código MATLAB® da função **LacunaridadeTextura**.

```
function lac = LacunaridadeTextura(im,l)
    [ny,nx] = size(im);
    n_pixels = l * l;
    hi = zeros(1,n_pixels + 1);
```

```
for y=1:(ny-l+1)
    for x=1:(nx-l+1)
        im = im(y:(y+l-1),x:(x+l-1));
        me = sum(sum(im)) / n_pixels;

        n_elem = find(im >= me);
        n_elem = length(n_elem) + 1;
        hi(n_elem) = hi(n_elem) + 1;
    end;
end;

hi = hi / sum(hi);
v = 0:n_pixels;

Z1 = sum(v .* hi);
Z2 = sum((v.^2) .* hi);

lac = Z2 / (Z1 .^ 2);
end
```

8.3 PCA: análise de componentes principais

A técnica de PCA (*Principal Component Analysis*) teve seu início no trabalho de Pearson (1901), mas foi realmente consolidada no trabalho de Hotteling (1933). O objetivo dessa técnica é, dado um conjunto de dados representados por p atributos, representar esse conjunto por meio de p "componentes principais", que são combinações lineares dos atributos originais. Além disso, esses p componentes principais são descorrelacionados e estão em ordem decrescente de variância. Geometricamente, podemos pensar que o PCA desloca o plano cartesiano dos dados originais para que estes fiquem centralizados e, a seguir, rotaciona os eixos para maximizar a variância nos primeiros componentes, conforme demonstra a Figura 8.6

A principal aplicação do PCA é a redução de dimensionalidade dos dados com perda mínima de informação. Uma vez que as variâncias dos componentes principais estão em ordem decrescente, é possível usar apenas os

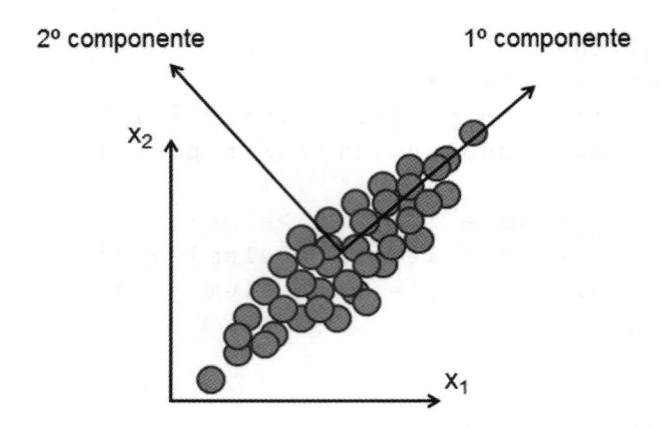

Figura 8.6: Interpretação geométrica do PCA.

k primeiros componentes ($k<p$) para representar os p atributos originais com manutenção de grande parte das suas informações. É importante enfatizar que o sucesso dessa redução de dimensionalidade depende estritamente da disposição espacial dos dados. Por exemplo, se os dados estiverem organizados de forma esférica (ou seja, com correlação nula entre os atributos), a técnica PCA não será útil.

Em termos formais, dada uma matriz $X_{n \times p}$ (com os atributos já subtraídos de sua média), em que n é o número de amostras e p o número de atributos, o primeiro passo para obter os componentes principais é calcular os auto-valores $\lambda_1 \geq \lambda_2 \geq \dots, \lambda_p$ e correspondentes auto-vetores $v_1, v_2, \dots, v_p$ da matriz de covariância $\Sigma_{p \times p}$ da matriz de dados X. Esses auto-vetores satisfazem às seguintes condições:

- $v_i'v_j = 0$ para $i \neq j$,
- $v_i'v_i = 1$ para $i = 1, 2, \dots, p$,
- $\Sigma_{p \times p} v_i = \lambda_i v_i$.

A seguir, se esses auto-vetores forem organizados em uma matriz $W = [v_1|v_2|\dots|v_p]$, o cálculo da matriz X_{pca} dos dados transformados pelo PCA será simplesmente $X_{pca} = XW$. Nessa nova matriz, cada coluna é um componente principal.

Em MATLAB® podemos utilizar o método PCA por meio da função **princomp()**, cuja descrição é apresentada a seguir.

[COEF,ESC,VA] = princomp(D)	
Entrada:	**D** - Matriz **N** × **P** (cada linha representa uma amostra e cada coluna um atributo do vetor de características).
Saída:	**COEF** - Matriz **P** × **P**, em que cada coluna contém os coeficientes (isto é, cada coluna é um auto-vetor) de um componente principal. As colunas estão em ordem decrescente de variância (auto-valor). **ESC** - Matriz **N** × **P** que representa **D** no espaço dos componentes principais. Nessa matriz cada linha é uma amostra e cada coluna é um componente. **VA** - vetor com as variâncias (auto-valores) dos componentes principais. Os valores estão em ordem decrescente.

Obs: a função **princomp()** também devolve a estatística T-quadrada de Hotteling, que omitimos para focar apenas nos elementos essenciais do PCA. O leitor interessado poderá encontrar mais detalhes no *help* do MATLAB®.

O código MATLAB® a seguir apresenta um pequeno exemplo de utilização da função **princomp()**.

```
D=[-1.6  -1.8;  -1.4  -1.3;  -1.1  -1.2;  -0.8  -0.7;
   -0.5  -0.6;  -0.2  -0.3;   0.1   0.3;   0.3   0.2;
    0.7   0.9;   1.0   1.2];

%utilização da função princomp();
[coef,esc,va]=princomp(D);

figure;
%plotagem dos dados originais.
plot(D(:,1),D(:,2),'k*');
axis([-3 3 -2 2]);
xlabel('Eixo X'); ylabel('Eixo Y');
title('Dados originais');

%variância nos eixos x e y.
var_x=var(D(:,1));
var_y=var(D(:,2));

%percentagem da variância nos eixos x e y
%nos dados originais.
fprintf('Percentagem de variância nos dados originais
```

```
  \n');
fprintf('Variância no eixo X: %f\n',var_x/(var_x+
   var_y));
fprintf('Variância no eixo Y: %f\n',var_y/(var_x+
   var_y));

figure;
%plotagem dos dados no espaço dos
%componentes principais.
plot(esc(:,1),esc(:,2),'k*');
axis([-3 3 -2 2]);
xlabel('Eixo X'); ylabel('Eixo Y');
title('Dados no espaço dos componentes principais (
   PCA)');

%percentagem da variância nos eixos x e y
%nos componentes principais.
fprintf('Percentagem de variância nos dados no espaço
   dos componentes\n');
fprintf('Variância no eixo X: %f\n',va(1)/sum(va));
fprintf('Variância no eixo Y: %f\n',va(2)/sum(va));
```

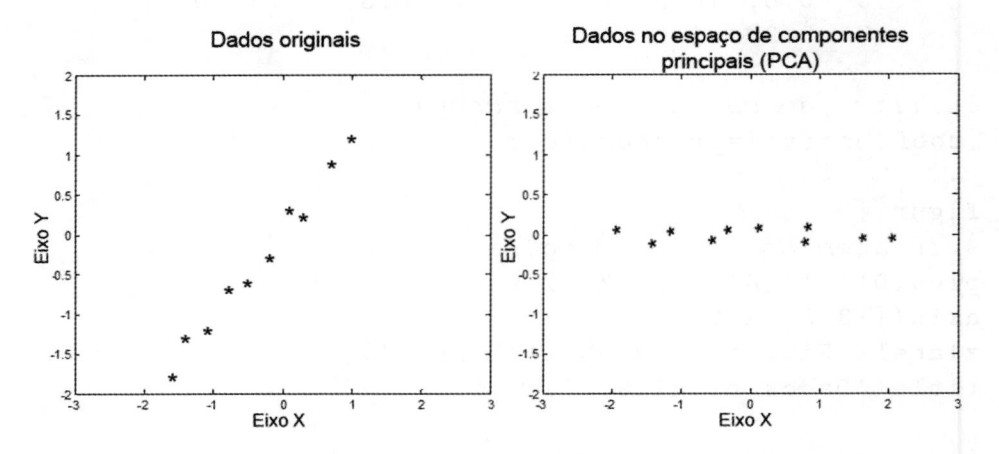

Figura 8.7: Dados originais e no espaço dos componentes principais.

Na Figura 8.7 é possível perceber claramente que os dados ficaram em uma posição mais horizontal, maximizando a variância no eixo x e minimizando a variância no eixo y. De fato, nos dados originais a variância no eixo x é de aproximadamente 44,95% e no eixo y de 55,04%. Com a aplicação do PCA, o eixo x tem aproximadamente 99,56% da variância total dos dados e o eixo y apenas 0,43%. Assim, no exemplo apresentado, após a aplicação do PCA as amostras poderiam ser representadas apenas pelo primeiro componente principal com a quase totalidade da informação dos dados originais.

8.4 Normalização de atributos

Algumas vezes os atributos dos vetores de características possuem *magnitudes* muito diferentes, o que pode tornar essas assinaturas menos discriminativas para a etapa de classificação. Como exemplo didático, imagine que um pesquisador coletou duas medidas de dez objetos de duas classes (cinco objetos por classe) para treinar determinado classificador. Essas supostas medidas estão dispostas na matriz M a seguir, em que as cinco primeiras linhas representam os objetos da primeira classe e as cinco últimas linhas os objetos da segunda classe.

$$M = \begin{pmatrix} 0.11 & 1001 \\ 0.12 & 1005 \\ 0.07 & 1003 \\ 0.09 & 1004 \\ 0.10 & 1005 \\ 0.99 & 1001 \\ 0.97 & 1007 \\ 0.96 & 1004 \\ 0.98 & 1006 \\ 0.95 & 1002 \end{pmatrix}$$

O que é possível perceber nesses dados? Primeiro, que a primeira coluna consegue discriminar muito bem os objetos, uma vez que as amostras do primeiro grupo possuem valores entre 0.07 e 0.12 e as do segundo grupo entre 0.95 e 0.99. Segundo, que os dados na segunda coluna não são discriminativos porque as amostras do primeiro grupo possuem valores entre 1001 e 1005 e as do segundo grupo entre 1001 e 1007. Qual o problema, então? O problema é que como a magnitude da segunda coluna é muito maior do que a da primeira coluna, os dados daquela terão preponderância no processo de classificação, o que no presente exemplo compromete a capacidade de os vetores discriminarem as amostras dos dois grupos.

Para resolver essa situação, é necessário *normalizar* os dados, isto é, transformá-los para que se enquadrem em determinada regra. Para tanto, uma primeira estratégia de normalização é estipular uma faixa com valores mínimo e máximo pré-definidos (geralmente [0 1] ou [-1 1]) e efetuar uma conversão similar àquela entre temperaturas (Celsius para Fahrenheit, por exemplo). Essa conversão é expressa pela equação a seguir

$$x_i^{norm} = \frac{(v^{max} - v^{min})(x_i - x_i^{min})}{x_i^{max} - x_i^{min}} + v^{min}, \qquad (8.30)$$

em que x_i é o atributo que será convertido, x_i^{min} e x_i^{max} são os valores mínimo e máximo do atributo, e v^{min} e v^{max} são os valores mínimo e máximo do intervalo de normalização, respectivamente.

O código MATLAB® a seguir normaliza os atributos dos dados apresentados previamente no intervalo [-1 1].

```
clc;    %limpa a janela de comandos.
clear;  %limpa as variáveis.

%matriz de dados (dez vetores de dois atributos).
M=[0.11 1001;
   0.12 1005;
   0.07 1003;
   0.09 1004;
   0.10 1005;   %classe 1
   0.99 1001;
   0.97 1007;
   0.96 1004;
   0.98 1006;
   0.95 1002]; %classe 2

[sX sY]=size(M);

v_min=-1; %valor mínimo do intervalo de normalização.
v_max= 1; %valor máximo do intervalo de normalização.

%percorre cada coluna da matriz (atributo) efetuando
```

```matlab
%a normalização.
for i=1:sY,
  M(:,i)=(v_max-v_min)*(M(:,i)-min(M(:,i)))/(max(M(:,
    i))-min(M(:,i)))+v_min;
end

fprintf('Dados normalizados\n\n');

%exibição da matriz normalizada.
disp(M);
```

Como é possível perceber na matriz M^{norm} (mostrada a seguir) gerada pelo código, os valores mínimo e máximo de cada coluna foram convertidos para -1 e 1, respectivamente, e os valores intermediários foram transformados em valores equivalentes no novo intervalo. Nessa nova matriz, ambos os atributos são equivalentes em magnitude, sendo efetivamente a qualidade do atributo o elemento essencial para discriminar as amostras.

$$M^{norm} = \begin{pmatrix} -0.9130 & -1.0000 \\ -0.8913 & 0.3333 \\ -1.0000 & -0.3333 \\ -0.9565 & 0 \\ -0.9348 & 0.3333 \\ 1.0000 & -1.0000 \\ 0.9565 & 1.0000 \\ 0.9348 & 0 \\ 0.9783 & 0.6667 \\ 0.9130 & -0.6667 \end{pmatrix}$$

Uma segunda estratégia de normalização bastante utilizada é converter os atributos para que estes tenham média nula e variância unitária, conforme expressa a equação a seguir

$$x_i^{norm} = \frac{x_i - \mu(x_i)}{\sigma(x_i)}, \tag{8.31}$$

em que x_i é o atributo que será convertido, e $\mu(x_i)$ e $\sigma(x_i)$ são a média e o desvio-padrão do atributo, respectivamente.

Essa maneira de normalizar os dados também é conhecida por *zscore* e o MATLAB® possui uma função para essa normalização com o mesmo nome, **zscore()**.

Z = zscore(X)	
Entrada:	**X** - Matriz **N** × **P** (cada linha representa uma amostra e cada coluna um atributo do vetor de características).
Saída:	**Z** - Matriz **N** × **P** que representa **X** normalizado para média 0 e desvio-padrão 1.

O código MATLAB® a seguir normaliza os dados da matriz M apresentada previamente por meio dessa função.

```
clc;    %limpa a janela de comandos.
clear;  %limpa as variáveis.

%matriz de dados (dez vetores de dois atributos).
M=[0.11 1001;
   0.12 1005;
   0.07 1003;
   0.09 1004;
   0.10 1005;   %classe 1
   0.99 1001;
   0.97 1007;
   0.96 1004;
   0.98 1006;
   0.95 1002];  %classe 2

%normalização por zscore
%(média nula e variância unitária).
M=zscore(M);

fprintf('Dados normalizados\n\n');

%exibição da matriz normalizada.
disp(M);
```

Como é possível perceber na matriz M^{norm} (mostrada a seguir) gerada pelo código, os valores mínimo e máximo de cada coluna não foram convertidos para um intervalo específico. Na prática, entretanto, essa estratégia também elimina a diferença de magnitude entre os atributos, permitindo que estes contribuam de forma equânime na discriminação das amostras na base de dados.

$$M^{norm} = \begin{pmatrix} -0.9220 & -1.3699 \\ -0.9002 & 0.5871 \\ -1.0089 & -0.3914 \\ -0.9655 & 0.0978 \\ -0.9437 & 0.5871 \\ 0.9916 & -1.3699 \\ 0.9481 & 1.5656 \\ 0.9263 & 0.0978 \\ 0.9698 & 1.0763 \\ 0.9046 & -0.8806 \end{pmatrix}$$

CAPÍTULO 9

RECONHECIMENTO DE PADRÕES

Neste capítulo apresentaremos a última etapa de um sistema de visão computacional, que consiste na classificação dos vetores de características obtidos das imagens. Essa fase, denominada **reconhecimento de padrões**, possui vida própria e uma extensa literatura, de modo que pretendemos apenas apresentar um pequeno conjunto das técnicas que consideramos mais importantes.

9.1 Classificadores Elementares

Nesta seção descrevemos dois classificadores muito simples, porém em determinados problemas muito eficientes, que se baseiam exclusivamente em métricas de distância.

9.1.1 K-vizinhos mais próximos (K-NN)

O classificador **K-NN** (K-*nearest neighbors*) é um algoritmo muito simples e baseia-se na seguinte regra: atribua a uma amostra desconhecida a classe das K amostras que estejam mais próximas (usando alguma métrica de distância, como euclidena, Mahalanobis, cityblock etc.). Quando o valor de $K>1$, a classe dominante entre as K amostras será a classe do objeto desconhecido. Caso haja empate, uma alternativa é que a amostra mais próxima do objeto desconhecido decida a classe. Na Figura 9.1 é mostrado um exemplo 1-NN no qual uma amostra desconhecida (círculo) recebe o rótulo da amostra mais próxima (classe "triângulo"). Em MATLAB® podemos usar o método K-NN por meio da função **knnclassify()**, conforme descrição a seguir.

CLASSES = knnclassify(TEST, TREIN, GRS, K, DIS, REG)	
Entrada:	**TEST** - Matriz cujas linhas são as amostras que serão classificadas.
	TREIN - Matriz cujas linhas são as amostras de treinamento (possui o mesmo número de colunas que **TEST**).
	GRS - Vetor cujos valores definem as classes de cada linha da matriz **TREIN**.
	K - O número de vizinhos mais próximos na classificação. Por *default*, é 1.
	DIS - É a métrica de distância (euclideana (*default*), cityblock, cosseno etc.).
	REG - Regra usada para definir a classificação. Por *default*, a regra é que a classe da maioria das **K** amostras decida, e que casos de empate sejam decididos pela amostra mais próxima.
Saída:	**CLASSES** - É um vetor com os rótulos das linhas da matriz **TEST**.

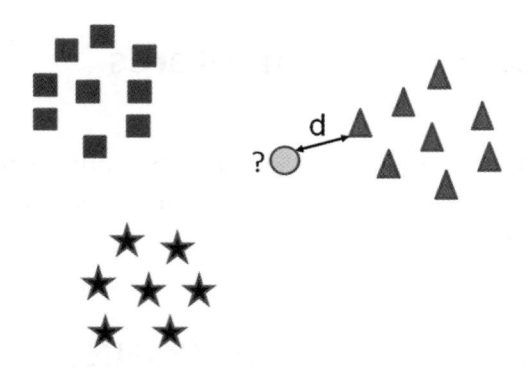

Figura 9.1: Exemplo de atribuição de classe pelo método 1-NN.

O código MATLAB® a seguir exemplifica o uso da função **knnclassify()**. Na Figura 9.2 é mostrada a plotagem dos dados de treinamento (asteriscos, quadrados e pentagramas) e teste (triângulos) do algoritmo 2-NN usado no código. Como é demonstrado na figura, duas das amostras da classe 1 (asteriscos) são as mais próximas de um dos triângulos e duas amostras da classe 2 (quadrados) são as mais próximas do outro triângulo, o que explica por que o valor da variável *Classes* é o vetor $[1, 2]^T$ após a execução do código.

```
%amostras para teste.
Teste=[2.2 4.4
       -4.2 2.3];

%amostras de treinamento.
%3 classes, cada qual com 3 amostras.
Treino=[ 1.0   2.0;   1.1   2.4;   1.3   2.1    %classe 1.
        -4.0   5.0;  -4.1   4.6;  -4.3   4.2    %classe 2.
         3.0  -4.1;   3.1  -4.4;   3.3  -4.2];  %classe 3.
hold on;
%plot das amostras de teste.
plot(Teste(:,1) ,Teste(:,2),'k^');
%plot das amostras da classe 1.
plot(Treino(1:3,1),Treino(1:3,2),'k*');
%plot das amostras da classe 2.
plot(Treino(4:6,1),Treino(4:6,2),'rs');
%plot das amostras da classe 3.
plot(Treino(7:9,1),Treino(7:9,2),'bp');
axis([-6 5 -6 6]);
%grupos de cada uma das amostras de treinamento.
Grupo=[1; 1; 1; 2; 2; 2; 3; 3; 3];
K=2; %número de vizinhos mais próximos.
Classes=knnclassify(Teste,Treino,Grupo,K);
```

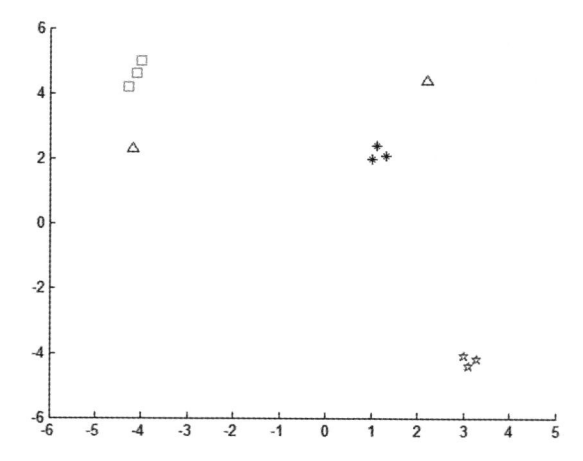

Figura 9.2: Plotagem dos dados para treinar (asteriscos, quadrados e pentagramas) e testar (triângulos) o algoritmo 2-NN.

9.1.2 Classificador de protótipo mais próximo

O classificador de protótipo mais próximo (*nearest prototype classifier*) segue o mesmo princípio de distância mínima do K-NN, porém em vez de calcular a distância entre o objeto desconhecido e todas as amostras de treinamento, calcula a distância entre aquele e o centroide (protótipo) de cada grupo, conforme exemplo na Figura 9.3, na qual os círculos pretos representam os centroides. Desse modo, para utilizar o algoritmo basta atribuir à variável **Trein** da função **knnclassify()** uma matriz em que cada linha é o vetor protótipo de cada classe (em outras palavras, o vetor que representa a média dos vetores de cada classe) e estabelecer que $K=1$.

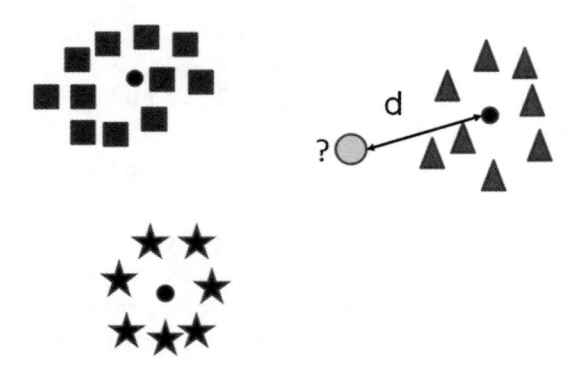

Figura 9.3: Exemplo de atribuição de classe pelo método do protótipo mais próximo.

O código MATLAB® abaixo mostra um exemplo de uso do classificador de protótipo mais próximo. Na Figura 9.4 é mostrada a plotagem dos dados de treinamento (asteriscos, quadrados e pentagramas), de teste (triângulos), e dos centroides das três classes (círculos). Como é demonstrado na figura, o centroide da classe 1 (asteriscos) é o mais próximo de um dos triângulos e o centroide da classe 2 (quadrados) é o mais próximo do outro triângulo, o que explica por que o valor da variável *Classes* é o vetor $[1, 2]^T$ após a execução do código.

```
%amostras para teste.
Teste=[2.2 4.4
       -4.2 2.3];
%amostras de treinamento.
%3 classes, cada qual com 3 amostras.
Treino=[ 1.0   2.0;   1.5   2.4;   1.3   2.6     %classe 1.
        -4.0   5.0;  -4.3   4.3;  -4.5   4.7     %classe 2.
```

```
          3.0 -3.8;   3.3 -4.4;   3.5 -4.0]; %classe 3.
centro_1=mean(Treino(1:3,:)); %centroide da classe 1.
centro_2=mean(Treino(4:6,:)); %centroide da classe 2.
centro_3=mean(Treino(7:9,:)); %centroide da classe 3.
hold on;
%plot das amostras de teste.
plot(Teste(:,1),Teste(:,2),'k^');
%plot das amostras da classe 1.
plot(Treino(1:3,1),Treino(1:3,2),'k*');
%plot das amostras da classe 2.
plot(Treino(4:6,1),Treino(4:6,2),'rs');
%plot das amostras da classe 3.
plot(Treino(7:9,1),Treino(7:9,2),'bp');
%plot do centroide da classe 1.
plot(centro_1(1),centro_1(2),'ko');
%plot do centroide da classe 2.
plot(centro_2(1),centro_2(2),'ko');
%plot do centroide da classe 3.
plot(centro_3(1),centro_3(2),'ko');
axis([-6 5 -6 6]);
%grupos de cada uma das amostras de treinamento.
Grupo=[1; 2; 3];
K=1; %número de vizinhos mais próximos.
Classes=knnclassify(Teste,[centro_1;centro_2;centro_3
   ],Grupo,K);
```

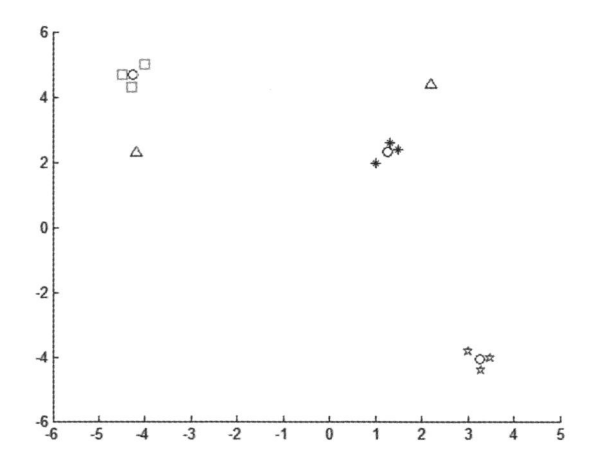

Figura 9.4: Plotagem dos dados para treinar (asteriscos, quadrados e pentagramas) e testar (triângulos) o algoritmo de protótipo mais próximo.

9.2 Classificadores bayesianos

Os classificadores bayesianos são aqueles baseados no teorema de Bayes, que pode ser expresso como

$$P(A|B) = \frac{P(B|A)P(A)}{P(B)}, \qquad (9.1)$$

em que $P(A)$ e $P(B)$ são as probabilidade *a priori* de A e B, e $P(A/B)$ e $P(B/A)$ são as probabilidades *a posteriori* (A condicional a B e B condicional a A, respectivamente).

Em se tratando de reconhecimento de padrões, o teorema de Bayes pode ser adaptado para a forma

$$P(c_i|\vec{x}) = \frac{P(\vec{x}|c_i)P(c_i)}{P(\vec{x})}, \qquad (9.2)$$

em que $P(c_i)$ é probabilidade *a priori* da classe c_i, $P(c_i|\vec{x})$ é probabilidade *a posteriori* de c_i ser a classe de $\vec{x}$, $P(\vec{x}|c_i)$ é a função densidade de probabilidade da classe c_i, e $P(\vec{x})$ é a densidade de probabilidade do vetor $\vec{x}$.

A densidade de probabilidade $P(\vec{x})$ é definida como

$$P(\vec{x}) = \sum_i P(\vec{x}|c_i)P(c_i), \qquad (9.3)$$

em que i representa cada possível classe na qual os dados serão agrupados. Como esse termo tem apenas função normalizadora (para que a soma dos valores de $P(c_i|\vec{x})$ para cada classe i seja igual a 1), o mesmo pode ser suprimido da equação 9.2.

O cálculo de $P(\vec{x}|c_i)$ não é factível na prática porque exige uma grande quantidade de amostras para computar a frequência dos atributos do vetor $\vec{x}$ em cada classe. Assim, o procedimento usual é pressupor que cada classe possui uma distribuição gaussiana multivariada, definida como

$$P(\vec{x}|c_i) = \frac{1}{\sqrt{(2\pi|\Sigma_i|)}} \exp\left(-\frac{1}{2}(\vec{x}-\vec{\mu_i})^T \Sigma_i^{-1}(\vec{x}-\vec{\mu_i})\right), \qquad (9.4)$$

em que $\vec{\mu_i}$ e Σ_i são o vetor-média e a matriz de covariância da classe c_i, respectivamente.

Desse modo, a equação 9.2 assume a seguinte forma

$$P(c_i|\vec{x}) = \frac{1}{\sqrt{(2\pi|\Sigma_i|)}} \exp\left(-\frac{1}{2}(\vec{x} - \vec{\mu_i})^T \Sigma_i^{-1}(\vec{x} - \vec{\mu_i})\right) P(c_i). \qquad (9.5)$$

Como o método bayesiano considera que o vetor $\vec{x}$ pertence à classe c_i com maior probabilidade *a posteriori*, isto é, $i = \arg\max_{k \in 1,2,...,m}(P(c_k|\vec{x}))$, em que m é o total de classes, é possível suprimir o valor 2π da equação 9.5 e aplicar um $ln()$ na mesma. Dessa forma, obtemos a equação simplificada

$$P(c_i|\vec{x}) = -\frac{1}{2}\ln|\Sigma_i| - \frac{1}{2}(\vec{x} - \vec{\mu_i})^T \Sigma_i^{-1}(\vec{x} - \vec{\mu_i}) + \ln P(c_i). \qquad (9.6)$$

O MATLAB® possui a função **classify()** para classificadores bayesianos, cuja descrição é apresentada abaixo.

[CLAS,ERR,PST]=classify(AMOST,TREIN,GRUP,TIP,PRI)	
Entrada:	**AMOST** - Matriz que representa as amostras que serão classificadas (cada linha representa uma amostra e cada coluna um atributo do vetor de características).
	TREIN - Matriz que representa as amostras que serão usadas para treinar o classificador (**AMOST** e **TREIN** têm o mesmo número de colunas).
	GRUP - Vetor que representa as classes de cada amostra da variável **TREIN**.
	TIP - Representa o tipo de classificador bayesiano que será usado. Opções: linear, quadrático, linear com matriz de covariância em que apenas a diagonal principal contém valores diferentes de zero etc.
	PRI - Pode receber um vetor com as probabilidades *a priori* de cada classe. Por *default*, cada classe tem igual probabilidade.
Saída:	**CLAS** - Classes das amostras da matriz **AMOST**.
	ERR - É uma estimativa da taxa de classificação errônea que é baseada nos dados de treinamento.
	PST - Matriz com as probabilidades *a posteriori* de cada amostra de teste para cada classe. A quantidade de linhas é a quantidade de amostras de teste e a quantidade de colunas é a quantidade de classes.

Obs: é importante salientar que **classify()** possui outros parâmetros de entrada e devolve outras informações. Mais detalhes podem ser encontrados no *help* do MATLAB®.

9.2.1 Análise linear discriminante - LDA

A análise linear discriminante (*Linear Discriminant Analysis* - LDA), que é uma generalização da função discriminante linear de Fisher (1936), utiliza como base a equação 9.6 e parte do pressuposto de que todas as classes possuem a mesma matriz de covariância. Desse modo, $|\Sigma_i| = |\Sigma|$ e, por conseguinte, o primeiro termo da equação pode ser desprezado. A equação resultante é

$$P(c_i|\vec{x}) = -\frac{1}{2}(\vec{x} - \vec{\mu_i})^T\Sigma^{-1}(\vec{x} - \vec{\mu_i}) + \ln P(c_i). \qquad (9.7)$$

Obs: é a simplificação $\Sigma_i = \Sigma$ que transforma o método em um separador linear, isto é, que traça linhas em espaços 2-D, planos em espaços 3-D e hiperplanos em espaços de maiores dimensões.

O LDA pode ser usado no MATLAB® por meio da função **classify()** com a atribuição do argumento *'linear'* ao parâmetro **TIP**. Um exemplo é apresentado a seguir, no qual classificamos amostras da base de dados de flores "Iris" (Fisher [1936]), disponível no próprio MATLAB®. Essa base contém 150 amostras de flores (representadas por vetores de 4 atributos), divididas em três espécies (*Iris setosa*, *Iris virginica* e *Iris versicolor*).

```
%base de dados Iris, que contém 150 amostras de
   flores (representadas por
%vetores de 4 atributos) divididas em três classes (
   Iris setosa, Iris
%virginica e Iris versicolor).
load fisheriris;

%'meas' é a variável que guarda apenas os vetores de
   características das
%flores. Trata-se de uma matriz 150 x 4, em que as
   linhas 1-50 representam
%amostras da classe Iris setosa, 51-100 amostras da
   classe Iris
```

```
%virginica, e 101-150 amostras da classe Iris
   versicolor.

%Treino - matriz composta por três amostras de cada
   classe.
Treino=[meas(1:3,:);meas(51:53,:);meas(101:103,:)];

%rótulos de cada amostra da variável Treino.
Grupos=[1 1 1 2 2 2 3 3 3];

%matriz composta por duas amostras de cada classe.
   Obs: as amostras são
%diferentes daquelas usadas na variável Treino.
Teste=[meas(4:5,:);meas(54:55,:);meas(104:105,:)];

%classificação dos dados.
Classe=classify(Teste,Treino,Grupos,'linear');

%mostra os rótulos encontrados pela função classify()
disp(Classe);
```

Após a execução do código, a saída apresentada no *prompt* do MATLAB®
é $[1, 1, 2, 2, 3, 3]^T$, que demonstra que as amostras de teste foram
corretamente classificadas.

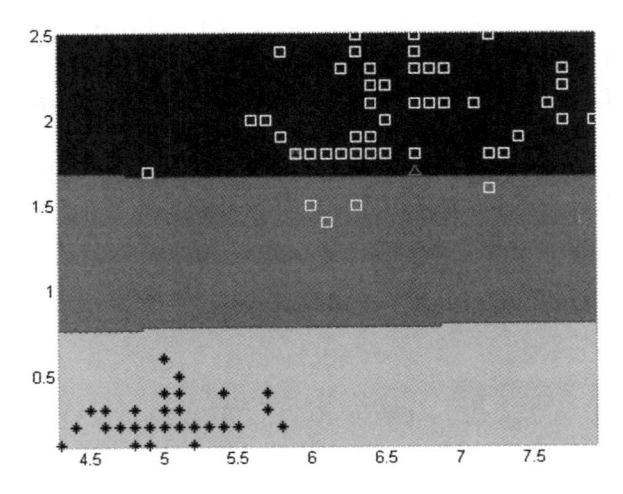

Figura 9.5: Plotagem dos dados da base 'Iris' (1º e 4º atributos) e das superfícies de
separação encontradas pelo método LDA.

O código MATLAB® a seguir plota os dados da base "Iris" (1º e 4º atributos), bem como as regiões de separação encontradas pelo LDA, conforme pode ser visualizado na Figura 9.5.

```matlab
load fisheriris; %base de dados iris.
%seleção apenas dos atributos 1 e 4 da base iris (
    para visualização).
base=[meas(:,1),meas(:,4)];
%rótulos das amostras da variável 'base'.
rotulos=[ones(1,50),2*ones(1,50),3*ones(1,50)];
%limites inferiores e superiores dos atributos na
    variável 'base'.
lim_xy=minmax(base');
%passo de varredura.
delta=0.02;

figure;
hold on;
for x=lim_xy(1,1):delta:lim_xy(1,2)
    for y=lim_xy(2,1):delta:lim_xy(2,2)
        %vetor de teste
        vetor_teste=[x,y];

        [Classe Erro Post]=classify(vetor_teste,base,
            rotulos,'linear');

        if Post(1)>Post(2) && Post(1)>Post(3)
            plot(x,y,'r.');
        elseif Post(2)>Post(1) && Post(2)>Post(3)
            plot(x,y,'b.');
        else
            plot(x,y,'g.');
        end

    end
end
%plotagem dos dados
plot(base(001:050,1),base(001:050,2),'k*');
plot(base(051:100,1),base(051:100,2),'y^');
plot(base(101:150,1),base(101:150,2),'ws');
axis([lim_xy(1,1) lim_xy(1,2) lim_xy(2,1) lim_xy(2,2)
    ]);
```

9.2.2 Análise quadrática discriminante - QDA

A análise quadrática discriminante (*Quadratic Discriminant Analysis* - QDA) pressupõe que cada classe tem a sua própria matriz de covariância. Por conseguinte, a fórmula do QDA é a equação 9.6.

Obs: como a matriz Σ é calculada por classe, o método QDA traça elípses, hipérboles etc. em espaços 2-D; elipsoides, hiperboloides etc. em espaços 3-D; e hiperelipsoides, hiper-hiperboloides etc. em espaços de maiores dimensões.

O QDA pode ser usado no MATLAB® por meio da função **classify()** com a atribuição do argumento '*quadratic*' ao parâmetro **TIP**. Um exemplo é apresentado a seguir, no qual classificamos amostras da base de dados de flores "Iris".

```
%base de dados Iris, que contém 150 amostras de
    flores (representadas por
%vetores de 4 atributos) dividias em três classes (
    Iris setosa, Iris
%virginica e Iris versicolor).
load fisheriris;

%'meas' é a variável que guarda apenas os vetores de
    características das
%flores. Trata-se de uma matriz 150 x 4, em que as
    linhas 1-50 representam
%amostras da classe Iris setosa, 51-100 amostras da
    classe Iris
%virginica, e 101-150 amostras da classe Iris
    versicolor.

%Treino - matriz composta por dez amostras de cada
    classe.
Treino=[meas(1:10,:);meas(51:60,:);meas(101:110,:)];

%rótulos de cada amostra da variável Treino.
Grupos=[1 1 1 1 1 1 1 1 1 1 2 2 2 2 2 2 2 2 2 2 3 3 3
    3 3 3 3 3 3 3];

%matriz composta por duas amostras de cada classe.
    Obs: as amostras são
```

```
%diferentes daquelas usadas na variável Treino.
Teste=[meas(4:5,:);meas(54:55,:);meas(104:105,:)];

%classificação dos dados.
Classe=classify(Teste,Treino,Grupos,'quadratic');

%mostra os rótulos encontrados pela função classify()
disp(Classe);
```

Após a execução do código, a saída apresentada no *prompt* do MATLAB® é $[1,\ 1,\ 2,\ 2,\ 3,\ 3]^T$, que demonstra que as amostras de teste foram corretamente classificadas.

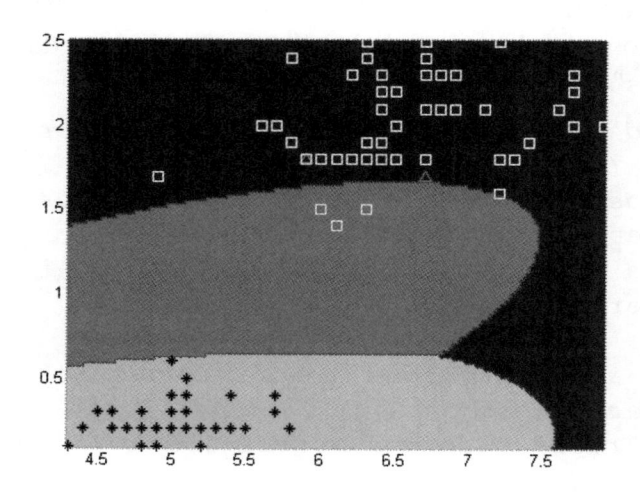

Figura 9.6: Plotagem dos dados da base 'Iris' (1º e 4º atributos) e das superfícies de separação encontradas pelo método QDA.

Obs: é importante salientar que, como a matriz de covariância é calculada por classe, podem haver problemas no cálculo da matriz caso haja um número pequeno de amostras por classe. O ideal é que cada classe possua uma quantidade de amostras bem maior do que a quantidade de atributos dos vetores.

Para plotar as superfícies separadoras do método QDA nas mesmas amostras classificadas pelo método LDA no segundo código MATLAB® apresentado na Seção 9.2.1, é necessário apenas substituir o valor '*linear*' por '*quadratic*' no parâmetro **TIP** da função **classify()**. O resultado obtido é apresentado na Figura 9.6.

9.2.3 Classificadores *Naive* Bayes

Os classificadores *Naive* (ingênuo) Bayes são aqueles que partem do pressuposto de que todos os atributos dos vetores de características são descorrelacionados. Desse modo, a matriz de covariância Σ possui todas as covariâncias $\sigma_{ij}, i \neq j$ nulas, ou seja,

$$\Sigma = \begin{pmatrix} \sigma_1^2 & 0 & \cdots & 0 \\ 0 & \sigma_2^2 & \cdots & 0 \\ \vdots & \vdots & \vdots & \vdots \\ 0 & 0 & \cdots & \sigma_p^2 \end{pmatrix}, \tag{9.8}$$

em que p é a quantidade de atributos dos vetores de características. Desse modo, é possível construir métodos "lineares" e "quadráticos" com essas matrizes.

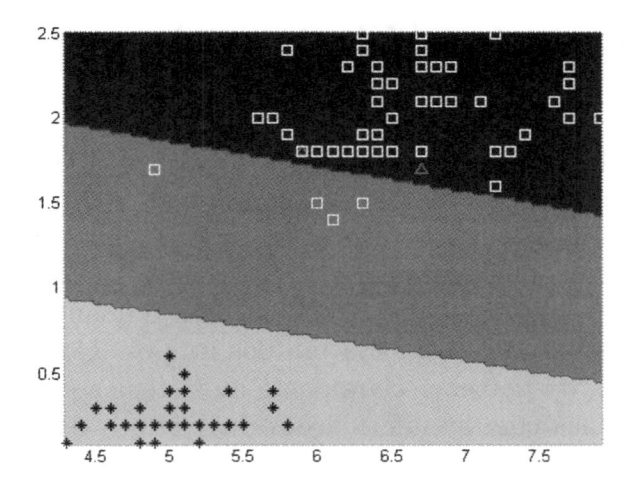

Figura 9.7: Plotagem dos dados da base 'Iris' (1º e 4º atributos) e das superfícies de separação encontradas pelo método *Naive* linear.

Em MATLAB® é possível usar o método linear e quadrático *Naive* Bayes apenas atribuindo ao parâmetro **TIP** os valores '*diagLinear*' ou '*diagQuadratic*', respectivamente. Se substituirmos o valor '*linear*' no segundo código apresentado na Seção 9.2.1 pelos valores mencionados, obteremos as superfícies separadoras mostradas nas Figuras 9.7 e 9.8.

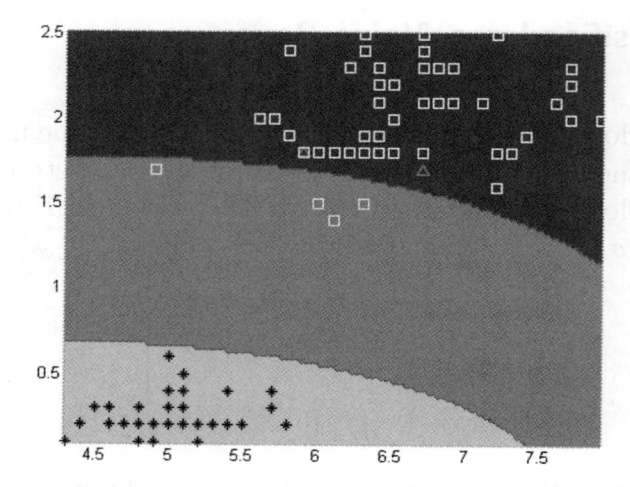

Figura 9.8: Plotagem dos dados da base 'Iris' (1º e 4º atributos) e das superfícies de separação encontradas pelo método *Naive* quadrático.

9.3 Agrupamentos (*Clustering*)

Em muitos problemas de reconhecimento de padrões não existe um supervisor que atribua uma classe a cada amostra de uma base de dados. Não obstante, é possível analisar a disposição espacial dos vetores de características em termos de coesão em grupos (*clusters*) e de separabilidade entre os diferentes grupos, e, desse modo, inferir a quantidade de classes e quais amostras pertencem a cada um dos grupos. Como exemplo, na Figura 9.9 é possível perceber claramente a existência de quatro grupos de amostras apenas com as informações dos vetores de características, sem nenhum rótulo definido *a priori*.

Existem vários algoritmos de agrupamentos, que podem ser classificados como hierárquicos, ou seja, podem criar subgrupos a partir de grupos, ou não hierárquicos, que são aqueles que criam apenas uma única partição dos dados. Além disso, eles podem conter *clusters* com sobreposição, isto é, uma amostra pode pertencer ao mesmo tempo a mais de um grupo (com diferentes graus de pertinência), ou sem sobreposição, nos quais cada amostra pertence exclusivamente a determinado *cluster*. Nas próximas seções apresentaremos dois algoritmos consagrados pela literatura especializada.

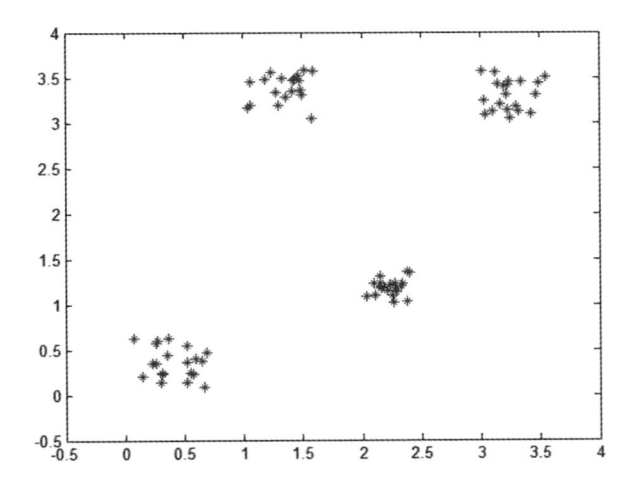

Figura 9.9: Plotagem de vetores de características distribuídos em quatro *clusters*.

9.3.1 Dendrograma

O método dendrograma (do grego *dendro*, que significa árvore) é um algoritmo hierárquico e particional. A sua ideia fundamental é criar primeiramente agrupamentos entre amostras que estão mais próximas (de acordo com determinada métrica de distância) e, a seguir, criar novos *clusters* a partir dos agrupamentos mais próximos criados na etapa precedente, e assim sucessivamente, até que todas as amostras pertençam a um único grupo. Uma ideia intuitiva é imaginar que as amostras são visualizadas de muito longe e que nos aproximamos delas gradativamente. Em um primeiro momento, todas pertencerão a um único grupo, porém, à medida que avançamos, os detalhes se tornam mais nítidos, novos agrupamentos são visualizados dentro do agrupamento original, até que, finalmente, cada amostra é um *cluster*. Na Figura 9.10 é apresentado um exemplo de dendrograma, no qual cada índice representa uma amostra e cada junção das linhas verticais representa a formação de um novo grupo.

Para criar um dendrograma, precisamos primeiramente criar uma matriz de similaridades a partir das amostras, ou seja, uma matriz que represente a distância entre uma amostra e todas as outras na base de dados. Para tanto, podemos usar a função **pdist()**, conforme descrito a seguir.

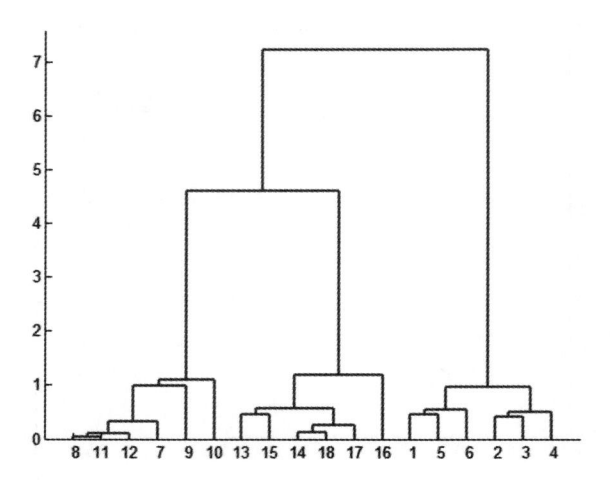

Figura 9.10: Exemplo de dendrograma.

Y=pdist(X,DISTANCE)	
Entrada:	**X** - Matriz **N** $\times$ **P** (cada linha representa uma amostra e cada coluna um atributo do vetor de características). **DISTANCE** - Métrica de distância, que pode ser: euclideana (*default*), distância euclideana normalizada, cityblock, cosseno etc.
Saída:	**Y** - Vetor linha **1** $\times$ **N(N-1)/2** contendo as distâncias entre quaisquer pares de amostras.

Obs: a função **pdist**() não devolve uma "matriz" de similaridades, mas esta pode ser construída facilmente a partir do vetor de saída da função.

O próximo passo é usar a função **linkage**(), com a qual criamos a árvore hierárquica de partições. Neste ponto é importante salientar que existem diferentes formas de criar um dendrograma. Algumas delas são descritas a seguir:

- **Single Linkage** (vizinho mais próximo ou distância mínima): por essa abordagem a distância entre dois *clusters* é a distância mínima entre duas amostras (uma em cada *cluster*).

- **Complete Linkage** (vizinho mais distante ou distância máxima): por essa abordagem a distância entre dois *clusters* é a distância máxima entre duas amostras (uma em cada *cluster*).

- **Average Linkage** (média das distâncias entre vizinhos): por essa abordagem a distância entre dois *clusters* é a média das distâncias entre cada par de amostras (uma em cada *cluster*).

Z=linkage(Y,METHOD)	
Entrada:	**Y** - É a matriz de distâncias, conforme fornecida pela função **pdist()**. **METHOD** - Representa a forma de gerar o dendrograma. Ex: 'single' (*default*), 'complete', 'median', 'centroid' etc.
Saída:	**Z** - É uma matrix **(N-1)** × **3**, em que **N** é o número de amostras nos dados originais. Para cada linha da matriz **Z**, os primeiros dois valores representam os índices dos *clusters* e o terceiro valor representa a distância entre eles.

Obs: A forma **Z=linkage(X,METHOD,DISTANCE)** também pode ser usada, ou seja, passando diretamente a matriz de dados **X** como argumento. Mais detalhes podem ser encontrados no *help* do MATLAB®.

Finalmente, podemos usar a função **dendrogram()** para plotar o dendrograma contido na matriz **Z**, conforme descrição abaixo.

[H T]=dendrogram(Z,P)	
Entrada:	**Z** - é a matrix **(N-1)** × **3** com os dados do dendrograma, conforme fornecida pela função **linkage()**. **P** - número máximo de índices (folhas) do dendrograma (30 é o número *default*).
Saída:	**H** - é um vetor **(N-1)** de manipuladores de linhas (*line handles*). Essa variável pode ser usada, por exemplo, para tornar as linhas do dendrograma mais espessas (comando **set(H,'LineWidth',10)**). **T** - é um vetor coluna dos índices do dendrograma.

É importante salientar que a função **dendrogram()** consegue plotar no máximo **P** índices (folhas do dendrograma). Caso o número de amostras seja maior do que esse valor, os índices mostrados na figura podem representar mais de uma amostra.

Obs: a função **dendrogram()** possui outros parâmetros de entrada e devolve outras informações. Mais detalhes no *help* do MATLAB®.

O código em MATLAB® a seguir mostra um exemplo de obtenção de dendrograma. Na Figura 9.11 são apresentados as amostras plotadas e o dendrograma que as representa após a execução do código.

```
%base de dados.
dados=[   3.1  4.4;    3.2  4.2;    3.0  4.3;    3.4  4.1;
          3.8  4.4;    3.6  4.5;  -10.0  2.1;  -10.2  2.3;
        -10.5  2.6;  -10.1  2.4;  -10.6  2.2;  -10.4  2.5;
         -5.4  3.1;   -5.1  3.3;   -5.2  3.2;   -5.7  3.4;
         -5.8  3.2;   -5.3  3.3];

figure(1)
%plotagem dos dados.
plot(dados(:,1),dados(:,2),'*');
axis([-12 5 2 5]);
title('Dados');

%vetor de distâncias das amostras.
Y=pdist(dados);
%construção do histograma.
Z=linkage(Y);

figure(2)
%plotagem do dendrograma.
[H T]=dendrogram(Z);
%definição da espessura da linha do dendrograma.
set(H,'lineWidth',2);
title('Dendrograma');
```

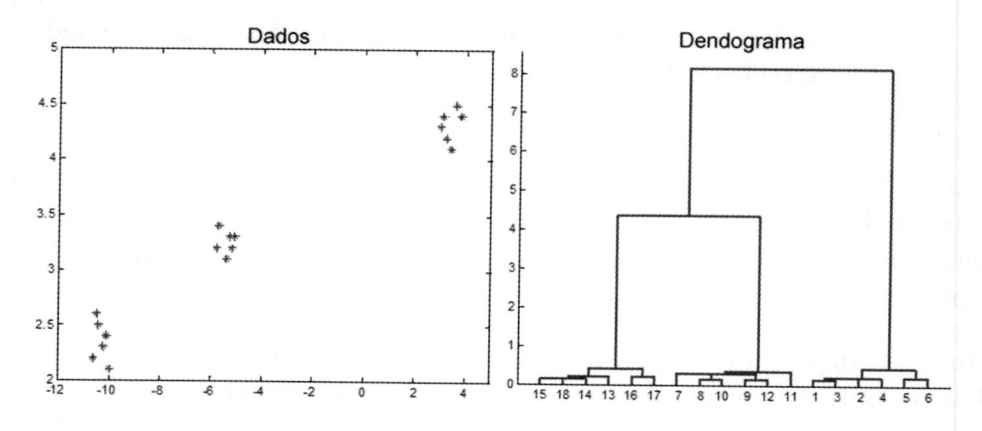

Figura 9.11: Exemplo de três *clusters* e o dendrograma das amostras.

9.3.2 K-means

O método **K-means** (K-médias) (MacQueen [1967]) pertence ao grupo dos algoritmos não hierárquicos e, na sua versão mais conhecida, não produz *clusters* com sobreposição. A ideia do algoritmo é simples e pode ser resumida nos seguintes passos:

1. Escolher K sementes (*seeds*), que serão as representantes dos K-grupos (a localização inicial das sementes é aleatória);

2. Atribuir a cada amostra o rótulo da semente que esteja mais próxima (com base em uma medida de distância, como a euclideana, por exemplo);

3. Mover a semente para a média (centroide) das amostras que receberam o seu rótulo;

4. Repetir os passos *2* e *3* até que um dos seguintes critérios de parada seja atingido:

   - o número de iterações do método finalizou;

   - as sementes não se movem mais.

A função MATLAB® para o método K-means é **kmeans()**, que pode ser utilizada de forma simples pelo comando abaixo.

[ID C]=kmeans(X,K)	
Entrada:	**X** - Matriz **N** × **P** (cada linha representa uma amostra e cada coluna um atributo do vetor de características). **K** - Quantidade de sementes que representarão os grupos.
Saída:	**ID** - Vetor coluna **N** × **1** contendo os índices de cada amostra, ou seja, indicando o seu grupo. **C** - Coordenadas finais das **K** sementes.

O código MATLAB® a seguir apresenta a utilização da função **kmeans()**. Na Figura 9.12 é apresentada a plotagem das amostras e sementes (círculos) após a execução do código.

Obs: a execução do código pode gerar agrupamentos diferentes daqueles apresentados na imagem, uma vez que o K-means é não determinístico (posição inicial das sementes é determinada aleatoriamente).

```
%matriz com 18 amostras e 2 atributos.
X=[ 3.0   5.0; 4.0   5.0; 3.0   6.0; 4.0   6.0; 3.3   5.3;
    3.4   5.7;-2.0   3.0;-3.0   3.0;-2.0   4.0;-3.0   4.0;
   -2.2   3.1;-2.3   3.6; 2.0  -3.0; 2.0  -4.0; 3.0  -3.0;
    3.0  -4.0; 2.2  -3.3; 2.4  -3.6];

%comando para que todas as plotagens fiquem na mesma
   figura.
hold on;

%plotagem das amostras.
plot(X(:,1),X(:,2),'*');

%comando para definir a escala na plotagem corrente (
   eixo X entre -5 e 5
%e eixo Y entre -5 e 7).
axis([-5 5 -5 7]);

%chamada da função k-means com 3 sementes.
[ID C]=kmeans(X,3);

%plotagem das sementes nas suas posições finais (
   círculos).
plot(C(:,1),C(:,2),'ro');
```

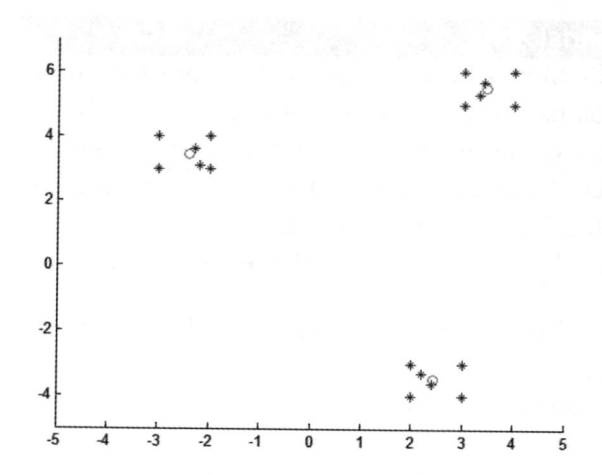

Figura 9.12: Plotagem das amostras e dos centroides (sementes) em suas localizações definitivas.

A função **kmeans()** possui outros parâmetros, como, por exemplo:

- Métrica de distância (por *default*, é a euclideana (ao quadrado), mas poderia ser Mahalanobis, cosseno, cityblock etc.);

- Método para escolher as posições iniciais das sementes. Por *default*, as **K** sementes são escolhidas aleatoriamente entre as **N** amostras. Há outras possibilidades, como escolher as sementes dentro do intervalo dos atributos; realizar um agrupamento prévio pela abordagem *default* com 10% das amostras etc.;

- Escolher o número de vezes que o algoritmo repetirá o agrupamento, cada vez com um conjunto diferente de sementes (por *default*, apenas uma vez).

Mais detalhes do método K-means podem ser obtido pelo comando **help kmeans** no promtp do MATLAB®.

9.4 Redes neurais artificiais

A área de **redes neurais artificiais** (RNA) nasceu com o trabalho pioneiro de McCulloch e Pitts (1943) sobre neurônios artificiais que tentam simular as propriedades dos neurônios biológicos. De modo simplificado, o neurônio natural, quando atinge em seu corpo celular (ou soma) determinado limiar de excitação por meio da contribuição energética de seus dendritos, dispara uma pequena corrente elétrica através de seu axônio, que se conecta ao dendrito do próximo neurônio, que por sua vez poderá também atingir seu limiar energético e disparar, e assim por diante. Assim, o sentido da corrente elétrica é sempre unidirecional. Na Figura 9.13 é apresentado um esboço esquemático de um neurônio biológico.

O neurônio artificial tenta simular os principais elementos do neurônio biológico, adotando como premissa que o aprendizado está diretamente relacionado ao grau com que os dendritos permitem que o fluxo energético de outros neurônios cheguem ao seu corpo celular. Na Figura 9.14 é apresentado o neurônio artificial de McCulloch e Pitts. Nesse modelo, valores numéricos x_n (que representam o fluxo de energia) são multiplicados por pesos w_n (que ponderam como cada dendrito permite que o

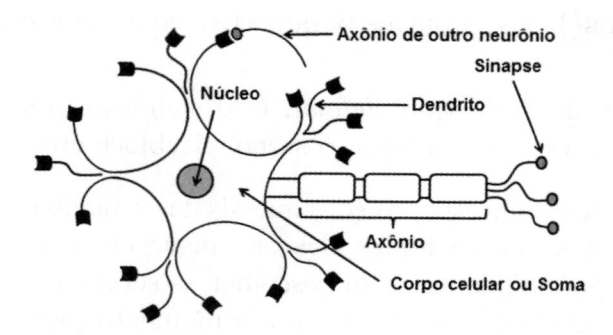

Figura 9.13: Esboço de um neurônio biológico.

fluxo prossiga). A seguir, no corpo celular é calculada a combinação linear $u = x_0 w_0 + x_1 w_1 + \ldots + x_n w_n$ (simulação do cômputo energético no corpo celular). Finalmente, o valor u é usado como argumento de uma função de ativação degrau

$$f(u) = \begin{cases} 1, & u \geq 0 \\ 0, & u < 0. \end{cases} \tag{9.9}$$

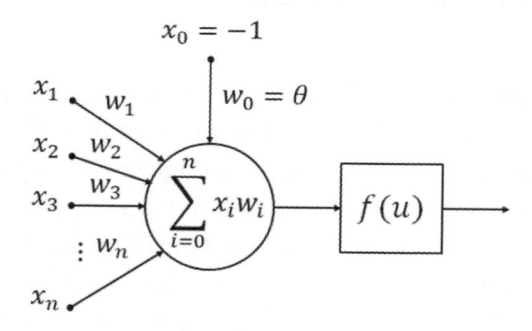

Figura 9.14: Neurônio artificial de McCulloch e Pitts.

A combinação linear u gera um hiperplano a partir do qual é possível separar um conjunto de dados em duas classes (nesse ponto é importante salientar que o valor $x_0 = -1$ pondera um peso especial θ denominado *bias* (viés), cuja função é liberar o hiperplano da origem do sistema de coordenadas, permitindo melhor separação das classes). Os vetores de características que acarretam o disparo neuronal pertencem a um grupo $(f(u) = 1)$, e aqueles que não ocasionam o disparo pertencem ao outro grupo $(f(u) = 0)$. Essa descrição do neurônio de McCulloch e Pitts sugere a seguinte pergunta: quais são os valores w_n que permitem separar os dois grupos? A resposta está na próxima seção, que descreve a rede neural **perceptron**.

9.4.1 Perceptron

O neurônio do tipo perceptron, proposto originalmente no trabalho de Rosenblatt (1958), consiste em um neurônio de McCulloch e Pitts associado a uma regra de aprendizagem para atualização dos pesos a partir dos vetores de características usados para o treinamento da rede. Essa regra de aprendizagem possui a seguinte forma

$$\vec{w}(t + 1) = \vec{w}(t) + \eta \vec{x}(t)e(t), \tag{9.10}$$

em que $\vec{w} = [\theta, w_1, w_2, \ldots, w_n]^T$ é o vetor de pesos, η é o fator de aprendizado (geralmente $0 < \eta << 1$), $\vec{x} = [-1, x_1, x_2, \ldots, x_n]^T$ é o vetor de características, $e = d - f$ é o erro de aprendizagem do neurônio, ou seja, é a diferença entre o valor esperado (d) e o valor obtido (f) para determinado vetor $\vec{x}$, e t é o tempo. Basicamente, se $d = 0$ e $f = 1$ ($e = -1$), então o ângulo dos vetores $\vec{w}$ e $\vec{x}$ é maior do que (ou igual a) 90° no instante t e, para que o erro se torne nulo, esse ângulo deverá ser menor do que 90° no instante $t + 1$. Por outro lado, se $d = 1$ e $f = 0$ ($e = 1$), então o ângulo entre os vetores $\vec{w}$ e $\vec{x}$ é menor do que 90° no instante t e, para que o erro se torne nulo, esse ângulo deverá ser maior do que (ou igual a) 90° no instante $t + 1$. Para os pares ($d = 0$, $f = 0$) e ($d = 1$, $f = 1$), o vetor $\vec{w}$ não precisa ser alterado, visto que o neurônio produziu a resposta correta.

O treinamento da rede neural consiste na sucessiva apresentação de um conjunto de vetores de características previamente rotulados, ou seja, com as respectivas classes pré-definidas. Inicialmente, o vetor $\vec{w}$ é iniciado com valores nulos ou com valores aleatórios. A seguir, para cada vetor $\vec{x}$ apresentado, o neurônio ajusta seu vetor $\vec{w}$ para que o erro se torne nulo. O objetivo é encontrar o vetor $\vec{w}$ que forneça erro nulo para todos os vetores $\vec{x}$, o que é possível se os dados forem linearmente separáveis. Cada fase na qual todos os vetores $\vec{x}$ são apresentados é denominada "época" (*epoch*) e, para que haja um melhor aprendizado da rede neural, em cada época os vetores $\vec{x}$ devem ser apresentados à rede com diferentes permutações. O treinamento da rede cessa quando o número pré-estabelecido de épocas termina ou quando o erro quadrático médio definido *a priori* é atingido. Há ainda a possibilidade de parar o treinamento antes do término do número máximo de épocas no caso de a rede ficar estagnada em um erro quadrático médio maior do que aquele definido pelo usuário.

Na fase de teste os vetores de características que não foram usados durante o treinamento são apresentados à rede neural. Se para a maioria dos vetores os resultados fornecidos pela rede forem iguais às verdadeiras classes desses vetores, então a rede neural adquiriu capacidade de *generalização*, ou seja, consegue extrapolar seu conhecimento para vetores desconhecidos. O objetivo final é obter a melhor capacidade de generalização possível.

Uma prática usual é dispor vários neurônios perceptron em uma mesma camada, cada um processando independentemente o mesmo vetor de características $\vec{x}$, conforme exemplo mostrado na Figura 9.15. A quantidade de neurônios costuma ser igual ao número de classes nas quais os dados precisam ser agrupados. Assim, por exemplo, se um determinado vetor $\vec{x}$ tivesse de ser agrupado em uma de três possíveis classes, estas seriam rotuladas pelos vetores $d = [1, 0, 0]^T$ (Classe 0), $d = [0, 1, 0]^T$ (Classe 1), $d = [0, 0, 1]^T$ (Classe 2). Esse procedimento permite que um número maior de hiperplanos participe do processo de classificação, facilitando a separação dos dados.

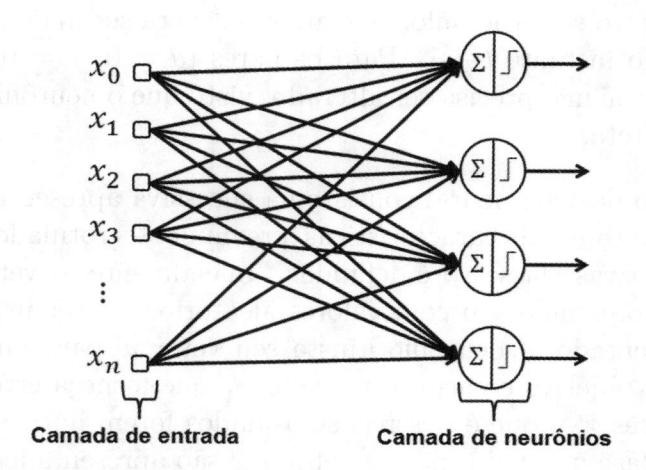

Figura 9.15: Rede neural com neurônios perceptron dispostos em uma mesma camada.

O MATLAB® possui funções para a utilização de uma rede neural perceptron. Algumas delas são apresentadas a seguir.

NET=newp(P,T,TF,LF): cria uma rede neural perceptron.		
Entrada:	**P** - Representa uma matriz de $\mathbf{A} \times \mathbf{Q}$, em que $\mathbf{A}$ representa a quantidade de atributos dos vetores de características e $\mathbf{Q}$ é a quantidade de vetores. **T** - Representa a matriz de classes $\mathbf{S} \times \mathbf{Q}$ (ou rótulos) dos vetores de características em **P**. **Obs:** por isso as matrizes **P** e **T** possuem o mesmo número de colunas. **TF** - Função de ativação do neurônio. Caso esse parâmetro não receba argumento, o MATLAB® adota a função de ativação 'hardlim', que é a função degrau **hardlim(n)** $= 1$, se **n** $>= 0$, ou 0, caso contrário. **LF** - Função de aprendizado do neurônio. Caso esse parâmetro não receba argumento, o MATLAB® adota a função de aprendizado 'learnp', que essencialmente representa as regras de aprendizagem do perceptron já descritas anteriormente.	
Saída:	**NET** - Variável que armazena a rede neural.	

Obs: uma forma alternativa da função **newp()** é **NET=newp(R,Q)**, em que **R** é o *range* dos atributos da matriz **P** (ou seja, a faixa esperada de valores de cada linha da matriz **P**), e **Q** é a quantidade de neurônios perceptron em uma única camada.

NET=train(NET,P,T): função para treinar uma rede neural.		
Entrada:	**NET**: Variável que armazena a rede neural antes do treinamento. **P** - Representa uma matriz de $\mathbf{A} \times \mathbf{Q}$, em que $\mathbf{A}$ representa a quantidade de atributos dos vetores de características e $\mathbf{Q}$ é a quantidade de vetores. **T** - Representa a matriz de classes $\mathbf{S} \times \mathbf{Q}$ (ou rótulos) dos vetores de características em **P**. **Obs:** por isso as matrizes **P** e **T** possuem o mesmo número de colunas.	
Saída:	**NET** - Variável que armazena a rede neural já treinada.	

Obs: É importante salientar que alguns parâmetros de treinamento podem ser definidos antes da chamada da função **train()**, como, por exemplo, *net.trainParam.epochs = 20*, que estabelece que o treinamento ocorrerá em, no máximo, *20* épocas, ou *net.trainParam.goal = 0.01*, que estabelece que a rede terminará seu treinamento se atingir o erro quadrático médio de *0.01*. Mais detalhes sobre a função **train()**, que possui outros parâmetros de entrada e que devolve, além da rede neural treinada, os registros de treinamento, podem ser obtidos pelo *help* do MATLAB®.

Y=sim(NET,X): Função que simula a aplicação de uma rede neural.
Entrada: **NET** - Variável que armazena a rede neural. **X** - Conjunto de vetores de entrada para a rede neural **NET**.
Saída: **Y** - Rótulos dos vetores em **X** produzidos pela rede neural.

O código em MATLAB® a seguir exemplifica como usar uma rede neural com apenas um neurônio perceptron para classificar quatro vetores de características em dois grupos.

```
%cria nova janela
figure
%quatro vetores de características
P = [-1.0 -1.5 +2.3 +2.6;
     -2.0 +2.5 +1.5 -1.5];
%as classes de cada um dos quatro vetores
T = [1 1 0 0];
%plota os vetores com símbolos diferentes para cada
   classe
plotpv(P,T);
%cria a rede neural perceptron. A matriz [-2 3;-2 3]
   representa a faixa
%esperada de valores dos atributos dos vetores. O
   segundo argumento (valor 1)
%indica quantos neurônios a rede possui.
net = newp([-2 3;-2 3],1);
%especifica o número máximo de 'épocas'
net.trainParam.epochs=50;
%especifica o erro mínimo a partir do qual a rede
   pode parar o treinamento
net.trainParam.goal=0.01;
%treinamento da rede
net=train(net,P,T);
%plotagem do hiperplano
plotpc(net.IW{1},net.b{1});
```

Na Figura 9.16 são exibidos os vetores de características (os símbolos + e o representam as duas classes) e o hiperplano separador. Vale salientar que a função **newp** inicializa o vetor de pesos $\vec{w}$ com valores nulos.

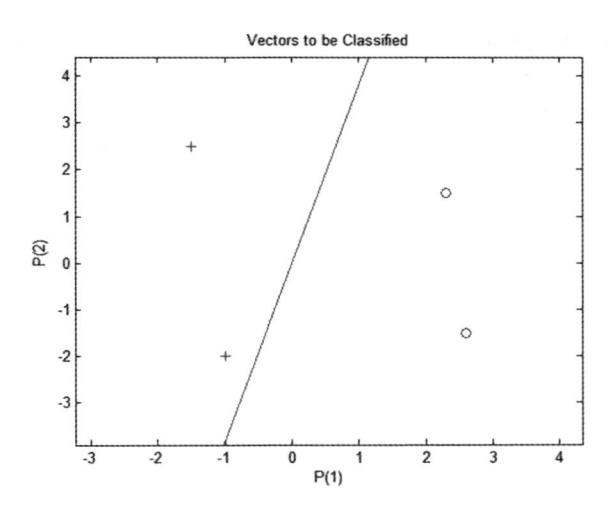

Figura 9.16: Plotagem dos vetores de características e do hiperplano separador.

Uma vez que a rede neural foi treinada, o próximo passo é testá-la com um vetor de características não usado previamente. O código MATLAB® abaixo mostra um exemplo de teste. Na Figura 9.17 é possível observar que o novo vetor $\vec{p}$ ficou à direita do hiperplano separador, de modo que assumiu o símbolo (o). Caso o vetor $\vec{p}$ seja modificado para ficar à esquerda do hiperplano, ele assumirá o símbolo (+).

```
%cria nova janela
figure
%novo vetor para testar a rede neural
p = [0.5; 1.0];
%função que testa o novo vetor 'p' na rede neural já
    treinada
a = sim(net,p);
if a==0 %o vetor p é da classe 0? (símbolo 'o')
    plot(p(1),p(2),'ro');
else %(a==1) o vetor p é da classe 1? (símbolo '+')
    plot(p(1),p(2),'r+');
end
%retém o gráfico corrente e adiciona novos gráficos
    ao mesmo
hold on;
%plotagem dos vetores com símbolos diferentes para
    cada classe
plotpv(P,T);
%plotagem do hiperplano
```

```
plotpc(net.IW{1},net.b{1});
%reseta o comando hold ao seu estado padrão (apaga o
   gráfico corrente e
%suas propriedades de eixos quando novas plotagens
   são efetuadas)
hold off;
```

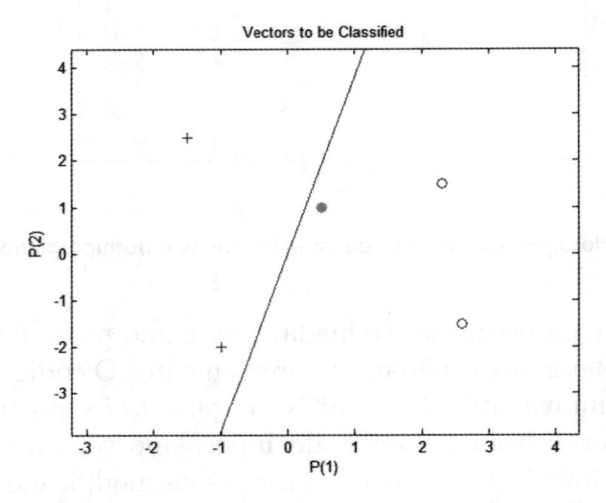

Figura 9.17: Plotagem dos vetores de características usados para o treinamento da rede neural, do hiperplano separador, e do vetor de teste $\vec{p}$ (círculo preenchido).

Ao final da leitura desta seção, o leitor poderá perguntar: e se o meu problema não for linearmente separável? Para esse caso, é necessário fazer alguns esclarecimentos. O primeiro é que o adicionamento de novas camadas de neurônios (as saídas de cada camada são as entradas da próxima camada de neurônios) permite que problemas não linearmente separáveis sejam tratados. Problema resolvido, então? Infelizmente, a resposta é negativa. As funções de ativação **degrau** comprometem a capacidade de os erros dos neurônios da camada de saída serem usados para ajuste do pesos dos neurônios das camadas intermediárias. Não satisfeito, o leitor arguto e esperançoso poderá perguntar: e se usássemos uma função de ativação **linear**? Nessa situação, as notícias também não são promissoras. Mesmo que a rede possua múltiplas camadas de neurônios, continuará novamente com a capacidade de traçar apenas hiperplanos, assim como as redes de uma única camada. E como saímos desse impasse? Esse é o tema da próxima seção, que descreve as redes neurais **perceptron multicamadas**.

9.4.2 Perceptron multicamadas

A pesquisa em redes neurais artificiais sofreu um grande decréscimo em virtude de críticas de nomes importantes, como Minsky e Papert (1969), sobre as limitações do perceptron para problemas mais complexos. Entretanto, na década de 1980, alguns grupos de pesquisadores redescobriram o algoritmo de retropropagação de erros de Bryson e Ho (1969), o que permitiu o treinamento de redes perceptron multicamadas ou MLP (*MultiLayer Perceptron*) e, por conseguinte, um renascimento do interesse sobre redes neurais.

Uma MLP pode ser dividida em três partes: **camada de entrada**, **camadas ocultas** e **camada de saída**. A camada de entrada serve simplesmente para receber os valores dos vetores de características, assim como no exemplo da Figura 9.15; as camadas ocultas fazem um processamento não linear dos vetores de características, fornecendo dados elaborados para a camada de saída; e a camada de saída, como o próprio nome sugere, faz o processamento final dos dados e fornece as saídas da rede neural. A Figura 9.18 mostra um exemplo de rede MLP com duas camadas ocultas.

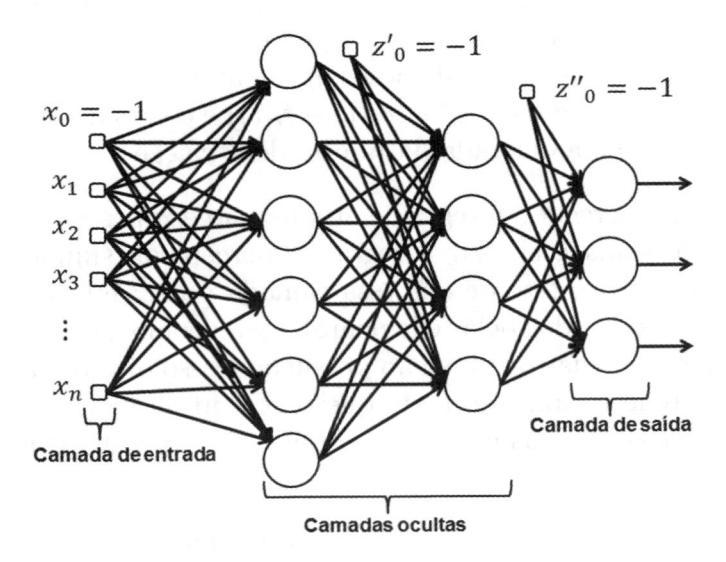

Figura 9.18: Exemplo de rede neural MLP.

Usualmente, as redes neurais MLP são treinadas por meio do algoritmo *backpropagation* (propagação reversa). Esse algoritmo possui duas fases:

na primeira, denominada *foward*, cujo sentido é da camada de entrada para a camada de saída, os valores do vetores $\vec{x}$ são computados camada por camada, até que a rede neural produza suas saídas; na segunda, denominada *backward*, os valores das saídas da rede neural são comparados com as respostas esperadas e os erros produzidos são propagados no sentido da camada de saída para a camada de entrada. Esses erros são utilizados para a atualização dos pesos dos neurônios na camada de saída e nas camadas ocultas.

O algoritmo *backpropagation* se baseia no método do gradiente para a atualização dos pesos. Para tanto, as funções de ativação são não lineares, diferenciáveis e, geralmente, não decrescentes. Entre as funções de ativação mais utilizadas, estão a **sigmoidal logística** e a **tangencial hiperbólica**, ambas funções com formato de S e com derivadas fáceis de calcular. Esse algoritmo apresenta equações distintas para atualização dos pesos, dependendo do tipo de camada de neurônios que está sendo atualizada. Para a camada de saída, a regra de atualização dos pesos de determinado neurônio i é

$$\vec{w}_i(t+1) = \vec{w}_i(t) + \eta f'_i(t)\vec{z}(t)e_i(t), \qquad (9.11)$$

em que $\vec{z} = [-1, z_1, z_2, \ldots, z_q]^T$ é o vetor de características produzido pelos q neurônios da camada oculta que antecede o neurônio i, $\vec{w}_i = [\theta, w_{i1}, w_{i2}, \ldots, w_{iq}]^T$ é o vetor de pesos, η é o fator de aprendizado (geralmente $0 < \eta << 1$) e $e_i(t) = f'_i(t)(d_i(t) - f_i(t))$ é o erro de aprendizagem do neurônio ($f'_i(t)$ é a derivada da função de ativação).

Como é possível perceber, a regra de atualização dos pesos dos neurônios da camada de saída é similar à regra do perceptron simples (equação 9.10). Isso se deve ao fato de que essa camada possui informação direta sobre os erros produzidos pela rede neural, assim como a rede perceptron. Entretanto, as camadas ocultas não possuem acesso direto aos erros produzidos pela rede neural, de modo que precisam de uma regra especial para a atualização de seus neurônios. Assim, a regra para atualização de um neurônio i de determinada camada oculta j é

$$\vec{w}_i(t+1) = \vec{w}_i(t) + \eta f'_i(t)\vec{z}(t)e_i(t), \qquad (9.12)$$

em que $e_i = \sum_{k=1}^{q_{j+1}} w_{ik}e_k(t)$ (a camada de neurônios $j+1$ é aquela imediatamente à frente da camada oculta j e w_{ik} é o peso que conecta o neurônio i ao neurônio k), e $\vec{z} = [-1, z_1, z_2, \ldots, z_{q_{j-1}}]^T$ (q_{j-1} é a quantidade de neurônios da camada imediatamente anterior à camada j). É importante salientar que na atualização dos pesos dos neurônios da primeira camada oculta o vetor $\vec{z}$ é o vetor de entrada $\vec{x}$.

Uma análise da equação 9.12 permite deduzir que os erros dos neurônios das camadas ocultas são apenas estimativas sobre os erros reais da rede, que ocorrem na camada de saída, e que quanto mais distante uma camada oculta estiver da camada de saída, mais imprecisos os erros desses neurônios serão. Assim, uma importante questão surge: quantas camadas de neurônios devo usar? Infelizmente não há resposta definitiva para essa pergunta, apenas alguns estudos que relacionam números de camadas e capacidades das redes neurais. Por exemplo, o trabalho de Cybenko (1989) afirma que uma rede neural com apenas uma camada oculta é um aproximador de qualquer função contínua. Já o trabalho de Cybenko (1988) demonstra que uma rede neural com duas camadas ocultas pode representar qualquer função.

Um outra questão importante (e estreitamente relacionada à primeira questão) é sobre a quantidade de neurônios em cada camada. Em relação à camada de saída, a regra usual é estabelecer que a quantidade de neurônios é igual ao número de classes nas quais os dados estão agrupados. Em relação às camadas ocultas, há apenas técnicas heurísticas. Por exemplo, se a rede tiver apenas uma camada oculta, esta pode ter como quantidade de neurônios $(n+c)/2$, $\sqrt{nc}$, $2n+1$ etc., em que n é a quantidade de atributos do vetor $\vec{x}$ e c é a quantidade de classes.

Além disso, é importante considerar problemas como *underfitting* ou *overfitting*. No caso do *overfitting*, devido ao número elevado de camadas e/ou neurônios, a rede possui excesso de parâmetros livres, o que acarreta um superajustamento da rede neural aos dados de treinamento e, por conseguinte, a incapacidade de generalizar o conhecimento adquirido para classificar vetores de características não apresentados previamente à rede. Já o problema de *underfitting* apresenta comportamento inverso, ou seja, a rede neural tem poucas camadas e/ou neurônios por camada, de modo que não possui parâmetros livres suficientes para aprender as características específicas dos dados, e, como consequência, generaliza em excesso.

O MATLAB® possui a função **net=newff()** para criar uma rede neural MLP (**obs:** as funções para treinar e simular uma rede MLP são as mesmas apresentadas na seção sobre o perceptron). Uma descrição sucinta dos parâmetros é apresentada a seguir.

NET=newff(P,T,L,TF,BTF,BSF)
Entrada: **P** - Representa uma matriz de **A** × **Q**, em que **A** representa a quantidade de atributos dos vetores de características e **Q** é a quantidade de vetores.   **T** - Representa a matriz de classes **S** × **Q** (ou rótulos) dos vetores de características em **P**.   **L** - Vetor com os tamanhos de cada uma das **N-1** camadas ocultas (A **N**-ésima camada é a de saída e sua quantidade de neurônios é determinada por **T**).   **TF** - Estabelece a função de transferência de cada camada. Por *default*, os neurônios das camadas ocultas adotam a função tangente hiperbólica (*tansig*) e os da camada de saída a função linear (*purelin*).   **BTF** - Função de treinamento *backpropagation*. Por *default*, é a *trainlm* (Levenberg-Marquardt backpropagation).   **BSF** - Função de aprendizado dos pesos e *bias*. Por *default*, é a *learngdm* (gradiente descendente com momentum).
Saída: **NET** - Variável que armazena a rede neural MLP.

Obs: A função **newff()** possui outros parâmetros, cujas descrições podem ser encontradas no *help* do MATLAB®.

No código em MATLAB® a seguir, uma rede neural MLP é usada para classificar dois conjuntos de dados não linearmente separáveis.

```
%dezesseis vetores de características
P1 =[2.0 2.1 2.2 1.8 2.0 1.9 1.8 1.8
     1.2 1.1 1.1 1.2 1.1 1.2 1.3 1.4]; %classe 1.
P2= [1.9 1.9 2.0 2.0 2.1 2.1 2.2 2.2
     1.3 1.4 1.3 1.4 1.3 1.2 1.3 1.2]; %classe 2.
P=[P1 P2];

%as classes de cada um dos dezesseis vetores.
T = [1 1 1 1 1 1 1 1  0 0 0 0 0 0 0 0;
     0 0 0 0 0 0 0 0  1 1 1 1 1 1 1 1];

%a função minmax(P) cria uma matriz de duas colunas
   com os valores mínimo
```

```
%e máximo de cada linha da matriz P.
R=minmax(P);


inf_x=R(1,1)-0.1;
sup_x=R(1,2)+0.1;
inf_y=R(2,1)-0.1;
sup_y=R(2,2)+0.1;


%cria a rede neural multilayer perceptron. O terceiro
    argumento ([20,25,20])
%estabelece que a rede possui três camadas ocultas de
    20, 25 e 30 neurônios.
%A quantidade de neurônios da camada de saída é
    determinada pela quantidade
%de colunas da matriz T (no presente caso 2 neurônios
    ). O quarto argumento
%{'tansig',...} estabelece que os neurônios de cada
    camada (ocultas e saída)
%possuem como função de ativação a tangente
    hiperbólica.
net = newff(P,T,[20,25,20],{'tansig','tansig','tansig
    ','tansig'});
%especifica o número máximo de 'épocas'
net.trainParam.epochs=50;
%especifica o erro mínimo a partir do qual a rede
    pode parar o treinamento
net.trainParam.goal=0.00000001;
%treinamento da rede
net=train(net,P,T);


%cria nova janela
figure
hold on

%passo de varredura
delta=0.01;

%comando para varrer o espaço no qual os vetores
    estão inseridos para
%descobrir a superfície de separação das amostras.
for i=inf_x:delta:sup_x
```

```
     for j= inf_y:delta:sup_y
         b = sim(net,[i;j]);
         if b(1)>=b(2)
            plot(i,j,'y.');
         end
      end
end

%novo vetor para testar a rede neural
p = [2.05; 1.25];

%função que testa o novo vetor p na rede neural já
   treinada
a = sim(net,p);
if a(1)>=a(2) %o vetor p é da classe 0? (símbolo 'o')
   plot(p(1),p(2),'r+');
else %o vetor p é da classe 1? (símbolo '+')
   plot(p(1),p(2),'ro');
end

plotpv(P,T(1,:));
axis([inf_x,sup_x,inf_y,sup_y]);
```

Na Figura 9.19 são exibidos os vetores que representam as duas classes, a superfície separadora criada pela rede MLP e o vetor de teste (círculo preenchido). Uma observação importante é que, apesar de o menor erro quadrático médio e a quantidade de épocas terem sido definidos *a priori*, eventualmente os pesos da rede neural podem ficar estagnados em mínimos locais que não permitem um aprendizado eficiente. Desse modo, cada nova execução do código acima gerará superfícies com diferentes desempenhos na classificação dos dados.

9.5 Estratégias de validação

Além de escolher um classificador para determinado problema, precisamos também aferir a qualidade do mesmo. Teoricamente, um bom classificador é aquele que apresenta altas taxas de classificação correta e pouca sensibilidade a diferentes conjuntos de dados. Para medir essa qualidade,

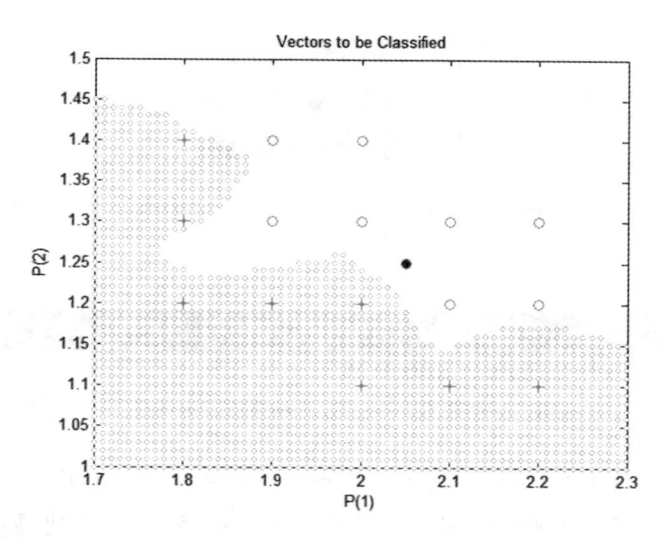

Figura 9.19: Plotagem dos vetores de características usados para o treinamento da rede neural, da superfície separadora, e do vetor de teste $\vec{p}$ (círculo preenchido).

várias estratégias de validação já foram propostas na literatura. Algumas das mais importantes são apresentadas nas próximas seções.

Em MATLAB® podemos usar a função **crossvalind()** para executar as estratégias de validação. Como a função possui diferentes descrições, estas são apresentadas de acordo com a estratégia escolhida.

9.5.1 Hold-out

A estratégia *Hold-out* é muito simples e consiste apenas em separar o conjunto de dados em duas partições disjuntas, denominadas conjunto de treinamento e conjunto de teste, conforme exemplo na Figura 9.20. Por exemplo, 70% das amostras como dados de treinamento e os 30% restantes para teste. Essa abordagem é indicada para grandes conjuntos de dados, uma vez que quanto menor o conjunto de treinamento, maior a variância do classificador. Além disso, as classes podem ficar sub-representadas ou super-representadas em um das partições.

Abaixo segue a descrição da função **crossvalind()** para a abordagem *Hold-out*.

Figura 9.20: Amostras divididas em conjunto de treinamento e teste pela estratégia *Hold-out*.

[TRAIN TEST] = crossvalind('HoldOut',N,P)	
Entrada:	**N** - Número de amostras.
	P - Percentagem de **N** reservadas para o teste (valores entre 0 e 1).
Saída:	**TRAIN** - Vetor lógico de índices das amostras de treinamento.
	TEST - Vetor lógico de índices das amostras de teste.

Por exemplo, se **[TRAIN TEST]**=crossvalind('HoldOut',10,0.4) fosse a chamada, uma possibilidade de saída da função seria **TRAIN**=$[0\ 0\ 1\ 1\ 0\ 0\ 1\ 1\ 1\ 1]^T$ e **TEST**=$[1\ 1\ 0\ 0\ 1\ 1\ 0\ 0\ 0\ 0]^T$, em que o valor 1 seleciona a amostra. Assim, para treinamento seriam selecionadas a 3^a, 4^a, 7^a, 8^a, 9^a e 10ª amostras e para teste a 1^a, 2^a, 5^a e 6ª amostras.

O código MATLAB® abaixo apresenta um exemplo de utilização do *Hold-out* para a classificação das amostras da base Iris (Fisher [1936]).

```matlab
%base de dados de flores Iris.
load fisheriris;

%HoldOut com 25% das amostras para teste.
[train test]=crossvalind('HoldOut',150,0.25);

%classes das amostras que estão na variável 'meas' (
    fisheriris).
classes=[ones(1,50),2*ones(1,50),3*ones(1,50)];

%índices de treinamento e de teste.
ind_train  = find(train==1);
ind_test   = find(test ==1);

%base de dados de treinamento e de teste.
base_train = meas(ind_train,:);
base_test  = meas(ind_test, :);
```

```
%classes das amostras de treinamento e de teste.
classes_train=classes(ind_train);
classes_test =classes(ind_test);

%classificação dos dados pelo classificador LDA.
class=classify(base_test,base_train,classes_train,'
   linear');

%taxa de classificação correta dos dados de teste.
acuracia=sum(class'==classes_test)/length(class);

%impressão do valor de acurácia.
fprintf('Acuracia - %f\n',acuracia);
```

9.5.2 K-fold

A estratégia K-fold consiste em dividir o conjunto de dados em K subconjuntos disjuntos de mesmo tamanho (ou aproximadamente de mesmo tamanho se K não é divisor da quantidade de amostras). A seguir, o classificador é testado K vezes, e em cada iteração um subconjunto diferente é usado para teste e os demais K-1 subconjuntos são usados como treinamento. Ao final, por exemplo, calcula-se a acurácia média dos K testes. Na Figura 9.21 é apresentado um exemplo para K=4.

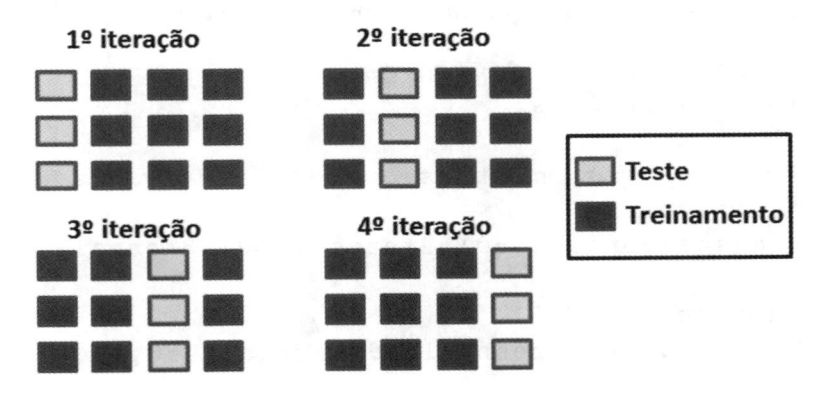

Figura 9.21: Amostras divididas em conjunto de treinamento e teste pela estratégia K-fold para K=4.

A vantagem dessa abordagem em relação ao *Hold-out* é que cada amostra estará uma vez no conjunto de teste e K-1 vezes no conjunto de treinamento. Isso significa que haverá menor variância no resultado do classificador. Por outro lado, a desvantagem é que haverá um maior custo computacional, uma vez que cada fase de treinamento e teste será executada K vezes.

Abaixo segue a descrição da função **crossvalind()** para a abordagem K-fold.

INDICES = crossvalind('Kfold',N,K)	
Entrada:	**N** - Número de amostras.
	K - Número de partições em que as **N** amostras são divididas.
Saída:	**INDICES** - Vetor que contém proporções iguais (ou aproximadamente iguais) de inteiros entre 1 e **K** que definem a divisão das **N** amostras em **K** subconjuntos disjuntos.

Por exemplo, se a chamada fosse **INDICES=crossvalind('Kfold',8,4)**, uma possibilidade de saída da função seria **INDICES**=[3 3 1 4 1 2 2 4]^T . Assim, na 1ª iteração as amostras com índice 1 (no exemplo, a 3^a e 5ª amostras) seriam para teste e as restantes para treinamento. Na 2ª iteração, as amostras com índice 2 (no exemplo, a 6^a e 7^a) seriam para teste e as restantes para treinamento, e assim sucessivamente até a 4ª iteração. **Obs**: se uma nova execução de **crossvalind()** fosse efetuada, provavelmente o vetor **INDICES** seria diferente.

O código MATLAB® abaixo apresenta um exemplo de utilização do K-fold para a classificação das amostras da base Iris (Fisher [1936]).

```matlab
%base de dados de flores Iris.
load fisheriris;

%classes das amostras que estão na variável 'meas' (
    fisheriris).
classes=[ones(1,50),2*ones(1,50),3*ones(1,50)];

%K-fold com K=5.
K=5; indices=crossvalind('Kfold',150,K);

%vetor das K acurácias (taxas de acertos).
vet_acuracia=zeros(1,K);

for i=1:K
```

```
%índices de treinamento e de teste.
ind_train   = find(indices~=i);
ind_test    = find(indices==i);

%base de dados de treinamento e de teste.
base_train = meas(ind_train ,:);
base_test  = meas(ind_test,  :);

%classes das amostras de treinamento e de teste.
classes_train=classes(ind_train);
classes_test =classes(ind_test);

%classificação dos dados pelo classificador LDA.
class=classify(base_test ,base_train ,classes_train ,'
    linear ');

%taxa de classificação correta dos dados de teste.
vet_acuracia(i)=sum(class '==classes_test)/length(
    class);

end

%impressão do valor de acuracia (valor médio).
fprintf('Acuracia media - %f\n',mean(vet_acuracia));
```

9.5.3 Leave-one-out

A estratégia *Leave-one-out* é o caso extremo do K-fold, em que o valor de K é a quantidade total de amostras $(K=N)$. Desse modo, o algoritmo executa N iterações, e em cada uma delas uma única amostra é o conjunto de teste e todas as outras formam o conjunto de treinamento. Ao final, por exemplo, calcula-se a acurácia média dos N testes. Um exemplo de *Leave-one-out* para quatro amostras é apresentado na Figura 9.22. Essa estratégia possui as mesmas vantagens e desvantagens do K-fold e deve ser usada em bases de dados pequenas, uma vez que apresenta alto custo computacional.

Para usar a abordagem *Leave-one-out* no MATLAB® basta apenas chamar a função **INDICES = crossvalind('Kfold',N,K)** com o valor de

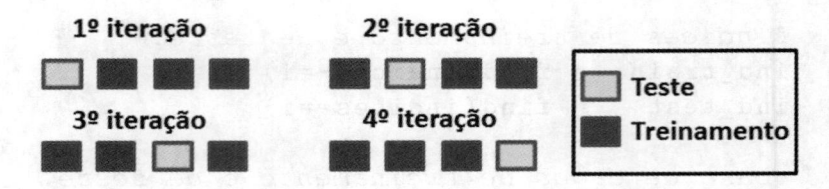

Figura 9.22: Amostras divididas em conjunto de treinamento e teste pela estratégia *Leave-one-out* para quatro amostras.

$K=N$. Por exemplo, no código apresentado na Seção 9.5.2, é necessário apenas atribuir o valor 150 (número de amostras da base Iris) à variável K.

CAPÍTULO 10

APLICAÇÕES

Uma grande variedade de domínios tem empregado as técnicas de visão computacional, como, por exemplo, análise de imagens de satélite, reconhecimento facial e de íris, robótica, validação de produtos na indústria e na agricultura etc. Neste capítulo falaremos brevemente sobre duas áreas de pesquisa muito importantes (identificação de vegetais e análise de imagens médicas), uma vez que fazem parte da pesquisa dos autores deste livro.

10.1 Identificação de plantas

A pesquisa em visão computacional para identificação de plantas tem crescido cada vez mais com o intuito de auxiliar os botânicos no processo de taxonomia vegetal. Para a identificação de uma nova espécie, esses profissionais precisam se deslocar ao habitat da planta, recolhê-la com flores e/ou frutos, prensá-la, dissecá-la, montá-la sobre papel-cartão, e compará-la com outras espécies já catalogadas em um herbário. Essa descrição da atividade taxonômica já evidencia algumas dificuldades, como: o profissional precisa de ampla experiência na área; nem sempre as flores ou frutos estão disponíveis; o processo é manual e, por conseguinte, muito lento; partes importantes do vegetal não são avaliadas, como as folhas, por exemplo; entre outras.

Atualmente, as folhas têm sido usadas com grande sucesso para extração automática de características dos vegetais. Para tanto, os artigos na área têm se concentrado em três partes principais desse orgão: a superfície; o formato e as nervuras; e o corte transversal ampliado microscopicamente. Além disso, uma grande variedade de técnicas de extração de atributos têm sido aplicadas, contemplando forma, cor e textura. Como exemplo, citamos alguns trabalhos relevantes na área: aplicação de filtros de Gabor para análise de textura da superfície foliar (Casanova et al. [2009]); análise de atributos de cor, textura e medidas de espessura da seção transversal de folhas (Sá Junior et al. [2011, 2013]); análise de contorno e nervura por dimensão fractal (Plotze et al. [2005]); análise da epiderme foliar por matrizes de co-ocorrência (Ramos and Fernández [2009]); classificação de folhas com características baseadas em região (centroide, compacidade etc.) (Lee and Chen [2006]).

A seguir, apresentamos um exemplo muito simples de sistema de visão computacional para identificação de amostras entre três espécies de plantas. Para tanto, foram usadas dez amostras de textura foliar por espécie (uma única amostra por folha), conforme é mostrado na Figura 10.1. Para obtenção dos vetores de características usamos as matrizes de co-ocorrência e extraímos as medidas de energia, contraste, correlação e homogeneidade (ver Seção 8.2.2). A classificação das amostras foi efetuada por meio do classificador *Naive* Bayes linear (ver Seção 9.2.3).

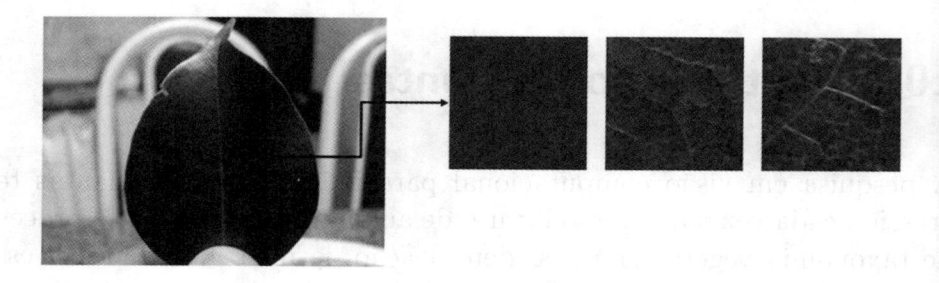

Figura 10.1: Uma amostra de textura foliar de cada uma das três espécies de plantas.

```
clc;     %limpa a janela de comando.
clear;  %limpa as variáveis.

classes={'01','02','03'};
nro_classes=3; %quantidade de classes.
amostras = {'01','02','03','04','05','06','07','08','
   09','10'};
nro_amostras=10; %quantidade de amostras por classe.

%assin: matriz com 30 assinaturas de 16 atributos.
%01ª a 10ª linha = amostras da classe 1.
%11ª a 20ª linha = amostras da classe 2.
%21ª a 30ª linha = amostras da classe 3.
```

```
assin=zeros(nro_classes*nro_amostras,16);

cont=1;

for i=1:nro_classes
  for j=1:nro_amostras

      %leitura das imagens
      im=imread(['c',classes{i},'_',amostras{j},'.png
          ']);

      %conversão para níveis de cinza
      im=rgb2gray(im);

      %utilização da função graycomatrix() para
          obtenção de quatro
      %matrizes de co-ocorrência (0°,45°,90°,135°).
          Como 'NumLevels' é 256
      %e 'GrayLimits' é [0 255], as imagens foram
          usadas sem quaisquer
      %alterações.

      direcoes=[0 1; -1 1; -1 0;-1 -1];

      MC=graycomatrix(im,'Offset',direcoes,'NumLevels
          ',256,...
      'GrayLimits',[0 255],'Symmetric',true);

      %utilização da função graycoprops().
      st=graycoprops(MC,'all');

      %vetores de características das amostras
      assin(cont,:)=[st.Energy,st.Homogeneity,st.
          Correlation,st.Contrast];

      cont=cont+1;

  end
end

%%%%%%%%%%%%%%%%%%%%%%%%%%%%%%%%%%%%%%%%%%%%%%%%%%%%
```

```
%fase de classificação com Naive Bayes linear

%treino — matriz composta pelas sete primeiras
   amostras de cada classe.
treino=[assin(1:7,:);assin(11:17,:);assin(21:27,:)];

%rótulos de cada amostra da variável treino.
grupos=[1*ones(1,7),2*ones(1,7),3*ones(1,7)];

%treino — matriz composta pelas 8ª, 9ª e 10ª amostras
   de cada classe. Obs:
%amostras não usadas no treinamento.
teste=[assin(8:10,:);assin(18:20,:);assin(28:30,:)];

%classificação dos dados de teste.
classe=classify(teste,treino,grupos,'diagLinear');

%mostra os rótulos encontrados pela função classify()
    .
fprintf('Classe da amostra de teste: %d\n',classe);
```

A execução do código demonstra claramente que esse simples sistema de visão obteve uma boa perfomance, uma vez que classificou erroneamente apenas uma amostra entre as nove que foram usadas para teste. É importante salientar que o problema de identificação de plantas é bastante desafiador devido à dissimilaridade entre amostras de uma mesma espécie e à similaridade entre amostras de espécies distintas. Não obstante, a pesquisa em visão computacional sobre esse tema tem conseguido avanços cada vez mais significativos.

10.2 Diagnóstico de doenças

Os sistemas especialistas de diagnóstico médico por visão computacional têm ganhado cada vez mais importância, uma vez que um número cada vez maior de exames médicos (como mamografias, ultrassonografias, exames de ressonância magnética etc.) fornecem imagens para análise. Nesses casos, mesmo que o profissional tenha vasta experiência sobre determinada especialidade médica, eventualmente ele pode ter dúvidas sobre o diagnóstico correto para uma imagem específica. Por exemplo, nódulos benignos e malignos em uma imagem de mamografia nem sempre apresentam diferença perceptível. Além disso, algumas características das imagens podem não ser acessíveis ao olho humano, mas serem plenamente captadas e quantificadas por uma máquina. Desse modo, o sistema especialista seria uma espécie de "conselheiro", reforçando ou refutando a opinião do especialista humano.

Entre os atributos relevantes para extração de características de imagens médicas, a textura é seguramente um dos que mais têm contribuído para o correto diagnóstico de doenças. Ao leitor interessado, apresentamos a seguir alguns artigos recentes sobre o tema: classificação de tecidos mamários como normais, benignos e malignos (Braz Junior et al. [2009]); redução de falsos positivos em mamografias usando LBP (Lladó et al. [2009]); classificação de imagens da cérvice uterina usando LBP (Nanni et al. [2010]) e descritores de complexidade (Sá Junior and Backes [2014]); classificação de meningiomas em imagens histopatológicas (Al-Kadi [2010]); identificação e classificação de desordens em tecidos renais usando Gabor *wavelets* (Bommanna Raja et al. [2010]); e análise e classificação de imagens ultrassônicas de fígado usando matrizes de co-ocorrência (Gao et al. [2014]).

A literatura disponibiliza várias bases de imagens médicas que podem ser testadas com algoritmos de visão computacional. Por exemplo, no trabalho de Jantzen et al. (2005) é apresentada uma base de imagens de células da cérvice uterina (obtidas para o exame de Papanicolau), classificadas previamente por dois citotécnicos e, nos casos de dúvida, também por um especialista. Essa base de dados é constituída de 917 amostras divididas em 7 classes: epitelial escamosa superficial (*superficial squamous epithelial*) - 74 imagens, epitelial escamosa intermediária (*intermediate squamous epithelial*) - 70 imagens, epitelial colunar (*columnar epithelial*) - 98 imagens, displasia não queratinizada escamosa branda (*mild squamous non-keratinizing dysplasia*) - 182 imagens, displasia não queratinizada escamosa moderada (*moderate squamous non-keratinizing dysplasia*) - 146 imagens, displasia não queratinizada escamosa severa (*severe squamous non-keratinizing dysplasia*) - 197 imagens, e carcinoma de células escamosas in situ intermediário (*squamous cell carcinoma in situ intermediate*) - 150 imagens. As três primeiras classes são consideradas normais, constituindo 242 imagens, e as quatro últimas classes são consideradas anormais, com 675 imagens.

Um outra base de imagens importante é apresentada nos trabalhos de Heath et al. (1998, 2001). Essa base de imagens mamográficas, denominada DDSM - *Digital Database for Screening Mammography*, contém 2.620 casos obtidos de várias instituições, como o Hospital Geral de Massachusetts, a Universidade Wake Forest e a Universidade de Washington (Escola de Medicina de Saint-Louis). As imagens foram obtidas de mulheres de diferentes grupos étnicos. As mamografias foram digitalizadas com *scanners* distintos e estão classificadas em normais, anormais benignas e anormais malignas.

O leitor, caso deseje, poderá utilizar o mesmo algoritmo apresentado na Seção 10.1 para identificar essas bases de imagens (fazendo, obviamente, as adaptações necessárias para quantidade de classes, número de amostras por classe etc.). No caso das imagens da cérvice uterina, o problema pode ser tanto a classificação em 7 grupos (mais desafiador) quanto a classificação em dois grupos (normal e anormal). Em se tratando das imagens mamográficas, o problema pode ser tanto a classificação em três grupos quanto em dois grupos (por exemplo, normais e anormais **ou** anormais benignas e anormais malignas).

REFERÊNCIAS BIBLIOGRÁFICAS

O. S. Al-Kadi. Texture measures combination for improved meningioma classification of histopathological images. *Pattern Recognition*, 43(6):2043–2053, 2010.

C. Allain and M. Cloire. Characterizing the lacunarity of random and deterministic fractals sets. *Phys. Rev. A*, 6(44):3552–3558, 1991.

S. Arivazhagan and L. Ganesan. Texture classification using wavelet transform. *Pattern Recognition Letters*, 24(9-10):1513–1521, 2003.

A. R. Backes. A new approach to estimate lacunarity of texture images. *Pattern Recognition Letters*, 34(13):1455–1461, 2013.

A. R. Backes and O. M. Bruno. Shape classification using complex network and multi-scale fractal dimension. *Pattern Recognition Letters*, 31(1):44–51, 2010.

A. R. Backes, D. Casanova, and O. M. Bruno. A complex network-based approach for boundary shape analysis. *Pattern Recognition*, 42(1):54 – 67, 2009a.

A. R. Backes, D. Casanova, and O. M. Bruno. Plant leaf identification based on volumetric fractal dimension. *International Journal of Pattern Recognition and Artificial Intelligence*, 23(6):1145–1160, 2009b.

A. R. Backes, W. N. Gonçalves, A. S. Martinez, and O. M. Bruno. Texture analysis and classification using deterministic tourist walk. *Pattern Recognition*, 43(3):685–694, 2010.

A. R. Backes, D. Casanova, and O. M. Bruno. Color texture analysis based on fractal descriptors. *Pattern Recognition*, 45(5):1984 – 1992, 2012.

K. Bommanna Raja, M. Madheswaran, and K. Thyagarajah. Texture pattern analysis of kidney tissues for disorder identification and classification using dominant Gabor wavelet. *Machine Vision and Applications*, 21(3):287–300, 2010.

G. Braz Junior, A. C. Paiva, A. C. Silva, and A. C. M. Oliveira. Classification of breast tissues using Moran's index and Geary's coefficient as texture signatures and SVM. *Computers in Biology and Medicine*, 39(12):1063 – 1072, 2009.

E. Bryson and Y. C. Ho. *Applied optimal control: optimization, estimation, and control*. Blaisdell Publishing Company, 1969.

J. Canny. A computational approach to edge detection. *IEEE Trans. Pattern Anal. Mach. Intell.*, 8(6):679–698, 1986.

D. Casanova, J. J. de Mesquita Sá Junior, and O. M. Bruno. Plant leaf identification using Gabor wavelets. *International Journal of Imaging Systems and Technology*, 19(1):236–243, 2009.

T. Chang and C.-C. Kuo. Texture analysis and classification with tree-structure wavelet transform. *IEEE Transactions on Image Processing*, 2(4):429–441, 1993.

R. C. Coelho and L. F. Costa. The box-counting fractal dimension: does it provide an accurate subsidy for experimental shape characterization? If so, how to use it? In *Anais do Sibgrapi 95*, pages 183–191, 1995.

G. Cybenko. Continuous valued neural networks with two hidden layers are sufficient. Technical report, Department of Computer Science, Tufts University, Medford, MA, 1988.

G. Cybenko. Approximation by superpositions of a sigmoidal function. *Mathematics of Control, Signals, and Systems*, 2:303–314, 1989.

I. Daubechies. The wavelet transform, time-frequency localization and signal analysis. *IEEE Transactions on Information Theory*, 36(5):961–1005, 1990.

I. Daubechies. *Ten Lectures on Wavelets*. Soc. Ind. Appl. Math., Philadelphia, PA, USA, 1992.

I. Daubechies. Recent results in wavelet applications. *J. Electronic Imaging*, 7(4): 719–724, 1998.

J. G. Daugman. Two-dimensional spectral analysis of cortical receptive field profiles. *Vision Research*, 20(10):847 – 856, 1980.

J. G. Daugman. Uncertainty relation for resolution in space, spatial frequency, and orientation optimized by two-dimensional visual cortical filters. *Journal of the Optical Society of America A*, 2(7):1160–1169, 1985.

D. Donoho and I. Johnstone. Ideal spatial adaptation by wavelet shrinkage. *Biometrika*, 81(3):425–455, 1994.

R. O. Duda and P. E. Hart. Use of the Hough transformation to detect lines and curves in pictures. *Commun. ACM*, 15(1):11–15, 1972.

K. J. Falconer. *Fractal Geometry: Mathematical Foundations and Applications*. John Wiley & Sons, Chichester, UK, 1990.

R. A. Finkel and J. L. Bentley. Quad trees: A data structure for retrieval on composite keys. *Acta Informatica*, 4(1):1–9, 1974.

R. A. Fisher. The use of multiple measurements in taxonomic problems. *Annals of Eugenics*, 7(7):179–188, 1936.

S. Gao, Y. Peng, H. Guo, W. Liu, T. Gao, Y. Xu, and X. Tang. Texture analysis and classification of ultrasound liver images. *Bio-medical Materials and Engineering*, 24(1):1209–1216, 2014.

R. C. Gonzalez and R. E. Woods. *Digital Image Processing*. Prentice-Hall, Inc., Upper Saddle River, NJ, USA, 3rd edition, 2006.

A. Haar. Zur theorie der orthogonalen funktionensysteme. *Mathematische Annalen*, 69:331–371, 1910.

R. M. Haralick. Statistical and structural approaches to texture. *Proceedings of the IEEE*, 67(5):786–804, 1979.

R. M. Haralick, K. Shanmugam, and I. Dinstein. Textural features for image classification. *IEEE Transactions on Systems, Man, and Cybernetics*, 3(6):610–621,

1973.

M. Heath, K. Bowyer, D. Kopans, J. Kegelmeyer, P., R. Moore, K. Chang, and S. Munishkumaran. Current status of the digital database for screening mammography. In N. Karssemeijer, M. Thijssen, J. Hendriks, and L. van Erning, editors, *Digital Mammography*, volume 13 of *Computational Imaging and Vision*, pages 457–460. Springer Netherlands, 1998.

M. Heath, K. Bowye, D. Kopans, R. Moore, and W. P. Kegelmeyer. Digital Database for Screening Mammography. In M. J. Yaffe, editor, *Proceedings of the fifth international workshop on digital mammography*, pages 212–218, , 2001. Medical Physics Publishing.

H. Hotelling. Analysis of a complex of statistical variables into principal components. *Journal of Educational Psychology*, 24:417–441, 498–520, 1933.

P. V. C. Hough. Machine Analysis of Bubble Chamber Pictures. In *International Conference on High Energy Accelerators and Instrumentation*, 1959.

P. V. C. Hough. Method and Means for Recognizing Complex Patterns. U.S. Patent 3.069.654, 1962.

A. K. Jain and F. Farrokhnia. Unsupervised texture segmentation using Gabor filters. *Pattern Recognition*, 24(12):1167–1186, 1991.

J. Jantzen, J. Norup, G. Dounias, and B. Bjerregaard. Pap-smear benchmark data for pattern classification. In *Proc. NiSIS 2005*, pages 1–9, Albufeira, Portugal, 2005. NiSIS.

JPEG 2000. Descrição do padrão JPEG 2000. http://www.iso.org/iso/iso_catalogue/catalogue_ics/catalogue_detail_ics.htm?csnumber=27687, 2000. Acessado: 29-09-2015.

L. M. Kaplan. Extended fractal analysis for texture classification and segmentation. *IEEE Transactions on Image Processing*, 8(11):1572–1585, 1999.

M. Kass, A. Witkin, and D. Terzopoulos. Snakes: Active contour models. *International Journal of Computer Vision*, 1(4):321–331, 1988.

J.-K. Kim and H. W. Park. Statistical textural features for detection of microcalcifications in digitized mammograms. *IEEE Transactions on Medical Imaging*, 18(3): 231–238, 1999.

C.-L. Lee and S.-Y. Chen. Classification of leaf images. *International Journal of Imaging Systems and Technology*, 16(1):15–23, 2006.

H. Ling and D. Jacobs. Shape classification using the inner-distance. *IEEE Transactions on Pattern Analysis and Machine Intelligence*, 29(2):286–299, 2007.

G.-H. Liu, Z.-Y. Li, L. Zhang, and Y. Xu. Image retrieval based on micro-structure descriptor. *Pattern Recognition*, 44(9):2123–2133, 2011.

X. Lladó, A. Oliver, J. Freixenet, R. Martí, and J. Martí. A textural approach for mass false positive reduction in mammography. *Computerized Medical Imaging and Graphics*, 33(6):415 – 422, 2009.

D. G. Lowe. Distinctive image features from scale-invariant keypoints. *International Journal of Compututer Vision*, 60(2):91–110, 2004.

J. MacQueen. Some methods for classification and analysis of multivariate observations. In *Proceedings of the Fifth Berkeley Symposium on Mathematical Statistics and Probability, Vol. 1: Statistics*, pages 281–297, Berkeley, Calif., 1967. University of California Press.

S. Mallat. A compact multiresolution representation: the wavelet model. In *Proceedings of the IEEE Computer Society Workshop on Computer Vision*, pages 2–7. IEEE Computer Society Press, Washington, 1987.

S. Mallat. A theory for multiresolution signal decomposition: the wavelet representation. *IEEE Transactions on Pattern Analysis and Machine Intelligence*, 11(7): 674–693, 1989a.

S. Mallat. Multiresolution approximation and wavelets. *Trans. of American Math. Soc.*, 315:69–88, 1989b.

B. S. Manjunath and W.-Y. Ma. Texture features for browsing and retrieval of image data. *IEEE Transactions on Pattern Analysis and Machine Intelligence*, 18(8): 837–842, 1996.

D. Marr and E. Hildreth. Theory of edge detection. *Proceedings of the Royal Society of London. Series B, Biological Sciences*, 207(1167):187–217, 1980.

W. S. McCulloch and W. Pitts. A logical calculus of the ideas immanent in nervous activity. *Bulletin of Mathematical Biophysics*, 5:115–133, 1943.

F. Meyer. Topographic distance and watershed lines. *Signal Processing*, 38(1):113 – 125, 1994.

M. Minsky and S. Papert. *Perceptrons: an introduction to computational geometry*. MIT Press, Cambridge, MA, USA, 1969.

D. Mumford and J. Shah. Optimal approximations by piecewise smooth functions and associated variational problems. *Comm. Pure Appl. Math.*, 42:577–685, 1989.

L. Nanni, A. Lumini, and S. Brahnam. Local binary patterns variants as texture descriptors for medical image analysis. *Artificial Intelligence in Medicine*, 49(2): 117 – 125, 2010.

T. Ojala, M. Pietikäinen, and T. Mäenpää. Multiresolution gray-scale and rotation invariant texture classification with local binary patterns. *IEEE Transactions on Pattern Analysis and Machine Intelligence*, 24(7):971–987, 2002.

S. Osowski and D. D. Nghia. Fourier and wavelet descriptors for shape recognition using neural networks - a comparative study. *Pattern Recognition*, 35(9):1949–1957, 2002.

N. Otsu. A threshold selection method from gray-level histograms. *IEEE Transactions on Systems, Man, and Cybernetics*, 9(1):62–66, 1979.

G. Paschos and M. Petrou. Histogram ratio features for color texture classification. *Pattern Recognition Letters*, 24(1-3):309–314, 2003.

I. C. Paula Júnior, F. N. S. Medeiros, F. N. Bezerra, and D. M. Ushizima. Multiscale corner detection in planar shapes. *Journal of Mathematical Imaging and Vision*, 45(3):251–263, 2013.

K. Pearson. On lines and planes of closest fit to systems of points in space. *Philosophical Magazine*, 2(6):559–572, 1901.

O. Pichler, A. Teuner, and B. J. Hosticka. An unsupervised texture segmentation algorithm with feature space reduction and knowledge feedback. *IEEE Transactions on Image Processing*, 7(1):53–61, 1998.

R. E. Plotnick, R. H. Gradner, W. W. Hargrove, K. Prestegaard, and M. Perlmutter. Lacunarity analysis: a general technique for the analysis of spatial patterns. *Phys. Rev. E*, 5(53):5461–5468, 1996.

R. O. Plotze, J. G. Pádua, M. Falvo, L. C. Bernacci, G. C. X. Oliveira, M. L. C. Vieira, and O. M. Bruno. Leaf shape analysis using the multiscale Minkowski fractal dimension, a new morphometric method: a study with *Passiflora* (Passifloraceae). *Canadian Journal of Botany - Revue Canadienne de Botanique*, 83(3):287–301, 2005.

J. M. S. Prewitt. Object enhancement and extraction. In B. S. Lipkin and A. Rosenfeld, editors, *Picture Processing and Psychopictorics*. Academic Press, New York, 1970.

E. Ramos and D. S. Fernández. Classification of leaf epidermis microphotographs using texture features. *Ecological Informatics*, 4(3):177 – 181, 2009.

L. Roberts. *Machine Perception of Three-dimensional Solids*. Technical Report n. 315. MIT Lincoln Laboratory, 1963.

F. Rosenblatt. The perceptron: A probabilistic model for information storage and organization in the brain. *Psychological Review*, 65:386–408, 1958.

H. Rowley, S. Baluja, and T. Kanade. Neural network-based face detection. *IEEE Transactions on Pattern Analysis and Machine Intelligence*, 20(1):23–38, 1998.

J. J. M. Sá Junior and A. R. Backes. A color texture analysis method based on a gravitational approach for classification of the pap-smear database. In *IEEE International Conference on Image Processing (ICIP 2014)*, pages 2280–2284, 2014.

J. J. M. Sá Junior and A. R. Backes. Shape classification using line segment statistics. *Information Sciences*, 305(0):349 – 356, 2015.

J. J. M. Sá Junior, A. R. Backes, D. R. Rossatto, R. M. Kolb, and O. M. Bruno. Measuring and analyzing color and texture information in anatomical leaf cross sections: an approach using computer vision to aid plant species identification. *Botany*, 89(7):467–479, 2011.

J. J. M. Sá Junior, A. R. Backes, and P. C. Cortez. Texture analysis and classification using shortest paths in graphs. *Pattern Recognition Letters*, 34(11):1314 – 1319, 2013.

J. J. M. Sá Junior, D. R. Rossatto, R. M. Kolb, and O. M. Bruno. A computer vision approach to quantify leaf anatomical plasticity: a case study on *Gochnatia polymorpha* (less.) cabrera. *Ecological Informatics*, 15(0):34 – 43, 2013.

J. J. M. Sá Junior, A. R. Backes, and P. C. Cortez. Color texture classification using shortest paths in graphs. *IEEE Transactions on Image Processing*, 23(9): 3751–3761, 2014.

N. Sarkar and B. B. Chaudhuri. An efficient differential box-counting approach to compute fractal dimension of image. *IEEE Trans. Systems, Man and Cybernetics*, 24:115–120, 1994.

J. Serra. *Image Analysis and Mathematical Morphology*, volume 1. Academic Press, London, 1982.

I. E. Sobel. *Camera Models and Machine Perception*. PhD thesis, Stanford University, Stanford, CA, USA, 1970.

M. Spann and R. Wilson. A quad-tree approach to image segmentation which combines statistical and spatial information. *Pattern Recognition*, 18(3–4):257–269, 1985.

C. Tricot. *Curves and Fractal Dimension*. Springer-Verlag, New York, 1995.

M. Tuceryan and A. K. Jain. Texture analysis. In C. H. Chen, L. F. Pau, and P. S. P. Wang, editors, *Handbook of Pattern Recognition and Computer Vision*, pages 235–276. World Scientific, River Edge, NJ, USA, 1993.

L. Vincent and P. Soille. Watersheds in digital spaces: an efficient algorithm based on immersion simulations. *IEEE Transactions on Pattern Analysis and Machine Intelligence*, 13(6):583–598, 1991.

P. Viola and M. Jones. Robust real-time face detection. *International Journal of Computer Vision*, 57:137–154, 2004.

J. S. Weszka, C. R. Dyer, and A. Rosenfeld. A comparative study of texture measures for terrain classification. *IEEE Transactions on Systems, Man, and Cybernetics*, SMC-6(4):269–285, 1976.

ÍNDICE REMISSIVO